JUTAKU KADAI 10

住宅課題賞 2021

［建築系大学住宅課題優秀作品展］

Residential Studio Project Award 2021

JN027694

はじめに

「住宅課題賞」（建築系大学住宅課題優秀作品展）は、東京建築士会事業委員会主催により、2001（平成13）年より毎年企画・開催しております。会場のギャラリー エークワッド様には、展示空間を長年ご提供いただき感謝申し上げます。特別協賛の総合資格様には、2012（平成24）年より「JUTAKUKADAI」を企画・監修・出版いただき、各大学の設計課題を取りまとめた書籍は、学校教育において貴重な資料として喜ばれており、感謝申し上げます。そして、その他多くの関係各位のご協力により、21年目の第21回「住宅課題賞」を迎えることができました。

住宅課題賞は、関東圏に位置する大学を対象として、建築系学科等で行なわれている建築設計授業の中から、住宅課題における優秀作品を各校・各学科1作品ずつ推薦していただき、それらを一堂に集めた展示会として開催しているものです。また、審査員は各大学ごとに異なる課題のため、どれだけ課題にそっているかを中心に、厳正なる審査をし、公開審査により「優秀賞」としております。回を重ねるごとに、参加大学も増え、第21回は40大学54学科の参加・出展をいただきました。

住宅課題賞は建築を学ぶ学生のみなさんに建築の基本である住宅の設計を通して、建築の楽しさを知り、その社会的な意義への理解を深めてもらおうとするものです。また、学生のみなさんと大学の教員の方々並びに第一線で活躍されている建築家を結ぶ場として、そして各大学間における建築教育の情報交換と研鑽による向上を目的として企画されたものであり、学生間の交流の場としても定着してまいりました。今後の建築文化を担う学生のみならず、建築界・大学にとっても有意義なものになると考えております。
今回も新型コロナウイルス感染防止のため、審査会はオンラインおよび対面でのハイブリッド開催となり、十分な交流の場を設けることができなかったことを残念に思っております。

一般社団法人 東京建築士会

Preface

The Residential Studio Project Award (University Architecture Students' Residential Studio Project Outstanding Works Exhibit), organized by the Projects Committee of the Tokyo Society of Architects and Building Engineers, has been planned and held annually since 2001. We are grateful for the generosity of Gallery A Quad in providing display space since the award was founded. We would also like to thank Sogo Shikaku Co. Ltd., which since 2012 has planned, supervised, and published a volume collecting the design projects of participating universities entitled Jutaku Kadai. These volumes have proved valuable resources for educational purposes. Thanks to the cooperation of these and other collaborators, the Award is now in its twenty-first year.

The Residential Studio Project Award requests the architecture-related departments of universities located in Tokyo and surrounding prefectures to recommend one work of outstanding quality from among the residential-topic-related projects done by students in each school and department and these works are presented together as an exhibition. The jury carefully assesses those works, mainly in terms of how closely they follow project topics that differ from one university to another, and the "Prize for Excellence" is awarded through final open screening. The number of universities has increased each year and for the twenty-first exhibit, 54 departments of 40 universities have participated.

The Residential Studio Project Award aims to help architecture students experience the joy of architecture and deepen their understanding of its social significance through the design of a residential building, which is fundamental to architecture. As a forum where students and university teachers come into contact with architects working at the front lines of the profession today and planned for the purpose of raising the level of education in architecture through inter-university information exchange and focused endeavor, the Award has become firmly established as the scene of information exchange among students.

We believe the Award will continue to make a significant contribution not only to the careers of the students who will carry on the culture of architecture but to the architectural profession and to the universities that provide basic training in the field.
The Award screening was held in hybrid form (both in person and online) as a measure against infection from the novel coronavirus, and we deeply regret that opportunities for more effective communication could not be provided.

Tokyo Society of Architects and Building Engineers

住宅課題賞への協賛にあたって

建築士をはじめとする、有資格者の育成を通して、建築・建設業界に貢献する——それを企業理念として、私たち総合資格学院は創業以来、建築関係を中心とした資格スクールを営んできました。そして、この事業を通じ、安心・安全な社会づくりに寄与していくことこそが当社の使命であると考えております。

その一環として、建築に関する仕事を目指している学生の方々が、夢をあきらめることなく、建築の世界に進むことができるよう、さまざまな支援を全国で行なっております。卒業設計展への協賛やその作品集の発行、就職セミナーなどは代表的な例です。

住宅課題賞は、建築の基本である住宅をテーマにしており、また大学の課題作品を対象にし、指導教員の情報交換の場となることも意図して企画されたと伺いました。その点に深く共感し、協賛させていただき、また作品集を発行しております。

本作品集は2021年版で10巻目となりました。時代の変化は早く、1巻目を発行した10年前とは社会状況は大きく異なります。特に近年は、人口減少時代に入った影響が顕著に表れ始め、人の生き方や社会の在り方が大きな転換期を迎えていると実感します。建築業界においても、建築家をはじめとした技術者の役割が見直される時期を迎えています。そのようなことを踏まえ、出題課題の意図や大学で行われている設計教育などについての教員の方へのインタビュー記事も掲載しています。教員の方々が時代の変化をどのように捉え、どういった問題意識を持ち、設計教育に臨んでいるのか——。これらの記事から、これからの建築家や技術者の在り方の一端が見えてくると思います。

住宅課題賞に参加された方々が本作品展を通し、新しい建築の在り方を構築され、さらに将来、家づくり、都市づくり、国づくりに貢献されることを期待しております。

総合資格学院 学院長・岸 隆司

Cooperation with the Residential Studio Project Award

Contributing to the architecture and construction business through training for various kinds of qualifications has been the corporate ideal of Sogo Shikaku Gakuin since its founding as a mainly educational enterprise specializing in architecture-related certifications. Our mission is to help build a safer, more secure society. As part of this mission, Sogo Shikaku Gakuin provides varied forms of support to encourage students throughout Japan aiming to work in the field of architecture to pursue their dreams and enter the architectural profession. The main forms of support are active cooperation in the holding of exhibits of graduation design works, publication of collections of student works, and holding of seminars for job-hunting students.

The Residential Studio Project Award centers on the theme of the dwelling, that structure so fundamental to architecture, and we understand that the Award is targeted at university student projects and is designed to be a forum for information exchange among their teachers. Sogo Shikaku celebrates these purposes and supports the Award.

The 2021 collection of works exhibited for the Residential Studio Project Award is the tenth published so far. Times have changed rapidly and conditions in society are quite different today than they were ten years ago when the first collection came out. Particularly in recent years we are seeing the signs of the major shift in the way people live and the nature of society as the impact of decreasing population begins to be felt. One phenomenon of the changes is the reevaluation of the role of architects and other technical experts in the building and architectural design industries. Given these circumstances, we include a number of interviews with professors regarding the aim of the theme assignment as well as education in architectural design. We asked them for their ideas about the changing times and what they see as the major topics of concern as they pursue their teaching. These articles may provide hints for what will be required of architects and technical experts from now on. Through this exhibition we hope that the participants in the Residential Studio Project Award will pursue new approaches to architecture and contribute to the building of homes, cities, and nations for the future.

Kishi Takashi
President, Sogo Shikaku Gakuin

2021年度の住宅課題賞では
出展者54名が自身の作品を披露。写真は搬入時撮影

展示会場には、作品のコンセプトをしっかり表現しつつ
丁寧につくりこまれた模型が多数並んだ

CONTENTS

III **264** 課題出題教員 インタビュー

I

住宅課題賞2021
審査ドキュメント

新型コロナウイルス感染症が依然として収束しないなか、「住宅課題賞2021」審査会はオンライン併用での開催となった。
午前中は審査員のみで会場を巡回して模型や提出資料を基に審査。
午後からは午前の審査結果を踏まえ、時には出展者への質疑を行ないつつ、公開審査が始まった。

アストリッド クライン／Astrid Klein

————

1962年	イタリア、バレーゼ生まれ
1986年	エコール・ド・アール・デコラティーフ卒業 （インテリアデザインにおいて芸術学士号取得）
1988年	ロイヤル・カレッジ・オブ・アート修了 （建築において芸術学修士号取得） 伊東豊雄建築設計事務所
1991年	クライン ダイサム アーキテクツ設立
2003年	PechaKucha Night設立
2009年〜	武蔵野美術大学客員教授
2014年〜	特定非営利活動法人HOME-FOR-ALL理事
2015年〜	伊東豊雄氏主催の子ども建築塾講師
2017年	DESIGNART TOKYO発起人
2018年	PechaKucha Nightが世界1,000都市での開催を達成

【主な受賞歴】

2012年	Design For Asia 賞 商業施設部門大賞・World Architectural Festival 賞 ショッピングセンター部門最優秀賞（代官山T-SITE）
2015年	World Architectural Festival賞 World Cultural Building2015 部門（相馬 こどものみんなの家）
2017年	Design For Asia賞 大賞（Open House）
2021年	Dezeen Awards, Hotel and Short-stay Interior of the year (toggle hotel suidobashi)、 Dezeen Awards, Hospitality Building of the year (星野リゾート リゾナーレ那須 POKO POKO)

1. 代官山T-SITE ／代官山 蔦屋書店：© Nacása & Partners Inc.
2. GINZA PLACE：© Nacása & Partners Inc.
3. 星野リゾート リゾナーレ那須 POKO POKO
4. toggle hotel suidobashi：© SHINGO NAKAJIMA / SS

駒田 由香／Komada Yuka
——　——　——　——

1966年	福岡県生まれ
1989年	九州大学卒業
	TOTO システムキッチン開発課 勤務
1996年	駒田建築設計事務所 共同主宰
2000年	駒田建築設計事務所 取締役
2015年〜	明治大学兼任講師
2018年〜	東京藝術大学非常勤講師
2019年〜	グッドデザイン賞審査員

【主な受賞歴】

2010年	JIA 優秀建築選・ARCASIA（アジア建築家評議会）建築賞佳作（SLIDE 西荻）
2012年	日本建築学会作品選集（SLIDE 西荻）
2016年	住まいの環境デザインアワード東京ガス賞（pallets）
2017年	東京建築士会 住宅建築賞（TRANS）、JIA 優秀建築選（アリエウィ戸越）、日本建築学会作品選集（balco）
2019年	グッドデザイン賞ベスト100・LOCAL REPUBLIC AWARD佳作（西葛西APARTMENTS-2）
2020年	日本建築学会作品選集（西葛西APARTMENTS-2）

1. TRANS
2. ROROOF
3. 西葛西APARTMENTS-2

Photo:
Aiko Suzuki

妹島 和世／Sejima Kazuyo

— — — —

1956年	茨城県生まれ
1981年	日本女子大学大学院修士課程修了
1981〜1986年	伊東豊雄建築設計事務所勤務
1987年	妹島和世建築設計事務所設立
1995年	西沢立衛とともにSANAAを設立
2010年	第12回ベネチアビエンナーレ国際建築展 総合ディレクター
2015年〜	ミラノ工科大学教授
2017〜2022年	横浜国立大学大学院Y-GSA教授
2022年	東京都庭園美術館館長

【主な受賞歴】

1988年	住宅建築賞 特別賞（PLATFORM）
1998年	日本建築学会賞＜作品＞（国際情報科学 芸術アカデミーマルチメディア工房）*
2004年	ベネチアビエンナーレ国際建築展金獅子賞 （金沢21世紀美術館）*
2006 年	日本建築学会賞＜作品＞ （金沢21世紀美術館）*
2010年	プリツカー賞*
2010年	芸術文化勲章オフィシエ
2015年	村野藤吾賞（犬島「家プロジェクト」）
2016年	紫綬褒章

*はSANAAとしての受賞

Photo:Takashi Homma

1. 梅林の家
2. 京都の集合住宅
3. マルシャルファイヨール通りのアパートメント
4. 日本女子大学目白キャンパス（図書館棟）：© 鈴木研一

中村 晃子／Nakamura Koko

― ― ― ―

1965年	東京都生まれ、福岡県育ち
1989年	九州大学卒業
1989年	日建設計入社
2020年〜	日建設計 設計部門 ダイレクター

【主な受賞歴】

1996年	グッドデザイン賞(東京ガス アースポート)
2001年	JIA 環境建築賞 一般建築部門優秀賞 (東京ガス アースポート)
2006年	芦原義信賞奨励賞(虎ノ門琴平タワー)
2007年	JIA 優秀建築選 (東京ガス ガスの科学館 がすてなーに)
2008年	九州建築選佳作作品(福岡県メディカルセンタービル)
2012年	神奈川建築コンクール 一般建築部門優秀賞 (横浜三井ビルディング)
2013年	JIA 優秀建築選(横浜三井ビルディング)
2017年	BCS 賞・JIA 環境建築賞 一般建築部門最優秀賞 (YKK80ビル)
2018年	東京建築賞東京都知事賞・ 日本建築仕上学会作品賞 (YKK80ビル)

1. 横浜三井ビルディング

2. YKK 80 ビル

3. KANDA SQUARE GATE

審査員長
植田 実／Ueda Makoto

1935年東京都生まれ。早稲田大学第一文学部卒業。「建築」編集を経て、1968年「都市住宅」創刊編集長。その後「GA HOUSES」編集長などを経てフリー、現在に至る。住まいの図書館出版局編集長として「住まい学大系」第1〜103巻などを企画・発行。建築文化の普及・啓蒙に貢献した業績により、2003年度日本建築学会文化賞を受賞。

© Kazuo Yoshida

司 会
城戸崎 和佐／Kidosaki Nagisa

1960年東京都生まれ。芝浦工業大学大学院修士課程修了。1984〜85年磯崎新アトリエ、1985〜93年伊東豊雄建築設計事務所を経て、1993年城戸崎和佐建築設計事務所を設立。2008〜12年京都工芸繊維大学准教授、2012〜17年神戸大学客員教授、2019年實践大學客座教授（台湾・台北）。2013年から京都芸術大学教授。

© 高橋保世

司 会
佐々木 龍郎／Sasaki Tatsuro

1964年東京都生まれ。東京都立大学大学院博士課程単位取得退学。1992年〜デザインスタジオ建築設計室を経て、1994年〜佐々木設計事務所、現在は同代表取締役。東京建築士会理事、神奈川大学・京都芸術大学・東京都市大学・東京電機大学・東洋大学・早稲田大学芸術学校非常勤講師、千代田区景観アドバイザー、横濱まちづくり倶楽部副理事長、エネルギーまちづくり社取締役。

1次審査

結果発表

城戸崎｜それでは2021年「住宅課題賞」公開審査を始めます。「住宅課題賞」は大学から推薦された時点で、入選となります。つまり、40大学54学科からの出展者全員が入選です。みなさま、おめでとうございます。本日は40人が会場、残りの14人がリモートで審査会に参加してくれています。

佐々木｜本日の午前中、1次審査がおこなわれました。展示会場のパネルと模型を見て、審査員5人がひとり6票、合計30票を投じました。結果、今年も票は分かれています。2票が6作品、1票が18作品、合計24作品に票が入りました。

展示会場の資料をもとに1次投票（一人6票）

No.	大学／氏名	票
02	茨城大学／坂本 萌乃	1票（アストリッド）
06	関東学院大学／佐藤 香絵	1票（妹島）
07	関東学院大学／植松 駿	2票（植田、駒田）
08	共立女子大学／後藤 柚実香	1票（植田）
11	工学院大学／佐藤 大河	1票（アストリッド）
14	駒沢女子大学／山木 智絵	1票（駒田）
15	静岡理科大学／森下 空々	1票（妹島）
18	芝浦工業大学／笹本 直也	1票（植田）
22	千葉大学／山田 楓子	1票（中村）
25	東海大学／木村 友香	2票（妹島、中村）
26	東京大学／上條 陽斗	1票（駒田）
27	東京藝術大学／長谷 果奈	1票（駒田）
29	東京都市大学／薄井 実乃里	2票（植田、妹島）
32	東京理科大学／安藤 朋恵	1票（妹島）
36	日本大学／工藤 秀俊	1票（アストリッド）
39	日本大学／大塚 友貴	1票（植田）
41	日本工業大学／秋間 悠希	2票（妹島、中村）
42	日本工業大学／鈴木 晴香	2票（アストリッド、中村）
45	法政大学／小林 日向子	1票（駒田）
46	前橋工科大学／島 かのん	1票（駒田）
51	明治大学／服部 友香	1票（植田）
52	ものつくり大学／浦上 龍兵	1票（アストリッド）
53	横浜国立大学／柳澤 美佳	2票（アストリッド、中村）
54	早稲田大学／國松 六花	1票（中村）

投票作品の講評

城戸崎｜1回目の投票で推した理由を、コメントいただきたいと思います。

中村｜22／千葉大学／山田楓子さんの作品は、水槽の中に住むという発想がすごくおもしろいと思いました。25／東海大学／木村友香さんは、植物と共生して住む作品ですね。自分のプロジェクトでも設計してみたいです（笑）。41／日本工業大学／秋間悠希さんの作品は川の対岸から見ても、夜とかすごく楽しそうなキッチンの雰囲気が伝わり、まちにもよい感じが出るのではと思いました。42／日本工業大学／鈴木晴香さんのシェアハウスは、1階部分が公園・通り道としてまちに開き、パブリックになっている点がよいと思いました。53／横浜国立大学／柳澤美佳さんの「森の巣家（すみか）」は、巣のようなイメージで好感を持ちました。54／早稲田大学／國松六花さんは敷地への着眼点がよいところを評価しました。

妹島｜全体的に力作が多かったので、同じようなテーマの作品からは1つ、という具合に選んだものもあります。06／関東学院大学／佐藤香絵さんの斜面の作品は、25／東海大学／木村友香さん・

53／横浜国立大学／柳澤美佳さんの作品同様に自然と共生していく作品で、家の中に虫が入るなど、住宅として考えるべき点も多いですが、3作品の中でも非常にチャレンジングなまとめ方をしています。15／静岡理工科大学／森下空々さんは、前面が公園で大きな道の交差点にも面していますが、その場所に対してよい建ち方をしている。作品タイトル「変わりゆく」とあるように、スラブの高さを微妙に変えつつ周りを取り込みながら、階段が多方向に設けられて周りに徐々に溶け込んでいる。集合住宅でも成立しそうだし、いろいろなことを考えさせられ、すごく好感を持ちました。25／東海大学／木村友香さんは、もっと木がうまく育つような眺めを考えられたら、木とともに暮らすことがスケール的にもうまくいくと思います。29／東京都市大学／薄井実乃里さんの階段と門型フレームの作品は、小さなスケールでたくさん雁行させており、模型の中をどこから覗いても奥から気持ちよさそうな場所が現れる。階段を大きくしたり小さくして突き抜けるようにしたりと、全体としてうまくできています。32／東京理科大学／安藤朋恵さんは「街を歩くように」というタイトルの通り、まちとの関係で空間を選び、手前と奥でレベルを変え、周りの住宅街のスケールを取り込みながら、楽しんで暮らし

ていけそうな住宅が提案されており、高度な技術で設計されていると思いました。41／日本工業大学／秋間悠希さんは、設計しやすいところを敷地に選び、かつ川沿いと道沿いの異なる表情を持たせながらとてもうまく設計されていると思いました。

駒田｜07／関東学院大学／植松駿さんの作品は一見、「Tokyo Apartment」（藤本壮介建築設計事務所・2010年）の拡大版にも見えますが、スケールもよく考えられています。立体でまとめるのは大変ですが、頑張っている。14／駒沢女子大学／山木智絵さんの集合住宅は、オープンスペースだけでなく、住戸部分の容積率をきちんと取ることも考えられている。中庭にしか面していない住戸にはトップライトを設置するなど、住環境への配慮もされています。26／東京大学／上條陽斗さんの団地の

アストリッド｜02／茨城大学／坂本萌乃さんは、長方形のレイアウトに対して屋根の角度に変化をつけたりオープンな場所を盛り込んだりと、プロポーションをうまく組み合わせたのがよい。密度のあるプランですが、それを感じさせない開いた場所になっています。テキスタイルのように編んだ、縦と横の両方向をパッセージ（通路）でつなげることで、単純だけど豊かな空間になりそうです。11／工学院大学／佐藤大河さんは、半地下の中庭というプライベートな空間をつくり、窓が全部そちらに向いているのが気持ちいい。道路側もオープンにつくられ、2・3階には素敵なバルコニー、1階も暗すぎないようにしている。36／日本大学／工藤秀俊さんは作品タイトル「かくれんぼ住宅」の通り、プライベートの守る壁とオープンな壁をバランスよく配置

リノベーションは非常に密度の高い模型でした。共用部を介して離れに行くという使い方を積極的に提案しているのが興味深かったです。これらのプランニングの変化が生活をどう変えるかというビジョンを見せてくれると、もっとよかったと思います。27／東京藝術大学／長谷果奈さんの集合住宅は、斜めの壁で空間をつないでいくことに可能性を感じました。45／法政大学／小林日向子さんは、風呂を介した交流の場であり、個室に風呂がないのも、きちんと考えられていてよいと思いました。46／前橋工科大学／島かのんさんの作品は、シャッター街である敷地に対する想いを感じましたし、これができれば、みんなが訪れて地域が活性化する建物になるのではと思いました。最後まで迷って票を入れなかったのは、41／日本工業大学／秋間悠希さん。うまくできているし敷地も魅力的ですが、私が挙げなくても誰かが挙げると思いました（笑）。

し、奥行き感をうまく演出しています。パッセージ（通路）をつくることで、全体のボリューム感をきれいに崩している。42／日本工業大学／鈴木晴香さんの作品タイトル「ひと繋がりの家」は、つながり方がシェアハウスとして非常にエレガント。大きなボリュームの中に小さなボリュームをつくり、両方の空間をきれいに生かしている。52／ものつくり大学／浦上龍兵さんの提案は大胆さが気に入りました。長方形の大きな建物に、曲線で描き込まれた小さな中庭が屋上でつながって散歩できるのがおもしろい。下と上のレベルの関係性もおもしろいです。53／横浜国立大学／柳澤美佳さんは、子どもの頃に夢見たツリーハウスのようで住んでみたいと思いました。細かい小さな部屋の積み重ねも、大きな屋根を架けたことで全体性が生まれている。プレボもとてもきれいです。

植田｜審査員の方々がどう思われるか「問いかけ

たい」作品をまず選びました。07／関東学院大学／植松駿さんのような、住戸をスタックさせる手法が住宅としてよいアイデアなのでしょうか。私は実際に地面にくっついていない、宙に浮かんだ建物にとどまると、とても不安になります。それに、小さな隙間には鳩などの小動物が入って被害を及ぼす。「隙間」は建築のコンセプトとして肯定的に捉えられることが多いけれど、最終的に本当に生かされているのか、それを考えさせられる作品です。08／共立女子大学／後藤柚実香さんは、欄間を透明にするだけで空間が随分と変わったように思いました。古い住宅の修復・再構成を考える時は、階段や廊下を新しくしてプランニングを変えるよりも、本作品のような細かい処理のほうが住み方に影響を与えるのではないだろうか。あまり古い住宅の改修

を見たことがないので、それを伺いたいです。18／芝浦工業大学／笹本直也さんのような、水平と垂直、横と縦の要素で建築をつくるというアイデアが評価されているのに安心したけれど、まだわかりかねている点があります。住宅を持ち上げていくこと、高くしていくことで支配性が生じるのに対し、螺旋階段を回っていくことは、その多方向性に豊かさがあると思うけれど、建築がどこまでそれを使い切れるのかが、まだわかっていません。29／東京都市大学／薄井実乃里さんは、まちの中に実際にありそうな場所ですね。踊り場もないところに急に家の門だけが現れる。上から誰かが迎えに来てくれるような、古いまちの風景が生まれています。39／日本大学／大塚友貴さんは、飛び抜けて完成度が高いとは思えないけれど、作品タイトル「恐れて、憧れて。」という表現で直接的な言い回しを避けつつ、代官山にある特性を初めて言い当てた

キャッチフレーズであり、プロジェクトではないかと思います。壁が異様にゴツくてあからさまに「ヒルサイドテラス」を設計した槇文彦さんへの挑戦でもある。51／明治大学／服部友香さんの作品は、中庭に構造体が露出・集中している。この中庭について指導教員の高橋潤さんは「全体性の象徴ではなく個室間に距離をつくる装置」と評しています。本年度の中で最も説得力のある指導教員の言葉だと思いました。しかし、スケッチがそのまま模型になってしまっている気もします。そして、本当はポジティブに評価したかったけれど票を入れなかったのは、43／日本女子大学／岩城瑛里加さん。とても不思議な計画で、その「いいかげんさ」に惹かれました。編集者の私が言うのも恐れ多くはありますが、今回最も魅力的でした。妹島さんは図面がひどいと批評しておられましたが（笑）。

妹島｜私もすごく魅力的だと思いましたが、掲示した紙もヨレヨレだし、もう少ししっかり図面を描いてもらいたいです。配置の適当さにセンスがありそうですが、ヨレヨレの紙は将来が心配です（笑）。

2次審査

ひとり3票を投票

城戸崎｜票が割れたこともあり、3作品をもう一度選んで作品を絞り、選ばれた案を議論します。

2回目投票（一人3票）

No.	大学／氏名	得票
07	関東学院大学／植松 駿	**1**票（駒田）
08	共立女子大学／後藤 柚実香	**1**票（植田）
14	駒沢女子大学／山木 智絵	**2**票（駒田、妹島）
15	静岡理工科大学／森下 空々	**1**票（妹島）
25	東海大学／木村 友香	**1**票（中村）
29	東京都市大学／薄井 実乃里	**1**票（植田）
39	日本大学／大塚 友貴	**1**票（植田）
41	日本工業大学／秋間 悠希	**3**票（アストリッド、駒田、中村）
42	日本工業大学／鈴木 晴香	**1**票（アストリッド）
43	日本女子大学／岩城 瑛里加	**1**票（妹島）
53	横浜国立大学／柳澤 美佳	**2**票（アストリッド、中村）

1票の作品をディスカッション

城戸崎｜まず1票の作品から議論できればと思います。応援演説をしていただくか、もしくは作品の弱い点を話していただくのでも結構です。

----

07 関東学院大学 建築・環境学部
建築・環境学科 建築デザインコース
植松 駿 　駒田（1票）

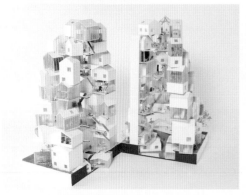

No.07　模型写真

城戸崎｜植田さんが2つの問いかけをされました。家型に限らず、ユニットを積んでいくことが有効なのか。隙間が現実的に問題ではないか、隙間のよさを最後まで生かせるのか。審査員のみなさんの実務経験も含め、お話いただけたらと思います。駒田さんはどうですか。駒田さんは積まないですよね？

駒田｜積まないですね（笑）。私がこの作品を推した理由は、まず学生の熱量を持ってパースと模型に非常に力を入れていた点。小さな隙間は確かに気になるし、実務ではクレームになるのでできないですが、私がよいと思ったのは「洞」と呼ぶ大きな吹き抜けの空間。そこは、単に抜けているのではなく、隙間から光が入ってきたり、立体路地のように巡ったりできる。住宅だけでなく商業施設にも適応できそうだし、家型でなくても展開できるのではないでしょうか。むしろ大きな隙間に可能性があると思いました。

城戸崎｜この作品の本質は家型ではなく、むしろ「洞」にあるということですね。中村さんはどうですか？

中村｜実務ではやりませんが、住んでみるとスペースが心地よくて、視線によっていろいろなものが見えてきておもしろい気がします。

アストリッド｜周辺に建物が密集していなければ、隙間から光が入ってくる様子はきれいだと思いますが、吹き抜けを見上げると階段だらけで、階段を上ることを考えると疲れた気持ちになります。学生に階段が人気ですが、階段は降りるためではなく上がるためにあるもの。そして、植田さんと同じく、私も床の下が浮いているのは不安です。特に日本は地震がありますから。

城戸崎｜妹島さんはどうですか？

妹島｜「積む」というつくり方はあると思うけれど、家型については疑問を感じます。この作品が全体的にもう少し抽象的になると、テクスチャーから形が出てきて中も外もよくなりそうな気がします。これだけ具体的な形だと周辺に影響を与え過ぎるかと。砂漠ならよいけれど、都市の中でこれほどの表面積があると、どうでしょうか。半透明の壁と木の軸組みの混じり方はよい空間になりそうです。積み方については、周辺環境との関係でへこませるとか出っ張らせるとかをもっと考えられたと思います。

佐々木｜なぜ家型をつくったのか、設計者本人に聞いてみましょうか。

植松｜敷地が横浜駅近くの商業地域のど真ん中で、現地の見学に行くと、人の住んでいる気配がありませんでした。斜面地に住宅が多いイメージを抱いたのですが、ここに住む場所をつくるとしたら周りの商業施設と同じような四角いボリュームは違うと感じ、住む場所の象徴として切妻屋根の家型を積み上げました。それで、商業地域に「住む」という印象が与えられるのではないかと考えたのです。

妹島｜考え方はわかりますが、このキャッチーな形態が商業的な空間に取り込まれていく可能性もありますね。もう少し抽象化できたらよかったと思います。

城戸崎｜駒田さんの事務所がある「西葛西APARTMENTS-2」（駒田建築設計事務所・2018年）は、平面で見るとすごく小さいのですが、階段部分の抜けがあったり、上階に行くと視界が広がったり。「洞」のように大袈裟なことをしなくても、同じような現象を生むことができる気もしますね。

08 共立女子大学
家政学部 建築・デザイン学科 建築コース
後藤 柚実香 植田（1票）

No.08 模型写真

駒田｜二世帯住宅なのですが、図面が手描きで非常に上手。プロの図面のようです。私の事務所スタッフが入所したばかりの時もこれほどの図面を描けませんでした。一方で、2室にまたがる大空間をつくるなど大胆な改修も提案できそうなのに、学生が賞に出すものとしては王道ではないけれど、好感を持たれるものかと思います。

アストリッド｜私もこの図面は魅力的だと思います。本当は全員これくらい丁寧に図面を描いてほしいですね。どのような案であろうとも、図面をしっかり描くことは当たり前だと思ってほしい。だからといって、丁寧な手描き図面を過剰に評価するのは違う気もします。

15 静岡理工科大学
理工学部 建築学科
森下 空々 妹島（1票）

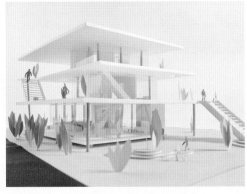

No.15 模型写真

植田｜先生方による出題課題「開く家」に対して、「変わりゆく」は「開く」の方向性をより明快にして、今回の作品タイトルNo.1ですね。日本語として、非常にパンチ力がある。

駒田｜大胆だし、階によって天井の高さを変えているのはセンスがあると感じました。でも私が選ばなかったのは、模型に周囲の様子がなくてポツンと建っている感じがしてしまったからです。街の中に建っている感じがしなかった。敷地模型を上から撮った写真はありましたが、これを横からの目線で撮ってくれると生活がイメージできたと思います。

佐々木｜昨年度、この作品の指導教員のひとりである田井幹夫さんにトークイベントに出ていただきました。その時に話されていたのが、静岡周辺は都市とも郊外とも言えない場所で、東京やその近郊に比べて戸建て住宅の敷地が広いということ。広いところにポツンと家が建っていることも多いのですが、ランドスケープまでつくるお金はない。これはまさにそういったエリアで、どうやって住宅の課題に取り組んでいこうか、今模索しているところだと思います。

妹島｜確かに、周囲との関係がもう少し強く出ていれば、デザインに説得力がありましたね。でも、周囲との間にゆとりをつくっていて、住み手が建物を育てていく可能性を感じます。

25 東海大学 工学部
建築学科
木村 友香 中村（1票）

No.25 模型写真

城戸崎｜中村さんが票を入れていますので、他の方の意見を聞きたいと思います。

駒田｜この課題の指導教員は武田清明さんですが、先日、武田さんのご自宅を訪れたこともあり、「武田さんっぽい」とつい感じてしまったので、あえて入れませんでした。木の根はおおよそ3mくらいまで横に伸びて根を張るため、それに対する配慮も一緒にすると、もっと共生感が出ると思いました。

アストリッド｜とても陽気な提案です。緑が溢れているだけでなく、土が壁になるところなども興味深いので応援したい気持ちもあるのですが……。プランを見ると、木が植えられている三角形の箇所が小さくて厳しいと感じました。

---

29 東京都市大学 建築都市デザイン学部 建築学科
薄井 実乃里 植田（1票）

No.29　模型写真

城戸崎｜1次審査では妹島さんも推していました。

妹島｜今もよいと思っているのですが、同じ都市における集合住宅ということで14／駒沢女子大学／山木智絵さんのほうを残しました。

駒田｜私も最後まで残していましたが、一住戸がどの単位なのか、部屋と部屋が離れているのか、メゾネットで斜めの階段でつながっているのか、少しわかりづらい。一住戸を取り出したアクソメなどがあると、アイデアが伝わったと思います。

城戸崎｜会場にいる薄井さん、住戸について教えてもらえますか？

薄井｜プランとしては、各住戸の平面計画をそれぞれ変えています。軸の異なる大きな階段が2つあり、その階段ごとに2世帯に細分化し、全部で4世帯が編むように住んでいます。

妹島｜なぜ階段をこれほどつくったのかも教えてほしいです。

薄井｜これらの階段は、初めて代官山を見に行った時の印象から生まれています。地図も見ずに1時間半ぐらい代官山を歩いていたら、住宅の間に小道があったり坂道があったりすることに気づきました。周囲の動線を建物に取り込むと、道の幅が狭かったり広かったりするので、コミュニケーションが生まれるのではないか。そう想定して、大きい階段と門型の壁面をつくりました。

妹島｜階段はパブリックで誰でも上って座ることができるのですか、それとも、誰でも入れるわけではなく、人々はその後ろで暮らしているのですか？

薄井｜自由に入れるわけではありませんが、パブ

リックとプライベートの間として中間領域をつくっており、そこには階段からアクセスできます。平面図で見るとオレンジのところに、リビングや子ども部屋、玄関などを配置しています。寝室はプライベートなので階段に面していませんが、リビングでくつろいでいるところなど、階段を上って中間領域に入ることができ、一緒にご飯を食べてもいい。そのように人が溢れる建物になることを目指しました。

- -

39 日本大学 理工学部 建築学科
大塚 友貴　植田（1票）

No.39　模型写真

城戸崎｜植田さんが票を入れた作品ですが、他の方はどう思うかお聞きしたいと思います。

中村｜私はとても閉鎖的な印象を受けてしまいました。それはプレゼンの影響もあるかもしれません。模型の緑が入っているところはそれほど閉鎖的に感じないため、今後プレゼンの方法を工夫していただければ。

アストリッド｜大胆で、ブルータリズムを思わせるような外観は魅力的だと思いました。しかし、内部が暗いのではないでしょうか。暗さは人間のメンタルにつながるので、トップライトや中庭があればよかったと思います。

城戸崎｜明るさの問題はどう考えましたか？

大塚｜授業ではファサード計画に一生懸命取り掛かり、採光計画まで考えられませんでした。ぼくがやりたかったこととしては、住人の存在をとにかく残すこと。代官山にはかつて「代官山アパートメント」（同潤会・1927年）があり、多くの人が住んでいました。だから、かつてのマンションの構成は崩

さずに、壁をまず覆って中の透明度を上げることに最善を尽くしました。

- -

42 日本工業大学 建築学部 建築学科 生活環境デザインコース
鈴木 晴香　アストリッド（1票）

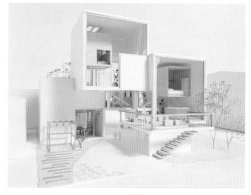

No.42　模型写真

アストリッド｜リアリティを感じるシェアハウスで、住んでみたいと思いました。展望台のようになっている場所もあるなど外部に開いていて日当たりもいい。小さな場所と大きな場所のバランスがよく、小さな部屋は守られているけれど、閉鎖的な感じはしません。いろいろなレベル差があるので視線が変わっておもしろく、空間づくりがうまいと感じました。

城戸崎｜中村さんも1次審査で票を入れていましたね。

中村｜1階はパブリックに開かれていて、とてもいいと思いました。

妹島｜意地悪な反対意見となりますが（笑）、私も魅力的だと思って1次審査の投票で迷いました。だけど、15／静岡理工科大学／森下空々さんと近い価値観があると思ったのです。42のほうは都市的なのに対して15は郊外的であり、どちらもセットバックしているけれど、15のほうが周辺との関係をつくりやすい気がしました。そして、42はキューブでやろうとしているので側面ができてしまう。つまり、側面があることで閉じているように感じてしまうのです。15は住宅や住宅以外にもシェアできそうだけれど、42は完成形のようになってしまっている。42はいろいろと発展の可能性があるのだから、もう少しおおらかでもいいと思います。

43 日本女子大学 家政学部 住居学科 居住環境デザイン専攻・建築デザイン専攻
岩城 瑛里加 妹島（1票）

No.43　模型写真

城戸崎｜問題作ですね。植田さんが「いいかげんさ」を議論したいと言っていて、妹島さんが復活票を入れました。

妹島｜住宅の建ち方もいいし、集合の仕方の新しさはないかと考えた時に、この作品に可能性を感じました。一戸建てが集合することで生まれる、環境との関わり方を考えさせられます。

駒田｜バラバラ感のある配置はあえてなのか、それとも自然とできたのか。模型と図面の内容が異なるし、プレゼンも過程な感じがしました。いろいろ可能性を秘めていそうな気はします。

城戸崎｜隙間の設計をしているようなおもしろさがありますね。隙間が主体だから建物はバラバラでもいい。斬新な発想のように感じます。妹島さんが図面に苦言を呈しましたが、きちんとした図面を描くときちんとした設計になってしまうことが多いです。ピュアな発想をキープしつつ、図面もきちんと描けるように指導するのは、教員として難しい問題です。

アストリッド｜08／共立女子大学／後藤柚実香さんの講評の時、図面をきちんと描くのは当たり前と言ったのですが、建築にとって完成度も大事です。図面を丁寧に描くことは、丁寧に考えるということ。本当につくりたいという気持ちが伝わってこないと、私は評価できないですね。

城戸崎｜学生が貼り合わせた図面を提出するのは、経験上、なにかのトラブルがあった時なので、岩城さんはリモート参加で悔しい思いをしているかもしれません。事情の説明でもアピールでもいいので、一言お願いします。

岩城｜プレゼンボードの印刷に失敗し、提出直前だったためやり直しもできず、不完全なまま提出してしまいました。敷地は多摩市永山で、都市と郊外の中間のような場所です。斜面地の上には多世代の利用がある施設、下には住宅街が広がっていて、それらをつなぐためにストライプ状の配置にし、その中間に庭を配置しました。

城戸崎｜よい意味で「いいかげん」という言葉が出てきましたが、それについてはどう考えますか？

岩城｜一応、ルールは定めています。敷地内に商業施設や共用施設、両親と子どもたちが住む戸建て住宅をつくります。3m、5m、8mを幅の基準にして住宅を配置し、最終的に少しずつずらしている。その「ずらし」がいいかげんと言われる部分だと思うのですが、ずらすことで住戸間に空間をつくり、外部空間と混ざり合うようにしたかったのです。

佐々木｜敷地にあたる永山で働いていたことがあるのですが、鉄骨の2階建てや木造住宅、大きなマンションしかないんですよ。それに対して、彼女の提案のように戸建てで集合する住み方が本来あっていいはずだけれど、経済原理はそうなっていない。その背景も合わせて、可能性のある提案だと思います。

2次審査

2票の作品をディスカッション

14 駒沢女子大学 人間総合学群 住空間デザイン学類 建築デザインコース
山木 智絵 駒田、妹島（2票）

No.14　模型写真

城戸崎｜2票の作品を議論していきたいと思います。

駒田｜学生がつくる集合住宅としては「王道ではない」からこそ、選びました。学生の集合住宅課題では、容積率などが細かく要求されないことも多いです。ある意味、オープンスペースやコミュニティースペースをつくれば、豊かな住環境を生むことは容易です。一方でこの案は、密度高く建てている。敷地は千駄ヶ谷と表参道の間で土地値が高い場所ですから、ここでゆったりつくることはありえません。学生が考える集合住宅は、実際に建てるのは難しいことが多いけれど、これは本当に建ててもいいと思います。模型を見ると、距離感を微妙に取っていることがわかります。台形の中庭がいろいろなところにありますが、このスケールも絶妙です。棟の高さを変えたり抜けをつくったり、中央のあまり光が入らなそうなところにはトップライトを設えたりしています。派手ではないけれど、丁寧にきちんとつくっている。

妹島｜ぎっちりと詰め込みながら、プランもおもしろいものになっています。それと、輪郭がすごい。曲線でなく直線でつくっているのですが、柔らかく四角を組み上げている。

城戸崎｜票を入れていない方はどう思われますか?

中村｜割と細かく平面が分けられているので、中庭が小さくてちまちまとした感じになるのではと思いましたが、壁が低く抑えられてオープンになっていたり、建物の動線に変化があったりしてスケール感がよいと思いました。

アストリッド｜とても頑張りを感じる作品です。プロポーションもヒューマンスケールも考えられていて、バランスもいい。ただ、私はこの密度感を少し怖く感じてしまったので、個人的な好みではありますが、もう少し大きい空間のほうがいいです。

妹島｜断面パースを見ると、採光や生活風景がよくわかりました。平面を見ると確かに細かく分けられていますが、斜めの壁で少し広がったり奥行きがあったりするうえ、小さな庭がそれに付いてくるので、開放感はあると思います。

53 横浜国立大学 都市科学部 建築学科
柳澤 美佳 アストリッド、中村（2票）

No.53　模型写真

アストリッド｜とても夢のある提案です。屋根裏の空間はすごく素敵だと思いました。もちろん、設計課題は現実的でないといけませんが、遊び心がある空間を応援したいです。学生さんは「こんな場所に住みたい」という夢を持って設計してほしい。

城戸崎｜中村さんは1次審査でも2次審査でも票を入れています。

中村｜自然の中で、自分の住処をつくるというピュアな感じがよいと思いました。プレゼンボードもきれいにまとめられていて好感が持てます。

駒田｜私も12個まで絞った中には残していました。いろいろな空間のつながり方があって興味深いのですが、屋根が強すぎる気がしたので、最終的には選びませんでした。

妹島｜私も迷った作品です。自然や斜面との関係がよくて建ち方は魅力的だけれど、部屋がどうつながっているのかがわかりづらくて……。はしごがないと入れない部屋があるように見えました。あと、どうして大屋根を架けたのか聞いてみたいですね。

城戸崎｜柳澤さん、屋根の質問に答えてもらえますか？

柳澤｜敷地が新潟県で雪が多く降るので、雪が積もらないように屋根に勾配をつけようと思いまし

た。また、大地がめくれ上がったような大屋根の下でひとつの家族が身を寄せ合いながら自然のなかで暮らしていく世界をイメージして設計しました。

2次審査

3票の作品をディスカッション

----

41 日本工業大学 建築学部
建築学科 建築コース
秋間 悠希 アストリッド、駒田、中村（3票）

No.41　模型写真

城戸崎｜最後に3票の作品について議論していきたいと思います。妹島さんも1次審査では票を入れていたので、植田さん以外の4人は少なくとも1回票を入れています。1番注目された作品です。

アストリッド｜1次審査で票を入れていませんが、もともといい作品だと思っていたので、みなさんのコメントなどを聞いて票を入れました。建物が散歩道や展望台のようになるのがよいと思います。

中村｜完成度も高いし素晴らしいと思いました。1番評価したいのは、ただ建てるだけでなく、街並みの新しい顔として寄与しているところです。

駒田｜私は自分たちが設計した「西葛西APARTMENTS-2」で、コミュニティースペースやコワーキングスペース、子ども食堂などを運営していますが、本作品はこれらの活動が自然とイメージできる建物です。今の学生は敏感で、卒業設計などの講評会に呼ばれると、こういう感じの作品が非常に多い。そういう意味での新鮮味はあまりないけれど、それだけ社会的からの要求を敏感に感じているということです。地方にこのような場をつくろうとしたことは評価できると思いました。それと、敷地がと

てもいいですね。

城戸崎｜敷地に関する評価が多かったのですが、秋間さん、川に面した細長い敷地は自分で選んだのですか？

秋間｜課題で2つの敷地が指定されて、そこから選びました。この敷地は駅からも近く、川沿いを散歩する人が多い。対岸にも同じような散歩道があり、そこから見る景色を考えて屋根の形などを決めました。地域の人との交流を視野に入れるという課題だったのですが、いきなり一緒に行動するのは難しいので、住戸にベランダを付けて、地域の人の散歩時に顔を合わせることからコミュニケーションを始めたいと思いました。建物の中には、そうやって仲良くなった人たちが遊びにくる共用部もつくっています。

城戸崎｜それぞれの課題の意味、現代性の話、学生が持っている問題意識など、かなりしっかり話し合えたと思います。さて、再び3作品を選んでいただき、1等、2等、3等を決めます。また、それとは別に、審査員賞を推薦してもらいます。

佐々木｜1番よいと思った作品に5ポイント、2番目が3ポイント、3番目に1ポイントを入れてください。

2次審査

結果発表

最終投票（一人5点、3点、1点を投票）

07	関東学院大学／植松 駿	**1**点（駒田1点）
08	共立女子大学／後藤 柚実香	**5**点（植田5点）
14	駒沢女子大学／山木 智絵	**9**点（駒田3点、妹島5点、中村1点）
29	東京都市大学／薄井 実乃里	**3**点（植田3点）
39	日本大学／大塚 友貴	**1**点（植田1点）
41	日本工業大学／秋間 悠希	**18**点（アストリッド5点、駒田5点、妹島3点、中村5点）
42	日本工業大学／鈴木 晴香	**3**点（アストリッド3点）
53	横浜国立大学／柳澤 美佳	**5**点（アストリッド1点、妹島1点、中村3点）

総　評

中村｜今日はみなさん、どうもありがとうございました。仕事では住宅や集合住宅を設計したことがなく、どうしようかと思っていたのですが、みなさんのアイデアを見せていただいて楽しかったです。

＊　＊　＊

妹島｜事前に出展作品の資料を見ていた時も感じていましたが、今日、展示パネルと模型を見たら本当に力作が多かった。審査で甲乙をつけるのは本当に難しいですね。よいと思った作品も、僅差で票を入れられず、少し気の毒な気持ちになりました。建築をつくるのにアイデアも重要だけれど、それだけではない。議論をすることでいろいろな意見が出て、そこからまた考えるチャンスを得られるのはいいことですね。

＊　＊　＊

駒田｜長時間お疲れ様でした。模型を見ると、資料を見た時と印象が異なるものが多かったです。私は、最初に12作品程度を選び、そこから絞りましたが、その作業が大変でした。1票だけの作品も多く、審査員もバラバラの評価だったので、議論に挙

がらなかった人は自分の作品がつまらなかったと思う必要は全くありません。ただ、新しい提案をされた作品は、大げさに構えることなく社会とつながる考え方を自然とできていたように思います。

＊　＊　＊

アストリッド｜近年、学生のプロジェクトをよく見ていますが、今回の出展作品は特に身体感覚が空間に反映されているように思いました。コロナ禍により自宅で過ごすことが多かったからかもしれません。審査員の意見が今日これほど割れたのはよいことだと思ってほしいです。出展者も審査員もみんな違う。だから、まず自分がやりたいことを表現するべきだと思います。建築でみんながハッピーになればいいけれど、少なくともまずは、自分がハッピーになる設計を続けてほしいです。

＊　＊　＊

植田｜どうもみなさんお疲れ様でした。今回印象的だったのは、昨年までは植物と共生するなどの温かい感じがする住宅が多かったのに対し、厳しい感じの作品が多い気がしました。学生さんは社会状況などに敏感なんでしょうね。何か破壊的なものが、現れてきているような……。たとえば、06／関東学院大学／佐藤香絵さんの崖地の家や27／

41
優秀賞 1等

日本工業大学
建築学部 建築学科
建築コース
秋間 悠希さん

【受賞コメント】審査の議論に挙げられると思っていなかったので、自分でも驚いています。一生懸命課題に取り組んでよかったと思っています。ありがとうございます。

14
優秀賞 2等

駒沢女子大学 人間総合学群
住空間デザイン学類
建築デザインコース
山木 智絵さん

【受賞コメント】ありがとうございます。嬉しいというより驚きが大きいです。今回の作品ができるまでにいろいろな人に支えてもらったので、その方々に感謝したいです。

08
優秀賞 3等

共立女子大学 家政学部
建築・デザイン学科
建築コース
後藤 柚実香さん

【受賞コメント】アイデアが足りないというようなお話もあったので、賞をもらえるとは思っていませんでした。今回の課題は制約が多く、奇抜なアイデアは提案しづらかったのですが、改善の余地はあったかもしれません。ありがとうございました。

53
優秀賞 3等

横浜国立大学
都市科学部
建築学科
柳澤 美佳さん

【受賞コメント】この課題が初めての設計で嬉しい気持ちで取り組んだのを覚えています。初心でつくったことがよかったのかなと思います。関わってくださった方々に感謝しています。ありがとうございました。

写真後列左から東京建築士会の鷲海浩康、司会の城戸崎和佐、審査員の妹島和世、駒田由香、審査員長の植田実、審査員のアストリッド クライン、中村晃子、司会の佐々木龍郎。スクリーンと前列は受賞者

東京藝術大学／長谷果奈さんの斜めの壁は厳しすぎるくらいだし、46／前橋工科大学／島かのんさんも建築現場のような強いかたちで、廃墟に近い迫力です。そして出展作品の半数以上が集合住宅でした。でも、私は戸建て住宅も課題に出し続けてほしい。戸建て住宅からは、建築の本質を多く知ることができると思います。卒業して社会人になると、どうしてもクライアントの期待に沿うことを求められてしまいます。だからこそ、学生時代に建築の底知れない不思議さや楽しさを体験してほしいと思います。

植田賞

43

日本女子大学 家政学部
住居学科 居住環境デザイン専攻・建築デザイン専攻
岩城 瑛里加さん

【選考理由】意識して設計していないところがおもしろいとかではなく、住宅と場所の間をフワッとまたがる不思議な住宅。郊外を舞台に、現実と非現実の間を紡ぐ……、映画になりそうな雰囲気があります。(植田)

アストリッド賞

42

日本工業大学
建築学部 建築学科
生活環境デザインコース
鈴木 晴香さん

【選考理由】小さな個人スペースと大きな共用スペースがあり、一人になれるけれど、人の気配を感じて安心感もある。川に面して開き、自然が見られるのもよい。いろいろな体験が生まれそうな建築です。(アストリッド)

駒田賞

29

東京都市大学
建築都市デザイン学部
建築学科
薄井 実乃里さん

【選考理由】設計者本人の話を聞いてから、よく考えられていると思いました。審査員が5分10分程度パネルを見ただけでもわかるプレゼンテーションができると、もっとよかったです。(駒田)

妹島賞

15

静岡理工科大学
理工学部
建築学科
森下 空々さん

【選考理由】「開く」に対して「変わりゆく」という新しいテーマを出している点がよかった。人々の参加や環境との交わりにより自由に建築がつくられていくのが、まさに開かれた建築だと思います。(妹島)

中村賞

12

工学院大学
建築学部
まちづくり学科
河村 恵里さん

【選考理由】気配を感じる住宅で、1日の移ろいなどを建物に取り込んでいくというロマンチックなところを評価しました。模型も魅力的です。(中村)

住宅課題賞2021 審査員採点表

No	大学名	学部名	学科・コース名	学年	作者名
1	足利大学	工学部	創生工学科 建築・土木分野 建築学コース	2	渡辺 一輝
2	茨城大学	工学部	都市システム工学科 建築デザインプログラム	2	坂本 萌乃
3	宇都宮大学	地域デザイン科学部	建築都市デザイン学科	2	木村 友哉
4	大妻女子大学	社会情報学部	社会情報学科 環境情報学専攻	3	小幡 美奈
5	神奈川大学	工学部	建築学科 建築デザインコース	3	伊東 珠見
6	関東学院大学	建築・環境学部	建築・環境学科 すまいデザインコース	3	佐藤 香絵
7	関東学院大学	建築・環境学部	建築・環境学科 建築デザインコース	3	植松 駿
8	共立女子大学	家政学部	建築・デザイン学科 建築コース	2	後藤 柚実香
9	慶應義塾大学	環境情報学部	環境情報学科	3	北 りり華
10	工学院大学	建築学部	建築学科	2	馬渡 初音
11	工学院大学	建築学部	建築デザイン学科	3	佐藤 大河
12	工学院大学	建築学部	まちづくり学科	2	河村 恵里
13	国士舘大学	理工学部	理工学科 建築学系	2	植田 朝飛
14	駒沢女子大学	人間総合学群	住空間デザイン学類 建築デザインコース	3	山木 智絵
15	静岡理工科大学	理工学部	建築学科	2	森下 空々
16	芝浦工業大学	建築学部	建築学科 APコース	2	川口 真穂
17	芝浦工業大学	建築学部	建築学科 SAコース	2	長谷川 奈菜
18	芝浦工業大学	建築学部	建築学科 UAコース	3	笹本 直也
19	昭和女子大学	環境デザイン学部	環境デザイン学科 建築・インテリアデザインコース	3	野口 莉佳
20	女子美術大学	芸術学部	デザイン・工芸学科 環境デザイン専攻	3	陳 柯宇
21	多摩美術大学	美術学部	環境デザイン学科 建築デザインコース	1	伊藤 龍生
22	千葉大学	工学部	総合工学科 都市環境システムコース	2	山田 楓子
23	千葉工業大学	創造工学部	建築学科	2	皆川 莉久
24	筑波大学	芸術専門学群	デザイン専攻 建築デザイン領域	3	長井 春雅 くらら
25	東海大学	工学部	建築学科	3	木村 友香
26	東京大学	工学部	建築学科	3	上條 陽斗
27	東京藝術大学	美術学部	建築科	2	長谷 果奈
28	東京電機大学	未来科学部	建築学科	2	吉川 武仁
29	東京都市大学	建築都市デザイン学部	建築学科	2	薄井 実乃里
30	東京都立大学	都市環境学部	建築学科	3	小林 楓太
31	東京理科大学	工学部	建築学科	2	丸山 周
32	東京理科大学	理工学部	建築学科	2	安藤 朋恵
33	東洋大学	理工学部	建築学科	2	前田 仁
34	東洋大学	ライフデザイン学部	人間環境デザイン学科	2	諸橋 栞奈
35	日本大学	芸術学部	デザイン学科	3	内野 槙也
36	日本大学	生産工学部	建築工学科 建築総合コース	3	工藤 秀俊
37	日本大学	生産工学部	建築工学科 建築デザインコース	2	大槻 瑞巴
38	日本大学	生産工学部	建築工学科 居住空間デザインコース	3	山本 有紗
39	日本大学	理工学部	建築学科	2	大塚 友貴
40	日本大学	理工学部	海洋建築工学科	2	松井 良太
41	日本工業大学	建築学部	建築学科 建築コース	3	秋間 悠希
42	日本工業大学	建築学部	建築学科 生活環境デザインコース	2	鈴木 晴香
43	日本女子大学	家政学部	住居学科 居住環境デザイン専攻・建築デザイン専攻	2	岩城 瑛里加
44	文化学園大学	造形学部	建築・インテリア学科	2	渡部 怜
45	法政大学	デザイン工学部	建築学科	3	小林 日向子
46	前橋工科大学	工学部	建築学科	3	島 かのん
47	前橋工科大学	工学部	総合デザイン工学科	2	齋藤 樹李
48	武蔵野大学	工学部	建築デザイン学科	3	中島 詩歩
49	武蔵野美術大学	造形学部	建築学科	3	高嶋 佳樹
50	明海大学	不動産学部	不動産学科 デザインコース	3	中村 咲貴
51	明治大学	理工学部	建築学科	3	服部 友香
52	ものつくり大学	技能工芸学部	建設学科 建築デザインコース	3	浦上 龍兵
53	横浜国立大学	都市科学部	建築学科	2	柳澤 美佳
54	早稲田大学	創造理工学部	建築学科	2	國松 六花

※出展者の学年や所属については、課題提出当時に基づきます

1次投票(巡回審査)						2次投票						最終投票						受賞作品
植田	アストリッド	駒田	妹島	中村	合計	植田	アストリッド	駒田	妹島	中村	合計	植田	アストリッド	駒田	妹島	中村	合計	
	○				1													
			○		1													
○		○			2				○		1			①			1	
○					1	○					1	⑤					5	3等
	○				1													
																		中村賞
		○			1		○	○			2			③	⑤	①	9	2等
		○			1				○		1							妹島賞
○					1													
				○	1													
			○	○	2					○	1							
		○			1													
		○			1													
○			○		2	○					1	③					3	駒田賞
			○		1													
	○				1													
○					1	○					1	①					1	
			○	○	2		○	○		○	3	⑤	⑤	③		⑤	18	1等
	○			○	2	○					1	③					3	アストリッド賞
									○		1							植田賞
		○			1													
		○			1													
○					1													
	○				1													
	○			○	2	○				○	2	①			①	③	5	3等
				○	1													

II

住宅課題賞2021
入選作品

今年も、巡回審査時の出展者によるプレゼンテーションの代わりに作品PR文が提出となり、審査の対象となった。
プレゼンボードや模型、各出題教員・指導教員・審査員のコメントとともに 作品をひも解く鍵となる。

※次ページ以降に掲載の課題文は本書掲載用に一部変更しております。

足利大学
Ashikaga University

工学部 創生工学科 建築・土木分野 建築学コース

2年／建築設計製図Ⅱ／2020年度課題

「つながり」を創る 集合住宅

出題教員コメント　本課題は、集合住宅の提案ですが、新たなスペースを加えることで、関係性を創造することをテーマにしています。関係性とは、家族、近隣、地域などとの「つながり」を意味しています。これは、現在の集合住宅では、近隣、地域などの人との関係が希薄になっていることを背景としています。そのため、計画において、住戸内の部屋と部屋、住戸の内と外、住戸と共用スペース、敷地と周辺などを意識して、取り組むことが大切になります。（藤谷英孝 准教授）

渡辺 一輝
Watanabe Kazuki

3年（課題時は2年）

包む
〜自然の中で暮らす集合住宅〜

設計趣旨　足利市は地方都市として便利な場所だが、都市の喧噪から離れてゆっくりと時間が流れる住環境を創ることを意図した。まず、公道側の外壁をハーフミラーとしてさらに樹木で囲うことによって、住宅の存在を消すことができ、自然の中で生活する環境を設けた。内部にパブリシティにおけるヒエラルキーのある外部空間を設け、各個人が家族として、共に住まう人として、生活を送ることができる空間を想定した。

指導教員コメント　近隣に公共施設が集まるエリア内に住宅を計画する課題です。大通りは人通りが多いため、まず敷地全体を樹木で優しく囲っています。公道側の外壁をハーフミラーとして住宅のプライベートな空間を隠しつつ、森が深く続いているような景観をつくります。各戸は個室がセミパブリックな中庭に面しています。中庭は近所の高齢者同士が集まったり、子ども同士が集まったりする共有の空間となります。（渡邉美樹 教授）

足利大学 工学部 創生工学科 建築・土木分野 建築学コース ｜ 渡辺 一輝

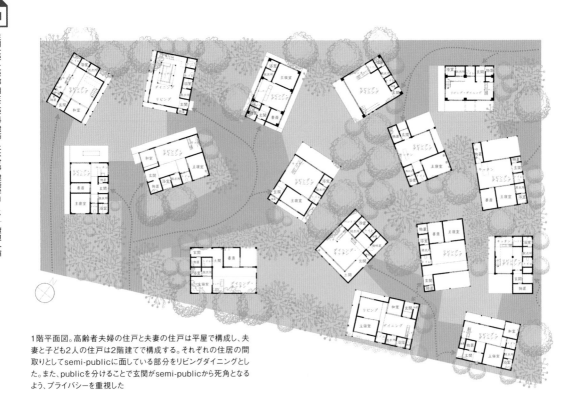

1階平面図。高齢者夫婦の住戸と夫妻の住戸は平屋で構成し、夫妻と子ども2人の住戸は2階建てで構成する。それぞれの住居の間取りとしてsemi-publicに面している部分をリビングダイニングとした。また、publicを分けることで玄関がsemi-publicから死角となるよう、プライバシーを重視した

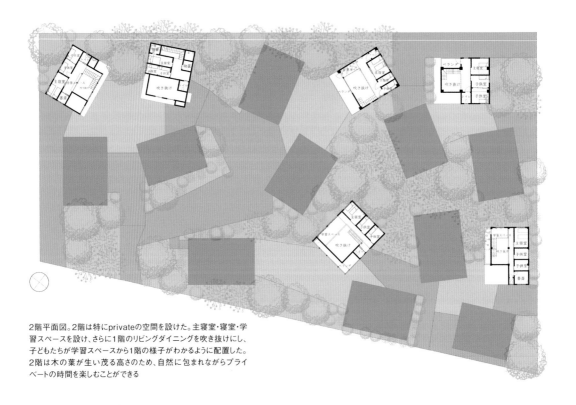

2階平面図。2階は特にprivateの空間を設けた。主寝室・寝室・学習スペースを設け、さらに1階のリビングダイニングを吹き抜けにし、子どもたちが学習スペースから1階の様子がわかるように配置した。2階は木の葉が生い茂る高さのため、自然に包まれながらプライベートの時間を楽しむことができる

| 審査員コメント | ハーフミラーをセミプライベート、セミパブリックで使い分けて中庭のような小さいスペースがたくさん生まれています。さらに、住宅の長方形のレイアウトを崩しつつハーフミラーをつけることで、住宅の存在感を消している。また、緑あ | ふれる提案で、庭の緑が拡大されるのもとても面白いと思いましたし、ハーフミラーなので緑がきちんと見えているのもよかったと思います。（アストリッド クライン） |

並べる

まとめる

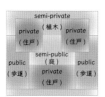
つなげる

散りばめる

敷地周辺には、全体的に低層〜中層の建物が広がり南東側には住宅地がある。北西側は公園や運動場、小学校などの公共施設が存在する。南西に広がる水路沿いには桜の木が並んでおり、春になると近所の人たちが見に訪れる

small-community

3世帯をそれぞれ多様な家族構成で配置し、生活させる。small-communityの中で多種多様な世帯の中で助け合いながら生活していくことが人間味のある生活であると考える

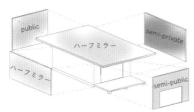

公道側の壁や屋根の素材をハーフミラーにする。これにより、植木が反射し、木の中に住宅があるような錯覚を起こすことができる

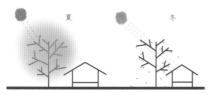

落葉樹を住戸の周りに植えることで、夏は葉が生い茂り、自然の日除けになる。冬は落葉して日が当たり、自然の温もりを感じる

足利大学 工学部 創生工学科 建築・土木分野 建築学コース
2年／建築設計製図Ⅱ／2020年度課題

「つながり」を創る 集合住宅

出題教員：藤谷英孝、冨田和則、丸山裕平、大野隆司

指導教員：丸山裕平、渡邉美樹

現在、都市で生活するには、高密度に集まって住むことが一般的になっている。しかし、住まいにおける近隣関係、地域との関係が希薄になる傾向にあるため、集まって住むことの意義を考えることが求められる。また、集住を計画する際には、住戸内の部屋と部屋、住戸の内と外、住戸と共用スペース、敷地と周辺などの関係性を意識して計画することも重要となる。そこで、集合住宅において、新たなスペースを提案することにより、それらの関係性を創造する。すなわち、集まって住むことの意義、コミュニティとプライバシー、街並みへの配慮を意識しながら、集合住宅を提案する。

1、設計条件
○用途：共同住宅
○作品名、コンセプト、家族構成、住戸数などは各自設定すること。
○計画地：栃木県足利市田所町（足利市総合運動場 近接地）
○法規制：第一種住居地域、建ぺい率60％、容積率200％。
○階数：自由
○構造：原則、鉄筋コンクリート構造とする。

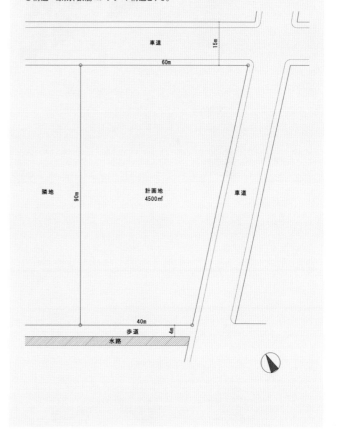

作品PR 少子高齢化が進む中で多種多様なつながりのあるコミュニティをつくることによってお互いに支え合いながら生活していけるように設計した。まず、セミパブリック・スペースを3住戸ごとに配置し、そこに小空間をつくる。さらに、プライベートエリアは樹木で覆われ、樹木が外壁に反射して映る空間とし、自然の中で生活できる環境とした。集合住宅の中で世帯を超えた家族として、共に住まう人として生活できる空間を想定した。

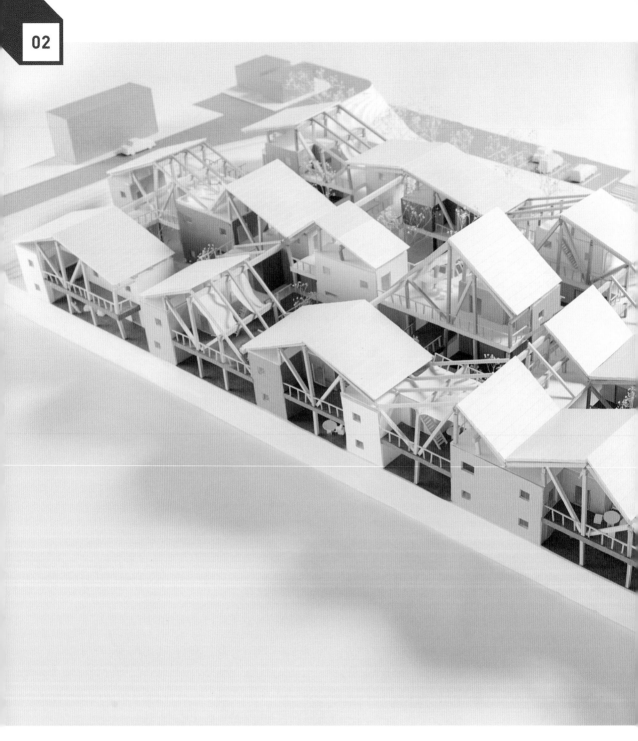

茨城大学
Ibaraki University
工学部 都市システム工学科 建築デザインプログラム

2年／建築設計製図Ⅱ／2020年度課題

茨城大学学生寮＋
国際交流施設建替計画
—Hitachitaga station dormitory—

出題教員コメント 本学の寮や宿泊施設は、無作為な増設による連携の不足や老朽化、駅への利便性などの問題を抱えています。そこで最寄り駅に隣接する桜並木沿いの敷地を対象として、学生や留学生、教職員、短期利用の研究者が共同して暮らし、地域住民も利用可能な集住コンプレックスを課題としました。ここでは、各々の機能（行為）を最小単位にまで解体し再構築することで、ライフスタイルの異なるさまざまな住人や地域住民の活動が編み込まれた、新しいタイプの集住体を生み出すことをテーマとしています。（内藤将俊 専任講師、稲用隆一 助教）

坂本 萌乃
Sakamoto Moeno

3年（課題時は2年）

こもれびで集う暮らし

設計趣旨 駅近に位置する高低差6mのすり鉢状の敷地に建つ学生や教員家族のための住宅である。敷地前面の桜並木に呼応した「木の下には自然に人が集う」住まいをイメージした。隣接する駅や貨物線路、工場群といった人工物とは対照的に、樹状の木軸架構の下には、敷地の高低差を吸収しながら共有スペースを設けることで、通りと住まいとが「こもれび」と立体的に重なり合う自然の温もりを表現した。

指導教員コメント 本作品は、貨物鉄道路線や工場群に囲まれたやや殺伐とした駅前に取り残された桜並木を参照し、それを最大限に取り込んだ覆いと斜面の重なりによって環境化しています。大学施設の課題でしたが、学生や地域住民といったプログラムの細々とした設定そのものを疑うような強い仕組みとイメージを内在させた力強い提案です。また、敷地環境や地域の現実を丁寧に読み取りながらも固定した価値観を押し付けずにルーズに向き合う青空市のような柔軟性も魅力的で高く評価されました。
（稲用隆一 助教）

共有スペースにあたるデッキの上部には木造の樹状架構が広がる。学生寮という人々の暮らしが密集し、交わり集まるシーンを、「木の下には自然に人が集まる」という場面に重ね合わせ、木の下のこもれびで温かみのある空間を提供する。

A 一般居室（学生・単身教員）
B ロフト居室（学生・単身教員）
C 家族居室（教員家族）

配置図兼平面図（GL＋5,000）

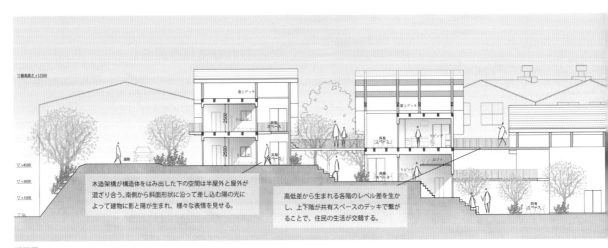

木造架構が構造体をはみ出した下の空間は半屋外と屋外が混ざり合う。南側から斜面形状に沿って差し込む陽の光によって建物に影と陽が生まれ、様々な表情を見せる。

高低差から生まれる各階のレベル差を生かし、上下階が共有スペースのデッキで繋がることで、住民の生活が交錯する。

断面図

審査員コメント グリッド的にレイアウトされているが、屋根の風景がリボンのようにつながっており、いわゆる切妻屋根の角度とは違って面白い空間が生まれています。外部にも開かれていて、作品タイトルに「こもれび」という言葉が使われているように、テラスがとても気持ちよさそうです。（アストリッド クライン）

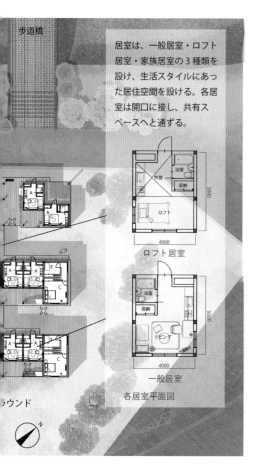

歩道橋

居室は、一般居室・ロフト居室・家族居室の3種類を設け、生活スタイルにあった居住空間を設ける。各居室は開口に接し、共有スペースへと通ずる。

5000

4000

ロフト居室

5000

4000

一般居室

各居室平面図

N

グラウンド

木造の樹上架構の下で人々が生活する。木の温かみと架構が組み込む空間の多様性が生まれる

敷地の高低差によって創られるステップが家具の役割を果たす

茨城大学 工学部 都市システム工学科 建築デザインプログラム
2年／建築設計製図Ⅱ／2020年度課題

茨城大学学生寮＋国際交流施設建替計画
—Hitachitaga station dormitory—

出題教員：内藤将俊、稲用隆一

指導教員：稲用隆一

茨城大学工学部キャンパスから歩いて15分程度の場所に、男子学生寮や女子学生寮、そして海外からの研究者や留学生が暮らす建築物群が存在する。これらは、総合的に計画されたものではなく、必要に応じて段階的に建設されたものであり、一部分の改修がなされてはいるものの、老朽化が著しい状態にある。

そこで、以下の点を考慮し、男子学生寮、女子学生寮、研究者交流施設、国際交流館家族棟、国際交流館単身棟を含む新たな建築を常陸多賀駅隣接地に計画することを課題とする。

・線路上の歩道橋は敷地図の位置に付け替えることとする。
・歩道橋の計画も含めて提案してもよいこととする。
・1棟に全ての機能を集約しても、分棟としてもよい。
・固定概念にとらわれず、自由な発想で設計に取り組むこと。
・日々にぎわう楽しい施設をつくること（地域住民や一般学生・常陸多賀駅利用者が交流できる施設をつくること）。
・豊かな屋外空間をつくること。
・周辺の桜並木や緑地を意識して設計すること。

1、設計条件
○所在：茨城県日立市東多賀町
○面積：3,894㎡
○構造：自由
○階数：自由
○日影規制：厳密に対応する必要はないが、近隣への影響を考慮すること。

作品PR 敷地沿いの桜並木に呼応させ、自然のもとでの居心地のよさを住まいに取り込む住宅である。外壁からはみ出た樹状の木造架構の下では、半屋外と屋外が混ざり合い、陽の光によってさまざまな表情を見せる。ここを住民が自由に利用できる共有スペースとすることで、「木の下には自然と人が集まる」空間を創った。さらに、高低差のある地形を生かして立体的な人々の流れを計画し、陽の光に満ちた「こもれび」のもとで過ごす生活イメージを提示する。

宇都宮大学
Utsunomiya University

地域デザイン科学部 建築都市デザイン学科

2年／建築設計製図Ⅱ・第2課題／ 2020年度課題

集まって住まう「街なか暮らし」

出題教員コメント 学部2年生前期から課題設計が始まり、木造週末住宅、保育施設を経て、3番目の設計課題が、この小規模な集合住宅の課題です。本学の設計課題では、常勤の教員とともに、1学年につき1課題を非常勤講師の建築家が担当しています。この課題では、慶野正司非常勤講師と相談し、宇都宮の中心市街地を流れる小さな河川沿いの敷地において、多様な暮らしをする人々が共生する「街なか暮らし」のできる集合住宅の提案を求めました。（大嶽陽徳 助教）

木村 友哉
Kimura Tomoya

3年（課題時は2年）

住民と、地域とつながる。

設計趣旨 集合住宅のよさはなんといっても、人々が集まり生まれる「交流」である。街に出かければ、カフェに行ったりレストランに行ったり、時にはコンサートなんかにも。人はさまざまな「交流」から温もりを感じることができる。そんな「交流」を体験できる集合住宅を考えた。

指導教員コメント 長屋形式の小さな住戸をL字形に並べ、ランドスケープとしてデザインされた地盤のうえに設置することで、住戸と街をゆるやかにつなぐことが意図されている提案です。こうした提案を、カラフルで柔らかいドローイングで表現している点が高く評価されました。（大嶽陽徳 助教）

宇都宮大学 地域デザイン科学部 建築都市デザイン学科 ― 木村 友哉

2階 平面図

M2階平面図

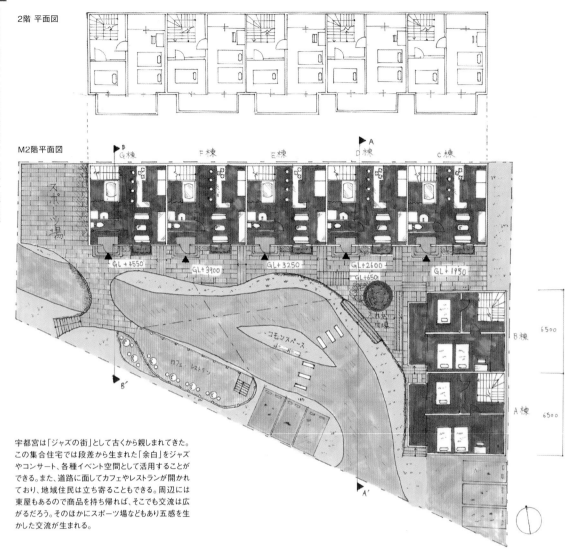

▶A

G棟　F棟　E棟　D棟　C棟

スポーツ場

GL+4550　GL+3900　GL+3250　GL+2600　GL+1950

GL+650

コモンスペース

カフェ レストラン

B棟
A棟

6500

6500

宇都宮は「ジャズの街」として古くから親しまれてきた。この集合住宅では段差から生まれた「余白」をジャズやコンサート、各種イベント空間として活用することができる。また、道路に面してカフェやレストランが開かれており、地域住民は立ち寄ることもできる。周辺には東屋もあるので商品を持ち帰れば、そこでも交流は広がるだろう。そのほかにスポーツ場などもあり五感を生かした交流が生まれる。

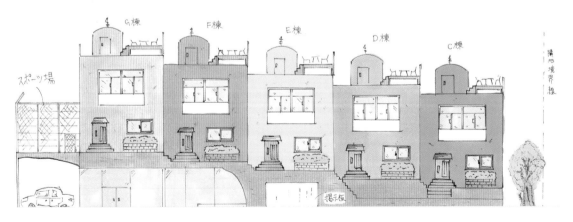

G棟　F棟　E棟　D棟　C棟

スポーツ場

隣地境界線

掲示板

審査員コメント	それぞれの住戸に個性を与えようとしたのを感じられます。一つひとつの住戸の色を変えたり、住戸のグランドレベルを変えて段差を生んだりと、魅力的な小さなコミュニティが生まれるのではないでしょうか。それぞれのレベル差により	視点が異なるのもいいと思います。住戸の色をそれぞれ変えるというのはあまりしないことだけれど、個性的だし自分のものだという気持ちになれると思います。（アストリッド クライン）

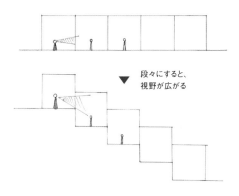

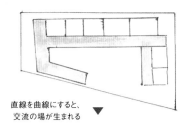

段々にすると、
視野が広がる ▼

直線を曲線にすると、
交流の場が生まれる ▼

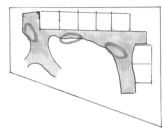

交流は「見る」ことから始まる。集合住宅に段差を設けることで視界を広げることができる。そして直線を「くねくね」とした曲線にすることで「余白」を生み、その「余白」から交流空間（たまり場）を形成する

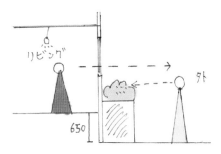

リビングアクセス型により住民同士の交流を増加させる。植栽を入れてプライバシーを保護しつつ、床のレベル差を変えることで視線をずらす

課題

宇都宮大学 地域デザイン科学部 建築都市デザイン学科
2年／建築設計製図Ⅱ・第2課題／2020年度課題

集まって住まう「街なか暮らし」

出題教員：大嶽陽徳

指導教員：慶野正司、大嶽陽徳

本課題は、宇都宮市中心市街地にある釜川沿いの敷地に集合住宅を計画する。

【計画の背景とねらい】
宇都宮市は都市計画マスタープランにおいて、「住まう」「働く・学ぶ」「憩う」を充足する街として「ネットワーク型コンパクトシティー」を目指している。
特に敷地のある釜川プロムナード周辺は、魅力ある水辺景観・緑化景観形成を推進しており、歩いて楽しい交流・回遊空間づくりが期待されている。
またこの地域には、住宅、集合住宅、オフィス、商店といったさまざまなビルディングタイプが建ち並ぶとともに、さまざまな時代に建てられた建物が混在している。
こうしたエリアの特性を捉え、集まって住むための魅力豊かな空間を構想する。
また街なか住居においては単身者、若年夫婦、老夫婦、多世代家族、職住一体など多様な住まい方をする人々が共生するこれからの「街なか暮らし」の提案を求める。

【計画する際のポイント】
1)「釜川プロムナード」沿いに建つ建物として沿道景観や環境づくりを考察する。
2) 回遊性の促進エリアに位置する建物として機能構成・形態を考察する。
3) 多様な住まい方やライフスタイルを受け入れられる構成を考察する。
4) 屋外と屋内空間、住人と住人、街と住居など多様な関係性を考察する。
5) 時間軸を意識した生活像（過し方）をイメージするところから計画をスタートする。
6) 空間構成・形態に即した構造計画を考察する。

1、設計条件
○延床面積：700〜1,000㎡程度（容積率100〜150%目安）
○住戸数：7〜10戸（1戸あたり平均80㎡程度＜40〜100㎡＞）
※住居以外の機能を付加することを可とする。
○駐車場：各住戸に1台程度を基本とし、最低限、半分の住戸分を計画すること。
○構造：RC構造を基本とする。

2、敷地条件
○敷地：栃木県宇都宮市二荒町
○敷地面積：860㎡
○用途地域：商業地域（許容建ぺい率：80%、許容容積率：400%）
○道路斜線：1/1.5

作品PR 今の住宅はなんだか綺麗すぎると感じる。昔は近所に空き地があった。なんの遊具もなく平凡な土地だったが、その土地は無限の可能性を秘めていたように思う。現代においてはこの空間は「余白」として埋め尽くされている。住宅はきれいに整えられ、どこも同じような景観が連続する。ここから生まれた空間は私にとって、個性のない「味気ない建築」だと思うようになった。そこで私は「余白」のある交流を目指した。

大妻女子大学
Otsuma Women's University

社会情報学部 社会情報学科 環境情報学専攻

3年／住居デザイン演習Ⅱ・課題B／2021年度課題

併用住宅の設計

出題教員コメント 複合用途の建築をどう設計・デザインするかがポイントとなり、自然環境と都市的環境のコンテクストをフィールドワークで体感し、それを設計の取っ掛かりとして、魅力的な建築としてどう落とし込んでいくかが問われます。大妻女子大学では、これが大学での2つ目の設計課題ということもあり、設計の完成度というよりは荒削りでもよいので若い世代の発想によって楽しい建築を設計してくれることが1番と考えています。
（八木敦司 非常勤講師）

小幡 美奈
Obata Mina

3年（当年度課題）

目黒川沿いの
サードプレイス

設計趣旨 まずL型を建物のベースとした。そこへ凹凸を加え、それぞれの部分を生かすことを心がけた。目黒川沿いの地域コミュニティが育めるようなコモンスペースへという思いから、1階店舗はアートギャラリー型コミュニティカフェを計画した。都市の中でも豊かな緑を感じられ、隣を流れる目黒川や都市公園内の区民農園とは一体になるよう意識し、多様な人々に愛される空間を演出している。

指導教員コメント ギャラリーカフェを併用機能と設定し、現在の社会状況も考えたワーケーションも可能な開放的なスペースを提案しています。平面的に凹凸のある建築形状によって、分節されつつも連続した空間づくりをしています。また、この仕組みによって外部スペースと内部空間を巧みに融合させてもいます。この提案のポテンシャルをもっと表現できていれば、より魅力的な建築になったと思います。（八木敦司 非常勤講師）

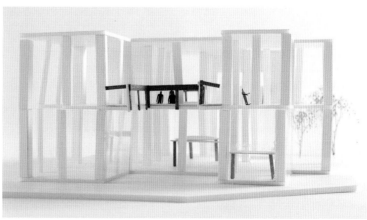

大妻女子大学 社会情報学部 社会情報学科 環境情報学専攻 — 小幡 美奈

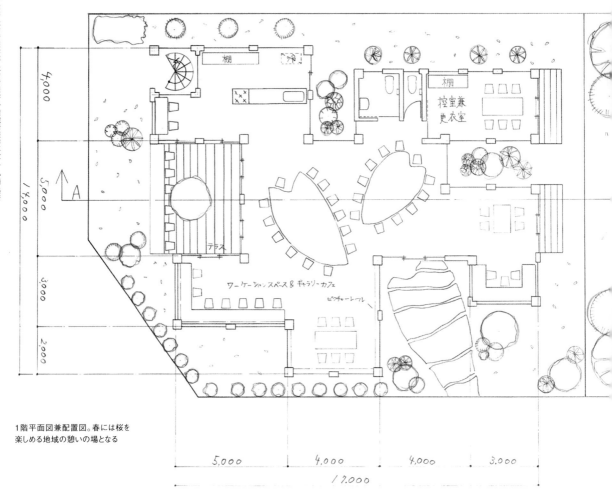

1階平面図兼配置図。春には桜を
楽しめる地域の憩いの場となる

A−A断面図

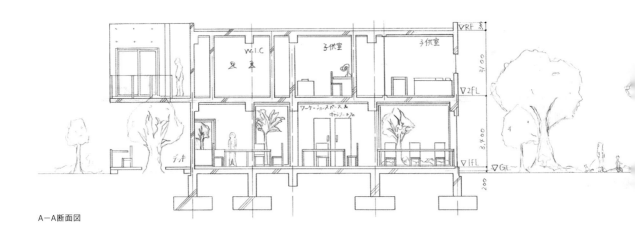

審査員コメント それぞれの部屋の3面が外部に広がっており、光がよく入ってくる明るい家だと思います。日当たりがよく、それぞれの部屋に入った光が外へと広がるうえ、部屋と部屋の間にあるバルコニーやテラスといった、ポケットパークのような 居心地のよさそうなところが生まれています。プランとしては、ファサードを凸凹させてヒューマンスケールに合う小さなスペースが生まれてくると面白いと思います。（アストリッド クライン）

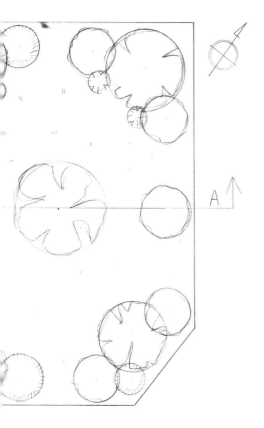

大妻女子大学 社会情報学部 社会情報学科 環境情報学専攻
3年／住居デザイン演習Ⅱ・課題B ／ 2021年度課題

併用住宅の設計

出題教員：柳秀夫、八木敦司

指導教員：柳秀夫、八木敦司

小規模RC造ビルの設計〜テナント＋オーナー住居
この課題では、テナントスペース（注1）とオーナー家族の住まいを設計する。敷地は、住宅と商業テナントが混在する地域にあり、桜の名所である目黒川に面している。西郷山公園といった大きな公園もあり、自然に恵まれている。この場所に、地域の憩いの場所ともなるようなテナントスペース、そして、自然環境を生かした豊かな住空間を一体の建築として提案して欲しい。
（注1）テナントスペースとは、貸すスペースということ。この地域では、アパレルショップ、レストラン、カフェ、パン屋、ギャラリー、雑貨店など多種多様な用途のテナントが展開されている。地域にふさわしい用途を各自想定すること。

1、設計条件
○敷地：東京都目黒区青葉台
○敷地面積：約346㎡（約105坪）
○法的条件 ：準工業地域、第三種高度地区、準防火地域、建ぺい率60%、容積率300%。
○構造・規模：RC造、2階建て、延床面積240〜280㎡程度。
○建物用途：1）テナントスペース（注2）120〜140㎡、2）住宅120〜140㎡
○家族構成：夫婦＋子ども2人
○駐車スペース：1台（住居店舗兼用）
○住居の玄関とテナントの玄関は、当然別とする（公園側からのみのアクセスは禁止）。
○1階外部空間として、テナント入り口、住居入り口、駐車スペース、オープンテラス、植栽スペースなどがあり、それらのアプローチと配置計画に注意すること。
○北側都市公園、目黒川との関係を十分に考慮する。
○1階にテナント、2階に住居を基本設定とし、2つの用途を別の建物として分離して配置することは不可とする。ただし、一体の建物となっており、2つの用途が立体的に噛み合ったような構成は可であるので、教員と相談すること。
○客席：80㎡
○厨房：30㎡
○食材倉庫、備品倉庫：10㎡
○客用トイレ（兼、従業員トイレ）：個室（男女共用、洗面付き）2箇所、うち1箇所は誰でもトイレ（内法2.0m×2.0m）。
○手洗いコーナー：1箇所（客用）
○控室兼更衣室：10㎡
　（注2）テナントスペースの一例で、カフェ（約140㎡）の場合の目安。用途に合わせて自分自身で設定すること。

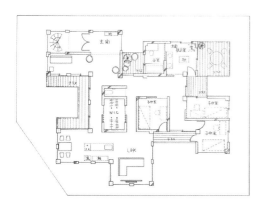

2階平面図。2階はテラスが多く配置されており、どこにいても緑が楽しめる

作品PR 目黒川に沿うようにしてL字型を配置。凹凸から自然が織り成す、自然の豊かさを発想してつくった。多くの開口部により、緑豊かな植栽を望めるように設計。オーナー自身がアウトドアが趣味であり、1階部分のカフェでは共通の趣味を持った人が集う場所、ワーケーション場所としても使える。2階は、オーナーの住まいであるが、定住せず住みたい場所へ移ることを想定し、将来的にはシェアハウスやアドレスホッピングにも利用できるようなプランとした。

神奈川大学
Kanagawa University

工学部 建築学科 建築デザインコース

3年／建築デザイン3・第一課題／2020年度課題

30人が暮らし、30人が泊まれる、この先の暮らしの場

出題教員コメント 地域の課題や特性の分析をもとに、個性的な特徴をもった暮らしの環境を創出することを求めました。子育てのためのサービスや、創造的活動を支えるギャラリーなど、その個性はさまざまです。それぞれの環境を、賃貸の居住者としてあるいは宿泊客として楽しみ、同時にその環境での活動を支えるプレーヤーとなる。そういう場が生まれるような空間構成の提案に期待しました。各々のプログラムに適した敷地を、関内周辺エリアから選定させています。（曽我部昌史 教授）

伊東 珠見
Ito Tamami

4年（課題時は3年）

余ハコがつなぐ内と外

設計趣旨 全国から人が集う横浜には、上京した学生や地方の魅力を発信したい人など多様な人々が集まる。グリッドの"空き"を活用し、多彩な活動を誘発することで、近い感覚を持つ人々が互いに支え合いながら暮らせる場を提案する。さらに、街の顔となるような親水空間を設けることで観光客や地域住民を呼び込み、住人とのつながりを生むことで、地方の魅力が都会に染み渡っていくことを期待する。

指導教員コメント 次代に眼を向けた特徴的な暮らしの場を創出することを期待した課題です。伊東さんは、周辺環境の特性を丁寧に分析したうえで、この先の新たな暮らし方を想像し、小さな街のような空間を立体化するという提案をまとめました。空間構成に留まらず身体スケールでの細やかな配慮もされていて、木造を前提とした架構や素材についても具体的にイメージしています。加えて、構想した内容が良く伝わるプレゼンテーションも評価されました。（曽我部昌史 教授）

宿泊プラン（1人）

住居プラン（2人）

住戸と余ハコ、シェアキッチンが距離感
を保ちながらつながる

吹き抜けが上下のつながりを生む

西側道路から自然に引き込まれるような
シームレスなエントランス

スタンドカフェ

アンテナショップ
ブックカフェ

ご当地応援屋

川のほとりレストラン

水辺デッキと水上アクティビティ
との交流が生まれる

1階平面図。川とのつながりや水上アクティビティの拠点
の設置、飲み屋街とのゆるやかな連続性によって、敷地で
ある「のんべえの街」として有名な野毛町の顔となり、昼間
も人が集う集合住宅を提案する ▶

吹き抜けが点在し、宿泊者と住民が常に気配を感じられる。
交流のきっかけとなる

暖簾がアトリエスペースと
余ハコに緩やかな境界を生む

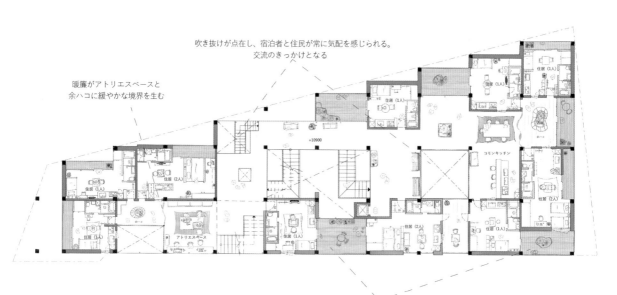

住居（1人）

住居（1人）

ご当地応援屋

住居（1人）

コモンキッチン

+10900

住居（2人）

住居（2人）

アトリエスペース

住居（1人）

住居（1人）

住居（2人）

住居（1人）

4階平面図

どの部屋もデッキをもち、
それぞれがつくる個性が外観として現れる

審査員
コメント
30人が暮らし、かつ30人が泊まれる大きな集合住宅で
す。小さな経済を集合住宅の中で回すという山本理顕
さんの提案と同じような発想だと思いました。「余白」で
はなく「余ハコ」と呼ぶスペースと住戸の配置が上手い。屋外テラ
スや吹き抜けを通して、各住戸が距離感を保ちながらつながってい
る。賃貸住宅、宿泊施設、サービス関連のつながりを丁寧に設
計していて、高い評価を得ました。（駒田由香）

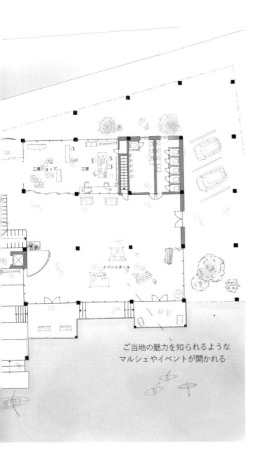

ご当地の魅力を知られるような
マルシェやイベントが開かれる

川沿いの建物によって川を介した街同士のつながりが分断
されているため、木造グリッドを用いて空間を構成する。それ
により、木造グリッドの抜けである"余ハコ"と川との連続性が
生まれ、川を介して街や人同士がつながりを持つ

住戸と誰でも使えるシェアスペースとの間に近隣住民（宿泊
民）のみが使える"余ハコ"を設けることで、気配をゆるやかに
つなぎ、より円滑にコミュニティが広がっていく

課題

神奈川大学 工学部 建築学科 建築デザインコース
3年／建築デザイン3・第一課題／2020年度課題

30人が暮らし、30人が泊まれる、この先の暮らしの場

出題教員：曽我部昌史、吉岡寛之、岡村晶義、佐々木龍郎、渡瀬正記

指導教員：曽我部昌史

共に暮らすことで自分の好みにあった豊かな時間が生み出される、そういう住空間を考えてください。

この建物は、大きく住まいの場所と、そこでの暮らしを特徴づけるサービスの場所とで構成されます。

住まいの場所には、賃貸住宅部分と宿泊施設部分の両方が存在します。簡単にいえば、賃貸住宅、宿泊施設、サービス関連施設のコンプレックスですが、注意をしたいのは、これらの全ての場が有機的に関係を持っているということです。つまり、単に3つの建物が合体したようなものでは無くて、通常3種類の機能に区分される活動の全てを引き受けることができる一つの建物を構想する、ということです。

住宅部分では、何らかの特徴的な暮らしを共有する。30人が住む場所を考えてください。共通の趣味やライフスタイルを持った人たちが集まって生活をし、その趣味などのための共有スペースを有する、シェアハウスやシェアアパートメントがその代表的な例です。サービス付き高齢者向け住宅（サ高住：単身となった高齢者たちが種々のサポートを受けながら暮らす賃貸住宅。食堂などの共有スペースをもつ）などの高齢者を対象としたものもありえますし、特徴的な共有スペース（工房や音楽スタジオなど）を持つ学生寮などの若い人たちを対象としたものもあるでしょう。それぞれの個室だけではなく、そこで暮らす人たちみんなで共有する場が生み出す価値を考えながら、特徴的で豊かな時間を過ごせる住空間を構想してください。

そうやって生み出された個性的な暮らしは、独特の雰囲気を醸し出すでしょう。独自の個性をもったネイバーフッド（個性的なまとまりをもった「ご近所」）といってもいいかもしれません。旅行などで短期的に滞在する場合にも、自分の好みのネイバーフッドで過ごすことができれば、新しい発見などもあってきっと楽しい時間になる。そう考える人たち向けの宿泊施設を設けてください。個室タイプは、ちょっと贅沢なカプセルホテルのようなものから、数名がゆっくりすごせるメゾネットタイプのようなものまでいろいろあるでしょう。そこでの暮らし方に適したスタイルを各自で検討してください。レストランやカフェ、ホール（貸室）など地域に開放される場所も大事です。

ここでの暮らしと周辺地域での活動とを関連づける場として、サービス関連の空間を計画してください。上記の合計60人の人たちの暮らしをより豊かにするという側面をもつので、どういう趣味やライフスタイルに注目をしているのかということと密接な関係を持ちます。同時に、周辺で暮らす（住んでいる人も仕事をしている人も）他の人たちとも関わりを持ちうる場でもあってほしいので、シェアオフィスやコワーキングスペースなど広く共有が生まれる場を必ず含むように配慮してください。住戸部分の位置づけに関連して、物販、保育所などもありえるでしょう。

※神奈川大学の課題出題教員インタビューは本書バックナンバー「JUTAKUKADAI05」P.246を参照（山家京子「Rurban House―地域に開かれたスペースをもつ住宅―」）

作品PR 全国から人が集う横浜には、上京した学生や地方の魅力を発信したい人など多様な人々が集う。そこで、そのような人々が互いに支え合いながら暮らす場を提案する。木造グリッドによって生まれる"空き"は、小さな街のように多彩な活動を受け入れる。さらに、隣接する川に寄り添う親水空間が観光客や地域住民を惹きつける。それらにより、地方の魅力が、流れる水のように人々の生活に染み込んでいくきっかけの場になることを期待する。

関東学院大学
Kanto Gakuin University

建築・環境学部 建築・環境学科 すまいデザインコース

3年／住宅インテリアデザインスタジオ／ 2021年度課題

人とその伴侶のための家

出題教員コメント この課題の出題意図は、地球規模で生じているさまざまな問題の中で、今後の私たちが生きる場所としての「すまい」はどのように変わってゆくのだろうか、という問いかけです。原寸大の空間をつくるワークショップに始まり、それをドローイング・モデリングの作業によって各自が一般化（定着）するプロセスで得られた「生きる喜びを感じられる空間のためのデザイン言語」を、建築（住宅）のデザインで実践することが求められています。
（粕谷淳司 准教授）

佐藤 香絵
Sato Kae

3年（当年度課題）

雨のゆくいえ

設計趣旨 伴侶は崖。傾斜は斜めの大地。大地は起伏に富み、雨は下へと流れ、植物は自由に繁茂する。崖地に家をつくることで、自然が人間の暮らしに入り込む。大地が行為を誘発し、雨は家の中に溜まり、そして流れる。植物は家に絡みつき空間をつくる。自然環境と人間の関わり合いが問われるこの時代において、私たち人間のためだけではない、人間・自然・生物・植物が同等にある家を提案する。

指導教員コメント 「崖」を伴侶とし、人間と崖が共存することを問うた作品。崖は斜めの大地である、と捉えた瞬間におこるさまざまな建築的事象は、これまで気づかれなかった、住むこと、生きることのプリミティブな発見があります。無機的な現代の住宅に問いかける強烈なメッセージが何よりも魅力的であり心を揺さぶられました。
（村山徹 研究助手）

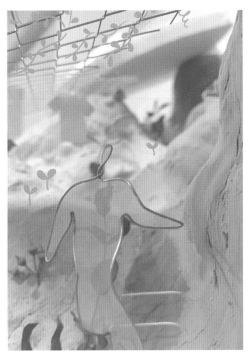

地形がプライベート空間を生む

地形を家具として使う

地形に居場所を見つける

審査員コメント　意欲的な問題作だと思いました。設計趣旨に「伴侶は崖」という表現があり、その発想がすごい。どうしてそのような発想に至ったのかをもっと掘り下げて聞きたい作品です。崖に建てられた屋根の下が住まう場所となっていて、作者はおそらくこの屋根自体が地形の一部になることを目指しているのだろうと思います。審査員からは、もう少し屋根に起伏を持たせたり、崖の一部になるような形状でもいいのではという感想もありました。（駒田由香）

暮らしと自然を分断する

起伏を生じさせる

建築的事象が起こる

すべてが同等に存在する家

関東学院大学 建築・環境学部 建築・環境学科 すまいデザインコース
3年／住宅インテリアデザインスタジオ／2021年度課題

人とその伴侶のための家

出題教員：粕谷淳司

指導教員：粕谷淳司、小形徹、三浦秀彦、村山徹

この設計課題には二つの問いかけがあります。一つ目は、私たちが地球に生きる場所としての「すまい」は今後どのように変わってゆくのだろうか、という問いかけです。近代化以降、人の生活は急激に変化し、それに伴い人の生活が地球そのものに与える影響も増大してきました。特に近年では資源・エネルギー・気候変動・食料・格差等のさまざまな問題が地球規模で生じています。このような状況のなかで、私たちが生きる空間、生きる喜びを感じることができる空間はどのようなものになってゆくのでしょうか。

二つ目は、みなさんがこれまでの授業の過程で見出したことは、どのような「すまい」や「暮らし」へあなた自身を導いてくれるだろうか、という問いかけです。これまでの授業を通して試みてきたことは、(1)「ちいさな空間」：身体感覚に基づくデザイン言語を発見すること、(2)「分析と展開」：発見したデザイン言語をどのように抽象化（一般化）すること、であったと考えています。今回の設計課題では、(3) これまでの過程で見出したことを具体的な方法として建物の設計に生かし実践すること、を試みてください。

1、設計条件
○敷地：湘南国際村内の3箇所(A_住宅地、B_崖地、C_農地)から選択し、具体的な位置を各自設定する。
○条件：人とその伴侶についてや、家の規模・構造等については各自が自由に設定する。短期的な使用ではなく、中・長期にわたって住むことを前提とする。
※伴侶として各自が設定する内容は、生物や物など以外にも、自然現象や心に働きかけるものなど自由に想定してよい。

作品PR 人間と自然環境の関係が問われる現代で、建築を通して2つをつなぐ。自然・生物・植物があふれた崖地に、人間の暮らしをつくることで、お互いが影響し合う。崖地の起伏は、さまざまな行為を誘発する。植物は繁茂して空間をつくり、雨は家の中に溜まり、そして流れる。自然がどんどんと人間の暮らしに入り込む。この家は、人間だけではなく自然・生物・植物すべてが住みつき、何十年と姿を変えながらあり続ける。

関東学院大学
Kanto Gakuin University

建築・環境学部 建築・環境学科 建築デザインコース

3年／ハウジングデザインスタジオ／ 2021年度課題

商業地域に建つ集合住宅

出題教員コメント ここでは公共的な建築のありかたと、集合住宅という人々の生活を主体とした新たな暮らし方を追求します。不特定多数の人たちが集う、地域や街のための建築が今の社会では求められています。単なる造形的なかたちを求めたり、プログラムをうまく配列したりするのではなく、自ら考え、現代に求められる生活像をソフト面とハード面の両面から発想し、そこから生まれる建築のかたちを期待します。（柳澤潤 准教授）

植松 駿
Uematsu Shun

3年（当年度課題）

洞に暮らす

設計趣旨 "洞（ほら）"は人々の生活を優しく包み込むと同時に、さまざまなところに枝分かれし、つながっていく。人々の生活の中心となる「家」の重なりによって洞をつくる。洞の中では商業と住居が混ざり合い、その営みが洞の中へと開かれていく。商業により人々が訪れ、洞を巡りながら、洞でのさまざまな暮らしに触れる。商業と住人、住人と訪れた人々、さまざまな交流が生まれ、商業と公共と「家」はつながっていく。

指導教員コメント 植松くんの作品は横浜駅近郊の商業地に"洞"という共有空間を軸にした、住宅と商業と公共的なスペースが入り混じったような集合体の提案です。横浜という都市が持つ海際の洗練されたイメージというよりは、駅周辺の猥雑さや商業と住宅が溶け合うような複雑な街の構成を立体的に体現しています。その集合体としての全体性と統合の仕方、また"洞"というどこか教会の内部にも似た独特の共有部に可能性を感じました。
（柳澤潤 准教授）

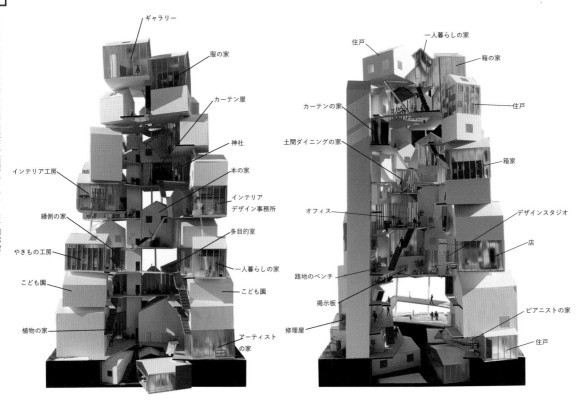

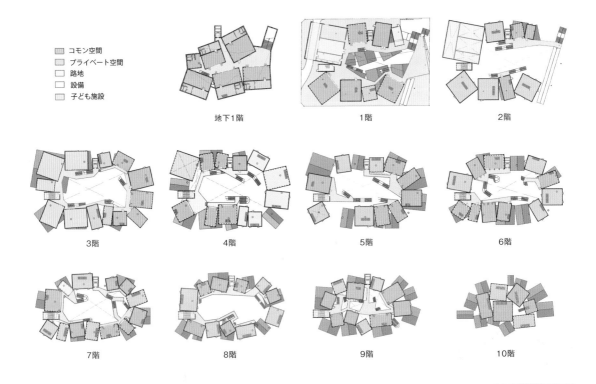

■ コモン空間
■ プライベート空間
□ 路地
□ 設備
■ 子ども施設

地下1階　1階　2階

3階　4階　5階　6階

7階　8階　9階　10階

審査員コメント　横浜の商業地に建つ10階建ての集合住宅。「洞に暮らす」という作品タイトルにあるように、中央の大きな吹き抜けのような場所が洞になっています。この空間が独特でスケール感もいい。狭くて容積が高過ぎる洞なのかと思ったのですが、家型の塊の隙間から光が漏れて抜けのある洞になっています。かなり積層のスタディはされたのではないでしょうか。さらに、洞に対して立体路地のように階段や廊下が張り巡らされており、建物内を巡る楽しさもあります。（駒田由香）

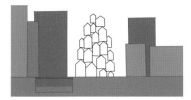

横浜の住宅地の特徴は、斜面に沿った屋根の連なりと地形に沿った道である。屋根の連なりを抽象化し、家を積み重ねる

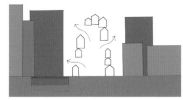

洞は全てを優しく包み込むと同時に、微妙な開放性を持ち合わせている。洞の微妙な開放性は人々に暮らしの表出を促す。表出は商業と住まいの対話のきっかけとなる

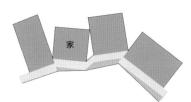

家の積み重なりによって、まるで地形に沿うように路地の高さや角度が決まる。家に沿って路地を配置し、その幅は人がすれ違えるよう1,500mm とする。家の角度により路地の幅を変え、暮らしの余白を設けることで、表出も起こりやすくなる。家の重なりの中にランダムに住戸と商業が入り混じることで、暮らしの刺激となり、互いに新たな暮らしに気付き、発展し合う"洞"というコモンズが誕生する

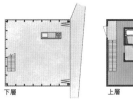

コモン空間は住人が自らレイアウトを行う。表出の場となる上階は水回りがコアとなったワンルームの空間となっている

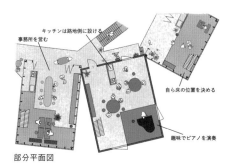

部分平面図

関東学院大学 建築・環境学部 建築・環境学科 建築デザインコース
3年／ハウジングデザインスタジオ／2021年度課題

商業地域に建つ集合住宅

出題教員：柳澤潤

指導教員：柳澤潤

横浜は人口370万人（注1）を抱える東京に次ぐ日本第二の大都市である。JR横浜駅は何度かの変遷（注2）を経て、現在の姿になり、いまだに進化し続けており、最終的にどんな姿で立ち上がるのか誰にも予測がつかない。特に横浜駅南口、西口の様相は大きく変化し、ますますその勢いを加速しているようにも映る。今回の敷地はJR横浜駅南口から徒歩3分程度の商業地域の一角である。敷地は四周を道路で囲まれたいわゆるブロック敷地であり、横浜駅周辺で最も活気があるエリアともいえよう。ここに商業と住居が複合された公共的な場所を含んだ複合建築を提案してもらいたい。手前の川に対する提案や、大型商業施設（ビブレ）前の広場に対する提案があっても構わない。商業建築と集住が織りなすこれからの都市での新しい暮らし方にチャレンジして欲しい。

1、設計条件
○敷地：神奈川県横浜市南幸町
○敷地面積：約2,070㎡
○用途地域：商業地域、建ぺい率80%、容積率600%、防火地域。

2、プログラム
○商業施設：計1,500〜2,000㎡
○集合住宅：SOHO 含む。約5,000㎡
○集合住宅の規模：25〜60㎡×30unit・計約1200〜1,500㎡
　60〜100㎡×20 unit、計約1600〜2,000㎡
　100㎡以上×10 unit、計1,000㎡
○託児所などの子どもを預かる、または子供の施設 ：300㎡（幼児室2室、多目的1室、事務室など）
○延べ床面積：計6,500〜7,500㎡程度、アトリウムなども含む。
　（注1）横浜市の人口予測 横浜市HPより
　https://www.city.yokohama.lg.jp/city-info/yokohamashi/tokei-chosa/portal/bunya/jinko/bunya0207.html
　（注2）西区か横浜駅の変遷
　https://www.city.yokohama.lg.jp/nishi/shokai/rekishi/history01.html

作品PR 再開発により横浜駅前の商業地区に進出する集合住宅。買い物の街から、住まう街へとなりつつある今、街の結節点となる存在が必要ではないだろうか。ここでは個々の家型が洞という一つの大空間を形成し、住居と商業が混在し、その境界を曖昧化する。洞が住民や訪れる人々と街をつなぐ。プライベートとパブリックという区別はもはや必要なくなり、横浜という街の人々の新たな交流が生まれる。

共立女子大学
Kyoritsu Women's University

家政学部 建築・デザイン学科 建築コース

2年／建築設計演習Ⅱ・インテリアデザイン演習Ⅱ・
第二課題／2020年度課題

終の住処
―2世帯住宅―

出題教員コメント この課題は赤羽台にある集合住宅における2世帯住宅へのリノベーションの設計課題です。近年の社会状況を踏まえて核家族化での問題点を改善するための2世帯住宅の在り方を探ることをテーマとしています。また、街に開く機能としてのセミパブリックとプライベートの空間構成、3世代にわたる生活スタイルを想定してのプログラム構成や集合住宅の構造上の耐震壁の開口部制限や水廻り等の設備的な知識も合わせての学習としています。（山下幸助 教授）

🏠 **優秀賞3等**

後藤 柚実香
Goto Yumika

3年（課題時は2年）

欄間と引き戸でつながる

設計趣旨 団地の2戸1化の改修。壁面上部を枠なし欄間とし、視線の抜け方、用途の異なる7種の引き戸を活用することで効果的に空間を仕切っている。家具を壁面やPSのラインに納め、建具と家具の高さも統一することでスッキリとした印象を持たせる。欄間、引き戸、家具の納まりに着目し、閉鎖的な空間になりがちな団地に開放感を演出する提案である。

指導教員コメント 後藤さんの作品は住戸間の隔壁開口部制限に対して開口部を二箇所に分けて設けることにより住宅内の回遊性を確保し、開口部全て引戸を使用し間仕切壁を含めた欄間部分を統一することにより開放性が高く伸びやかな空間構成としています。専用庭、共用廊下の外構部と内部のつながりも意識した提案もなされている点や、図面、模型に関しても細部まで詳しく表現されており、非常勤講師を含めた学内講評会において高評価を受けています。（山下幸助 教授）

優秀賞3等 ── 共立女子大学 家政学部 建築・デザイン学科 建築コース ── 後藤 柚実香

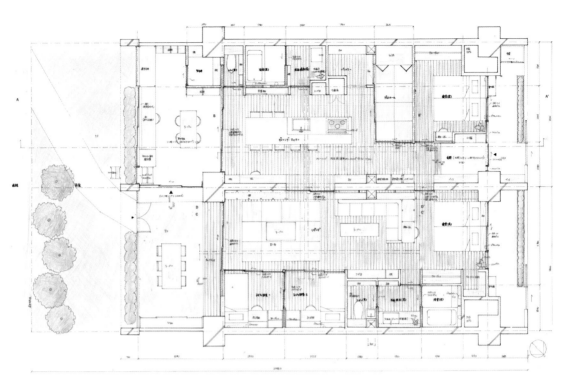

平面図。家具、建具の枠にはヒノキ、フローリングには西南桜を用いる。木材を積極的に使い、子どもから高齢者まで安全に暮らせる空間にする

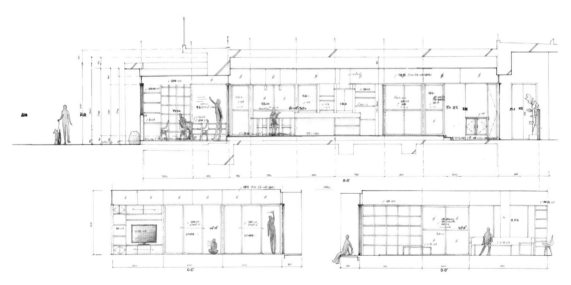

断面展開図。建具、家具ともに高さを2,000mmに統一し、壁面を家具的に魅せる。背面のない家具を使用することで、背の高い家具を置くことによる圧迫感を軽減させる

審査員コメント 隣り合う二戸の集合住宅のリノベーションですが、図面が手描きで非常に上手。プロの図面のようにきちんと描かれています。高い精度で全体が設計されていることに非常に好感を持ちました。オーソドックスな設計ではありますが、中央の梁下に一枚板を渡して、梁上に欄間をつくるなど、身体のスケールに沿った設計がなされています。（駒田由香）

ダイアグラム。主に南側を共有スペースとし、親夫婦の寝室と子ども部屋を近くに配置

長男夫婦　子ども　親夫婦　共有スペース

間仕切りの上部を枠なしポリカーボネート製の欄間とすることで視線の抜けをつくり、閉塞感を減らす

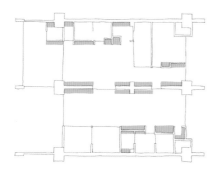

棚を壁面に埋め込む。PSのラインにおさめることで空間をスッキリと魅せる

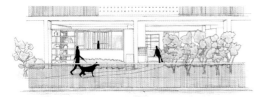

課題

共立女子大学 家政学部 建築・デザイン学科 建築コース
2年／建築設計演習II・インテリアデザイン演習II・第二課題／2020年度課題

終の住処 ―2世帯住宅―

出題教員：堀啓二、山下幸助、工藤良子

指導教員：山下幸助、工藤良子

施主は、夫が60代前、妻は50代後半の夫婦です。現在10階建ての集合住宅の1階に住んでいます。子ども2人はすでに結婚独立し別の住まいに住んでいますが、今回長男夫婦（夫30才、妻30才、男児10才、女児8才）が隣室を取得し引っ越してきます。夫は会社役員、妻はインテリアデザイナーで務めていた事務所から離れ、独立し家で仕事をしたいと思っています。これを機会に今回老後のための2世帯の住まいに改修したいと考えています。

施主の希望は以下の通りです。

・アトリエ ― 約20㎡
　　　　作業デスク1 ― 700×1,500mm　主にコンピュータでの作業
　　　　作業デスク2 ― 700×1,500mm　模型制作及び打合せテーブルを兼ねる
　　　　コピー台 ― 700×700mm　FAXスキャン兼用複合機
　　　　本棚 ― 300×1,200mm　3本以上
　　　　給湯は住まいの厨房で兼ねる。
　　　　トイレは極力住まいと兼用できるような計画とする。
　　　　外部から打ち合わせに客が来訪する。
　　　　アトリエは将来夫婦の共通の趣味の部屋とする。趣味は水彩画。
・ゲストルーム ― 独立した子ども用。和室でもよい。
・寝室1 ― 老夫婦
　寝室2 ― 長男夫婦
・子ども部屋1、2（将来分割可能であれば、現在は1室でもよい）
・LDKは共用で使用する。
・浴室・洗面・トイレは2箇所を希望。老夫婦用は介護可能な仕様とする。
・将来の介護に配慮した計画とする。
・極力廊下間仕切りのない天井高を有効に利用した開放的な空間を希望。
・その他必要諸室は各自提案。

1、設計条件
○給排水配管は室内のPSに設けられている。PSから離れた位置に設ける場合、床上げを検討すること。
○空調計画、給排気計画、照明計画も行うこと。機器設定も行い、空調機は（室内、室外共）位置を明記し、室内機はデザインに組み込むこと。給排気については、特にキッチンの排気については計画すること。給湯器はMB内に設置可とする。
○天井の仕上げラインは躯体の範囲内で自由。ただし、居室は天井高さ2.1mを確保すること。
○アクセスは北側及び南側前庭の2箇所から可能。
○基本の外壁ラインは図面に示す点線ライン。ただし、南側は図面に示す範囲まで増築可能（MAX20㎡）。
○耐震壁は16%の開口が可能。
○サッシは自由に設定してよい。
○前庭もデザインする。

※共立女子大学の課題出題教員インタビューは本書バックナンバー「JUTAKUKADAI07」
P.270を参照（工藤良子「『つながり』を育む住まい」）

作品PR 暮らす人の視線の交わり、空間の視線の抜けを意識して設計した。プライベート空間を確保しつつも開放感や家族の気配が感じられるよう、配置計画や空間の仕切り方を工夫している。既存の壁面以外は上部を枠なし欄間とし、視線を通す。建具の素材は、プライベート性の高い部分にはヒノキ製、気配を感じさせたい部分には半透明のガラス、光や視線を通したい部分には透明のガラスを使用している。

慶應義塾大学
Keio University

環境情報学部 環境情報学科

3年／デザインスタジオA（住まいと環境）／ 2021年度課題

近代名作を再構成する

出題教員コメント　初学者を対象とした住宅設計課題です。近代の住宅で名作と呼ばれるサヴォア邸（ル・コルビュジエ）、ファンズワース邸（ミース・ファン・デル・ローエ）、落水荘（フランク・ロイド・ライト）、マイレア邸（アルヴァ・アアルト）、フィッシャー邸（ルイス・カーン）のうち一つを選択し、その住宅がどのようなコンセプトで設計されたかについて分析します。その後、藤沢市内の敷地を対象として、分析で明らかになったコンセプトや幾何学を用いながら現代において求められる住宅として再構成します。（坂茂 教授）

北 りり華
Kita Ririka

3年（当年度課題）

つなぎ、育てる家

設計趣旨　子どもたちの成長とともに成長を遂げる家。北側に広がる美しい梅林からの「つながり」を持たせながらも、プライバシーに配慮したグラデーションを創る。木造のサーブドスペースに用いたルーバーや梁の現しによって外部の自然との統一感、経年による風合いの変化を生み出す。人と人、人と自然、人と家を「つなぐ」空間。マイレア邸分析から得た、アアルトのサーブド・サーバント・中間領域の空間の持つ意味の違いを意識して設計を行った。

指導教員コメント　北さんはアアルトのマイレア邸について分析を行い、現代の住宅で必要とされる1）サーブドスペース、2）中間領域、3）サーバントスペースの在り方について考察しました。現代的な条件を考慮して再構成するテーマを課しても、マイレア邸に近い案が多く提案されがちなところ、北さんの提案は公園へのビューを確保するなど敷地のコンテクストを読みながら上記の要素を取り入れ、他にはない案となりました。（原野泰典 非常勤講師）

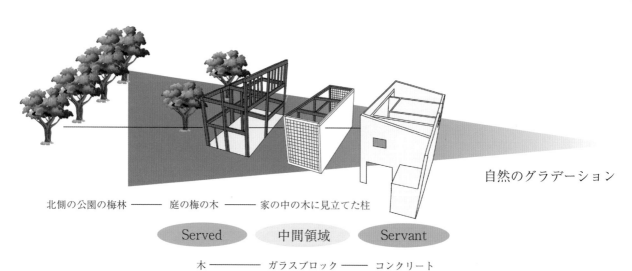

自然のグラデーション

北側の公園の梅林 ──── 庭の梅の木 ──── 家の中の木に見立てた柱

Served　　中間領域　　Servant

木 ──── ガラスブロック ──── コンクリート

審査員コメント 模型はよくわからないところがあったけれど、図面を見る限り、家としては非常に魅力的でスケールもきちんとできています。いい家ではありますが、空間を3つに分ける必要はあったのだろうか。むしろ、どこもかしこも一体となって住む家になっており、全体的に快適そうなのがこの家の素晴らしさだと思います。また、少し残念だったのが周辺環境についての説明がないところ。環境とともにある家なので、周辺との関係の説明があると、もっと説得されると思います。（妹島和世）

1階平面図

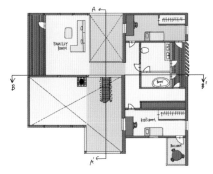

2階平面図

断面図A-A'

断面図B-B'

課題

慶應義塾大学 環境情報学部 環境情報学科
3年／デザインスタジオA（住まいと環境）／2021年度課題

近代名作を再構成する

出題教員：坂茂

指導教員：坂茂、原野泰典、城所竜太

1、課題の流れ

○近代建築のなかで名作とよばれる五つの住宅のうち一つを選択する。
それらを設計した建築家について調査し、その住宅がどのようなコンセプトで設計され、どのように空間を幾何学的に構成しているかについて分析する。
○この分析で明らかになったコンセプトや空間の幾何学的な構成を用いて、藤沢市内で住宅を設計する。

2、分析を行う5つの住宅

●ル・コルビュジエ「サヴォア邸」（1931年竣工）
●フランク・ロイド・ライト「落水荘」（1935年竣工）
●アルヴァ・アアルト「マイレア邸」（1939年竣工）
●ミース・ファン・デル・ローエ「ファンズワース邸」（1951年竣工）
●ルイス・カーン「フィッシャー邸」（1967年竣工）

作品PR テーマは「グラデーション」「つながり」である。1つ目は、美しい梅林と家を開放的につなぐ木を多用したサーブドスペース及び、ガラスの中間領域と、コンクリートのサーバントスペースに分けた機能的かつ配慮の行き届いた空間の工夫。2つ目は、家族が快適なプライバシーを保ちつつ、常に互いの存在も確認し合える中間領域を中心としたグラデーションで変化をつけた空間の工夫。この2点を意識し、本設計を行った。

工学院大学
Kogakuin University

建築学部 建築学科

2年／建築設計III・第1課題／2020年度課題

工学院大学八王子国際留学生寮

出題教員コメント 大学のキャンパスを東西に横断する軸線の終点に位置する敷地に、さまざまな国から集まる30人の留学生が暮らす寮を計画します。生活を個室内で完結させず、共有部分で仲間と暮らし、互いに親しむ仕組みを提案します。加えて、キャンパスマスタープランを参照し、その要所にふさわしい屋外空間を計画し、全学の学生や地域住民も出入りし交流する場をつくります。建築・地域という2つのスケールのコミュニティが重なる場所を考えます。（樫原徹 准教授）

馬渡 初音
Mawatari Hatsune

3年（課題時は2年）

つながり
～地域と大学の交流～

設計趣旨 この課題の敷地は大学と住宅地の間にあり、また、さまざまな国の留学生のための寮であることに注目し、大学と住宅のスケール、大学生と留学生と住民、さらに留学生同士をつなぐ寮とした。部屋をつなぐ切妻屋根は周囲の住宅と馴染みつつ、連続した屋根が大学正門から目を引く。また、個室同士に屋根が架かっていることで共有スペースが生まれ、交流の場となっている。

指導教員コメント 本学八王子キャンパスの一角に、留学生のための寮施設を計画するという課題。30人の留学生が利用でき、寮室以外にもアトリエやラウンジ、日本人学生との交流機能や地域社会との交流機能を求めました。これらを雁行配置でできる内外の空間の分節を使ってうまく実現しています。また敷地のレベル差により、デッキ空間が単調にならずに連続しています。建物のデザインとしては切妻の優しい表情が母国を離れた留学生たちに安心感を与えてくれます。（西森陸雄 教授）

工学院大学 建築学部 建築学科 ― 馬渡 初音

1階平面図。住宅街側は、住宅街のスケールに合わせて大きな建物を置かず、圧迫感を与えないようにした。大学側には2階建ての棟や食堂などの大きい建物を配置。住宅から大学正門までの視線が通るように構成した

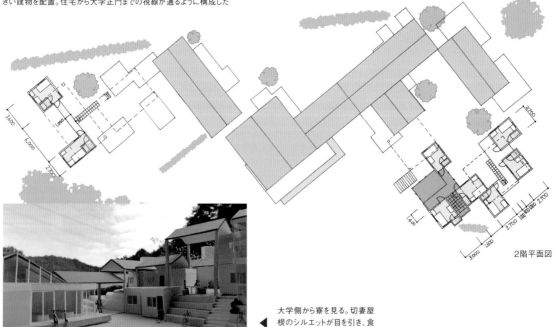

2階平面図

大学側から寮を見る。切妻屋根のシルエットが目を引き、食堂や中庭の賑わいが伝わる

| 審査員コメント | 大学と住宅地の間に建つため、大学側にはスケールが大きいヴォリュームを、住宅側は住宅に合わせて小さいヴォリュームを配置するという考え方は評価できますが、見た目で大きな違いがわかりづらいです。例えば広場を大きくすると | か、もう少し差が出るとよかったと思います。当然、少し角度をつくれば多様な空間が生まれると思いますが、45度の角度と既存の住宅の並び方の関係がわかりづらかったのが残念でした。（妹島和世） |

個室はそれぞれ個人の空間であり、個室を共有スペース（切妻屋根）でつなぐことで段階的な共有空間をつくり交流を活発にする。食堂を中心に寮全体がひとつながりの屋根の下で一体化する

食堂西側パース。食堂を前面に置くことで、寮生以外に寮の雰囲気を伝え、興味を持ってもらう

A-A'断面図

B-B'断面図

東面立面図

南面立面図

課題

工学院大学 建築学部 建築学科
2年／建築設計III・第1課題／2020年度課題

工学院大学八王子国際留学生寮

出題教員：樫原徹

指導教員：西森陸雄、遠藤新、初田香成、川嶋貫介、木島千嘉、齋川拓未、髙濱史子、西久保毅人、前田道雄

八王子キャンパス東門から続く東西軸の終点に工学院大学の留学生のためのドミトリーを設計してもらいたい。工学院大学・大学院には現在、6か国から52人の留学生を迎え入れている。彼らに安価で安全な住まいを提供するとともに、日本社会に溶け込むきっかけとなる場所をつくる。日本人学生や周辺住民との国際交流の活性化を担う大学にとって重要な拠点をつくる。各々の室同士の関係、プライバシーの確保、アクセスの仕方、専用、共用、公共空間及び内部と外部の関係など人が集まって暮らすことの基本的な条件を十分に考慮すること。そのうえで、留学生間、日本人学生との交流のための空間が求められる。是非とも斬新な建築提案により、若者たちの豊かな国際交流の舞台を創造してほしい。

1、設計条件
○建物規模：約700㎡内外（±10%）とする
○建物階数：2階または3階
○構造：RC造
○施設内容：30人程度の寮。居室は個室でも数人単位の相部屋としてもよいが、一人当たり必ず9㎡以上とすること。居室にはベッドとクロゼットと机を設える。共同入浴の習慣がない人々も住むので浴室は必ず、個室式のものとする（居室内での専用でも共用シャワーブースでもよい）。別途、コモンとして共同浴場を提案してもよい。
○共用空間（コモン）を設けること。
○共同キッチンと食堂は必ず設ける。研究室、アトリエ・工房（ファブラボ）、ギャラリー、祈りの場など多様な国際交流を想定した場所とする。
○外部用途：国際交流イベント広場（フットサルやバザー、屋台で各国料理をふるまうお祭りなどが行われる。大学の玄関である東門からの軸線の終点という大学のマスタープラン上重要な位置にあることを意識すること）。駐車場数台分、人数分の駐輪場。

※工学院大学 建築学部 建築学科の課題出題教員インタビューは本書バックナンバー「JUTAKUKADAI08」P.76を参照（冨永祥子「外のある家」）

作品PR 大学の隣という馴染みのある土地での課題であったため、外観や利便性が想像しやすく、住宅街や大学、畑の位置など周囲の環境をよく観察して設計した。大学の食堂から見える寮の食堂や、切妻屋根でつながれた段階的な共有スペース、住宅と大学をつなぐ通路などから、さまざまな学生や地域の方のつながりが生まれるような工夫をした。また、敷地で実施するイベントも共有スペースを生かし、交流が促進されるような企画にした。

工学院大学
Kogakuin University
建築学部 建築デザイン学科

3年／建築まちづくり演習B ／ 2020年度課題

都市居住
（都市施設を併設させた
新しい集合住宅のかたち）

出題教員コメント　課題の「都市居住」というタイトルは、既成のビルディングタイプとしての「集合住宅」の枠にとらわれず、都市に人々が集まって住むという行為そのものを考えるという意図が含まれています。学生たちは、敷地条件、社会背景などを考えながらどんな住民がどのような住まい方をするのかを考え、提案します。敷地は小田急線南新宿駅を中心とした渋谷区代々木エリア。幹線道路と鉄道に挟まれた低層住宅地区。前半はフィールドワークを通して地域の課題と資源を洗い出して街づくり方針を提案。後半で建築の提案をします。（西森陸雄 教授）

佐藤 大河
Sato Taiga
4年（課題時は3年）

ヨヨギノテラス

設計趣旨 集合住宅におけるパブリックとプライベートの距離を等しく近づける。管理されたパブリックでは外から来た人も混じり合い関係性が生まれていく。効率や利便性を求めて集まるのではなく、他人との関わり合いが好きな人のための集合住宅を設計した。オンライン化が進む中で自分が誰かとのつながりの中にいることを実感できることが、これからの集合住宅に求められていくのではないだろうか。

指導教員コメント 都心の密集した住宅地のなかで、比較的大きな街区全体を半層掘り下げて、そこに口の字型に配置した建物を挿入して半地下の中庭を囲い取りました。そこは周囲から守られた子どもたちの遊び場として想定し、それを覗き込むように一層上の中間階にコミュニティ施設を配置しています。さらにその上層階に住宅群を配置することでプライバシーを確保しながら施設の利便性を高めています。建物は細かく分節されており周囲の戸建住宅のスケールに合わせています。（西森陸雄 教授）

工学院大学 建築学部 建築デザイン学科 — 佐藤 大河

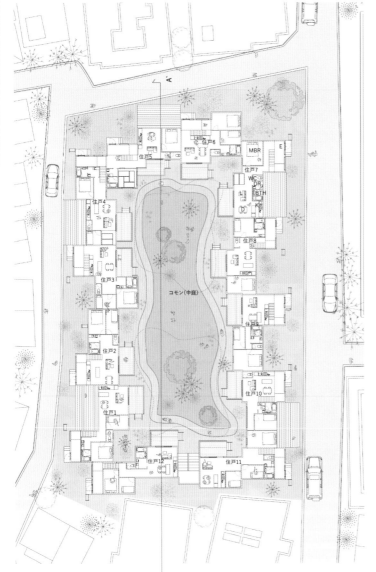

1階平面図。1階の広場は住民専用の中庭

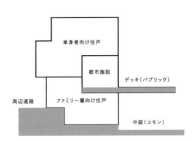

断面構成。住戸は2タイプで、家族向けの2〜3
LDKと単身者向けの1Rもしくは1K

A-A'断面図

審査員
コメント　高層の住宅が少し建つ住宅地の中に、中央に大きな
庭を介して集合して住むと楽しそうだと思いました。周り
との関係もセットバックをするなど、自分たちも気持ちが
いいし、周りに対してもいい場所をつくっている。ただ、中庭側の
デッキがあまりに気持ちよさそうな結果、その下の1階が暗くなって
いるのが気になりました。そこをもう少し考えるとよかったと思います。
（妹島和世）

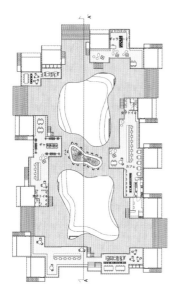

2階平面図。集合住宅に併設される4つの都市機能としては、ライブラリー、コワーキングスペース、ギャラリー、カフェがある。運営は、この集合住宅のデベロッパーとし、ギャラリーとカフェの売り上げを維持費に充てる

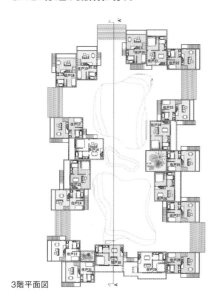

3階平面図

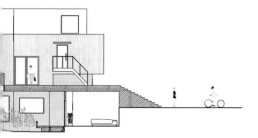

課題

工学院大学 建築学部 建築デザイン学科
3年／建築まちづくり演習B ／ 2020年度課題

都市居住
（都市施設を併設させた新しい集合住宅のかたち）

出題教員：西森陸雄

指導教員：西森陸雄、伊藤博之、藤木隆明、星卓志、カーニー・マイケル、アラン・バーデン、飯山千里、戸室太一

東京都心では江戸時代から今日まで、歴史上のさまざまな要因によって繰り返し都市の形態や土地利用が変化し続けてきた。

そのため今日では必ずしも機能的で合理的な都市の形が形成されているとは言い難い結果が表れている。道路形状や地理的な条件によっては都心に木造密集地が取り残されたり、住宅地のすぐ脇に巨大な事務所ビルが建設されたり、あるいは不健全なまでに緑地や公園のない地帯が生み出されたりしている。非計画的に形成されたこのような市街地では今後も新たな開発が継続されていくことになる。この課題では、これらの問題に対して、街づくりと建築デザインのそれぞれの視点を通じた総合的な解答を提示することを目的としている。対象地域は渋谷区代々木三丁目。甲州街道と小田急線に挟まれたエリアとする。対象地域の状況を調査分析し、エリア内に設定された敷地に、新たに30世帯以上の住居と都市施設を計画する。なお、都市施設には商業施設は含まないものとする。どのような住まい手がどのような住まい方でここに集まるのかを考えながら、次の時代に求められる都市居住の姿を提案してもらう。

1、課題の進め方
前半では街づくりの調査手法を学びながらサーベイを実施し、エリア全体の資源と課題を分析して目指すべき街づくりのコンセプトを提案する。後半はそのコンセプトを引き継ぎながら具体的な建築の設計に取り組む。第一課題と第二課題を通じて最終的に1つの最終提案にまとめる。

2、設計条件
提案する集合住宅は、対象地区内に敷地を設定し、集合住宅の住民、あるいはその住民と周辺の既存住民にとって必要な「都市施設」を含むものとする。この都市施設には商業施設は含まない。4ユニットが異なる敷地を設定するのでそれぞれのユニットに分かれて設計を進める。

3、提案規模
○敷地：東京都渋谷区代々木
○敷地面積：2,000㎡程度
○容積率：300％
○建ぺい率：60％
○階数：3〜6層
○住戸数：30戸以上

作品PR　社会人になると多くの人が昔からの友人と職場の人たちで構成された人間関係の中で生きていく。しかし会社に行かずとも仕事ができる世の中になったら、その関係性は薄れるだろう。オンラインで顔を合わせていてもリアルで誰とも会えない日々は「自分はどこのコミュニティにも属していない」という不安を生む。せっかく集まって暮らすのだから、その集まりの中に自分がいるという実感を持ちながら暮らしていきたい。

工学院大学
Kogakuin University
建築学部 まちづくり学科

2年／建築設計Ⅱ・第1課題／2021年度課題

外のある家

出題教員コメント 学生にとっては街中に設計する最初の課題なので、条件に縛られ過ぎず多様さを生み出せる設定を考えました。さまざまな設計の手がかりを見つけられるよう、道路・公園・閑静な住宅街・空き地などいろいろな要素に取り囲まれた敷地を設定しています。大事なポイントは「外」をどう捉えるかです。光や風・緑といった即物的なものもあれば、自分に対する「他人」を外と解釈することもできる。シンプルながら間口の広いテーマとなることを目論みました。（冨永祥子 教授）

中村賞

河村 恵里
Kawamura Eri
2年（当年度課題）

気配のある家

姿ははっきりとわからないが、桜や光や人の存在が感じられる。直接外を見る家だとプライバシーを守れないのではないかと思い、間接的に外を内に取り込む家を考えた。まず、敷地を三角に仕切って外の存在をすりガラス越しに取り込む。そして、壁や床、天井に使用するアルミ板で室内に反射させる。時間帯や季節によって室内の様子が移り変わる、多様な可能性を秘めた暮らしを提案する。

指導教員コメント 本課題は「外」をどう捉えるかによって限りない展開が可能となります。河村案は「気配」という人の認識を題材として「外」の存在を意識させる試みです。敷地形状にヒントを得た三角形をモジュールとした平面構成のなかで、すりガラス越しにぼんやり見える情景が光とともに床、壁、天井に映り込み間接的に内部に取り込まれる。プライバシーが守られるなかで季節、日々、時間とともに移ろい続ける万華鏡のような住環境を創出しています。（木下庸子 教授）

中村賞 ― 工学院大学 建築学部 まちづくり学科 ― 河村恵里

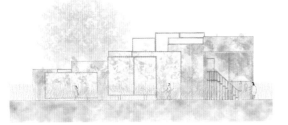

南側立面図

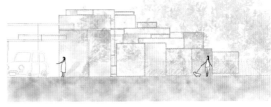

西側立面図

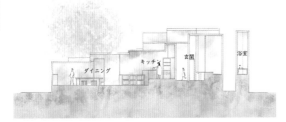

A-A'断面図

B-B'断面図

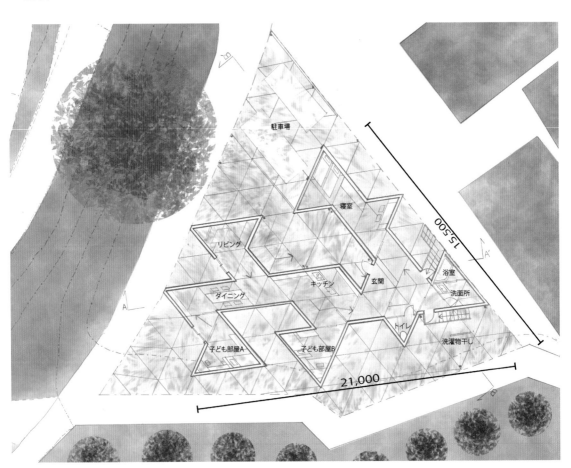

平面図

審査員コメント

不思議な家だと思いました。住宅として成立しづらい形態ですが、説明されている通り、本当に「気配」がいろいろ回り込んでくるよう感じられ、よくできていると思いました。三角形を組み合わせた平面も無理だと思わせない。もしか したら中の人の動きを乱反射させると、人の影が外壁に陽炎のように映し出されるといった現象が起こるのではないかなど、さまざまな想像をさせられます。三角の交差点に面した難しい敷地に対する関係の持ち方としても感心させられました。（妹島和世）

1、敷地を三角に仕切る

2、桜・木・光を
すりガラス越しに取り込む

3、室内に反射させる

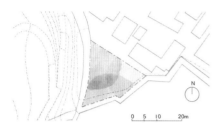

配置図

リビングの内観

子ども部屋Bの内観

工学院大学 建築学部 まちづくり学科
2年／建築設計Ⅱ・第1課題／ 2021年度課題

外のある家

出題教員：冨永祥子

指導教員：木下庸子、藤木隆明、篠沢健太、市川竜吾、岩堀未来、
萱沼宏記、高呂卓志、髙濱史子、原田智章、安田博道

この課題では、「外」を取り込んだ家を設計する。
「外」とは、光や風のような環境的なものでも、眺望や庭のように具体的なものでもよい。あるいは他人や街など、一見家の中には無いと思えるものを「外」ととらえて、取り込んでもいい。
私たちが住んでいる街はいろいろな要素からできている。うっとおしいと言って閉じてしまうのはもったいないし、自然は美しいからといって開くだけでもプライバシーが保てない。内と外の豊かで多様な関係を住空間の中にデザインし、街に住むことが楽しくなるような家を設計してほしい。

1、設計条件
○敷地：東京都八王子市犬目町
○敷地面積：約370㎡
○建築延床面積：120〜150㎡程度
○家族構成：父・母・子ども2人の4人家族を基本とする。年齢設定は自由。
　※「外のある家」というテーマに沿ったものであれば、上記以外の設定を追加してよい。ただし必ず4人以上とすること。
○駐車場1台分を設ける。

作品PR 「気配のある家」は想像することで、より魅力的になる。夕方頃になると寝室やリビング、ダイニング等でアルミ板に夕日が映り、オレンジ色に染まると思う。夜になると、湯船に浸かりながら月や星の明かりをすりガラス越しにぼんやりと眺められると思う。予想外のところで、意図しないものが、偶然反射されるかもしれないという面白さがある。

13

国士舘大学
Kokushikan University

理工学部 理工学科 建築学系

2年／設計スタジオⅠa・第2課題／2020年度課題

公園のとなりの家

出題教員コメント 東京・世田谷区の公園に隣接する閑静な住宅地に、併用住宅を設計する、という課題です。本敷地と公園が、大学キャンパスに近いことから、学生たちが場所のリアリティを持って取り組めることを意図しています。この課題では、敷地と公園の高低差や、自然環境の取り込み方、プライバシーとパブリックの分節等、複数の次元にわたる建築的なソリューションを、いかにまとめていくか、ということが求められています。（南泰裕 教授）

植田 朝飛
Ueta Asahi

3年（課題時は2年）

こども教室の○○さん家

設計趣旨 この敷地は公園に面しているものの、借景に望ましい公園ではなかった。しかし、公園を囲む樹木は立派なもので、敷地に覆い被さる勢いで枝葉を伸ばしている。そのためこの住宅では、公園全体からではなく、敷地境界に立ち並ぶ樹木から恩恵を受け、樹木が生み出す木陰の中、くつろぐことのできる中庭型のデッキや、子どもたちが走り回れる屋上のある住宅を設計した。

指導教員コメント 植田くんの案は、中央を貫くスロープを通して、公園と道路、及び中庭的なテラスを立体的に巧みにつないでいます。その、高低差を上手く利用したシームレスな空間計画と、内部空間に呼応したファサードデザインなどが評価されました。公園と道路を結ぶスロープにより、その両側の空間を立体的に分節することで、LDKスペース／個室／子ども教室／屋上を段違いにつなぐ構成がユニークでした。（南泰裕 教授）

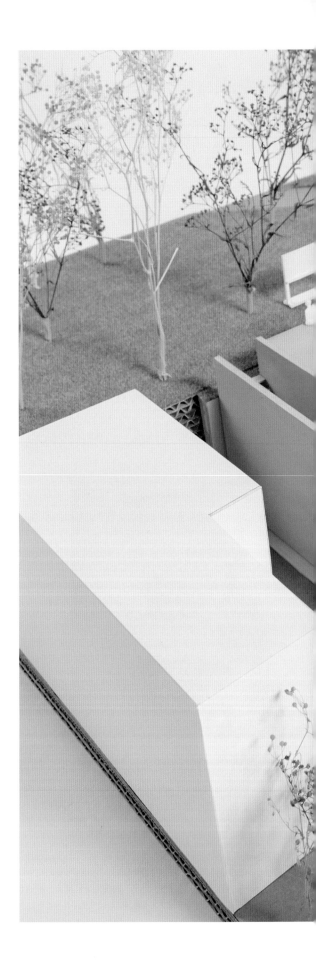

国士舘大学 理工学部 理工学科 建築学系 ― 植田 朝飛

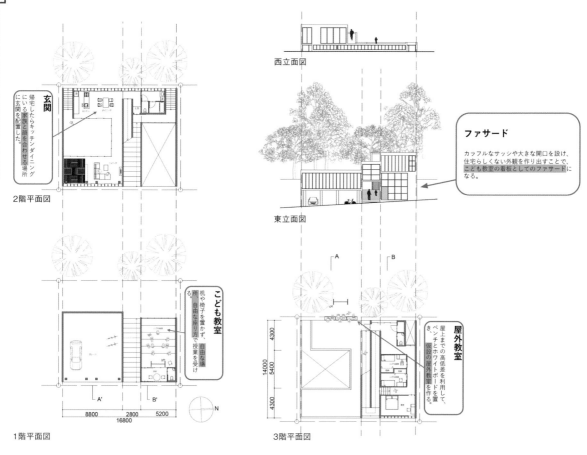

西立面図

東立面図

2階平面図

玄関
帰宅したらキッチンダイニングにいる家族と顔を合わせる場所に玄関を配置した。

ファサード
カラフルなサッシや大きな開口を設け、住宅らしくない外観を作り出すことで、こども教室の看板としてのファサードになる。

こども教室
机や椅子を置かず、自由な座り方で、授業を受ける自由な場所

1階平面図

8800　2800　5200
16800

N

屋外教室
屋上までの高低差を利用して、ベンチとホワイトボードを置き、仮設の屋外教室を作る。

3階平面図

4300
14000　5400
4300

家族構成：夫48歳（会社員）
　　　　　妻38歳（こども教室経営）
　　　　　小学生男子9歳
　　　　　幼稚園女子4歳
こども教室：英語教室
規模：地上3階建て
延床面積：290㎡
構造：鉄筋コンクリート造

木漏れ日が降り注ぐ
屋上、リビング

審査員コメント
敷地は公園の隣にある段差のある場所で、空間をスロープでつなげていくという案です。断面図を見るとよくわかりますが、公園側に面した建物に腰かけられる「屋外教室」が設けられているところが面白い。ただ、子ども教室が公園側から見ると地下になっているので、もう少し公園とのつながりがあるとよいと思います。屋上全体ももう少し、公園の緑を引っ張ってくるような仕組みがあるとより面白かったのではないかと思います。（中村晃子）

□こども教室
□住居空間

道路側はリビングをピロティで持ち上げ、こども教室のみ道路と同じレベルで接している。

公園側はキッチンダイニングを掘り下げ、こども教室のみ屋外教室として公園と接している。

A-A'断面図

B-B'断面図

どこからでも出入りできる中庭型テラス

看板としての道路側ファサード

課題

国士舘大学 理工学部 理工学科 建築学系
2年／設計スタジオⅠa・第2課題／2020年度課題

公園のとなりの家

出題教員：南泰裕、鈴木丈晴

指導教員：植美雪、杉山久哉、鈴木丈晴、蔵楽友美、髙橋元氣、
　　　　　南泰裕

公園のとなりの家を設計する。

敷地は、東京・世田谷の住宅地の一角にあり、梅ヶ丘駅にも近い。羽根木公園に面し、樹木など自然に恵まれた良好な環境である。ここに、親子4人の住まいを設計する。

妻は子どもの教室を経営しており、地域とのつながりがある。

公園に面する立地には、公園からのアプローチなど、生活が公園にまで広がるような豊かな住環境が期待できる。また、敷地の地形は東面の道路と、西面の羽根木公園で高低差が3mあるため、前面道路から奥の公園側は1階分地面が上がっている。この地形の特色を生かして魅力的な住空間を創造してほしい。

1、設計条件
○敷地：東京都世田谷区代田
○敷地面積：約270㎡
○地形：敷地に約3mの高低差あり。
○家族構成：夫48歳（会社員）、妻38歳（子ども教室経営）、小学生男子（9歳）、幼稚園女子（4歳）。
○規模：地上2～3階建て程度。
○延床面積：200～300㎡（仕事場50㎡）
○子どもの教室：50㎡以内。習い事の内容を各自想定すること。
○居住スペース：自由に想定。
○駐車場：1台分（屋内に設ける場合は延床面積に含めない）。
○その他：公園と敷地の境界線上の既存フェンスは撤去、公園からアプローチ可。

※国士舘大学の課題出題教員インタビューはP.266を参照（南泰裕「公園のとなりの家」）

作品PR 施主の妻は子ども教室を経営しており、子ども教室の経営者として地域とつながりを持っている。そのため、住宅としてではなく、子ども教室として地域に開かれた住宅の形を目指した。この敷地は東側の道路と、西側の公園で高低差が3mある。その高低差と公園の豊かな植栽を利用して、木漏れ日の降り注ぐ住居空間のプライバシーの確保と、教室や屋上での子ども教室の活発な活動を両立させる設計をした。

駒沢女子大学
Komazawa Women's University

人間総合学群 住空間デザイン学類 建築デザインコース

3年／建築デザインⅠ・課題②／2021年度課題

ダガヤサンドウに住むとしたら

出題教員コメント 「ダガヤサンドウ」は閑静な住宅街のなかに個性的な専門店が増えつつあるエリアとして、また新たな国立競技場の散策エリアとしても注目を集めています。このような周辺環境を読み解き、内と外のつながりや人が集まって住むことの価値を生み出す集合住宅を考える課題です。新型コロナウイルスの影響により住まいに対する価値観が変化していることも踏まえて、これからの集合住宅の在り方を提案することをテーマにしています。
（茂木弥生子 准教授）

■ 優秀賞2等

山木 智絵
Yamaki Chie

3年（当年度課題）

みせるくらし たのしむくらし

設計趣旨 集まって住むよさとは、その場から生まれるコミュニティや空間、時間を共有できる点だと思う。そこで、住宅地であり、賑わいがあるダガヤサンドウに暮らしのこだわりを感じられる集合住宅を提案する。外部空間を通してコミュニケーションを取ることができ、それぞれの暮らしを共有できるようにした。また、森林のような有機的な形状にし、周辺地域、地域住民と調和した空間を目指した。

指導教員コメント 隣家の生活を垣間見ることができる「小さな中庭」から成る集合住宅です。細胞組織のような平面と多様で立体的な内外の関係性が、周辺への圧迫感を抑える陰影のある造形として立ち現れる点は魅力的です。集合住宅における趣味の共有という提案をはじめ、住宅地と商店街という対比的な周辺環境への向き合い方、中庭を巡るスケール感、視覚的／身体的共有空間の使い分けなど、コロナ禍はもちろん普遍的な提案でしょう。
（田中昭成 非常勤講師）

優秀賞2等―駒沢女子大学 人間総合学群 住空間デザイン学類 建築デザインコース―山木 智絵

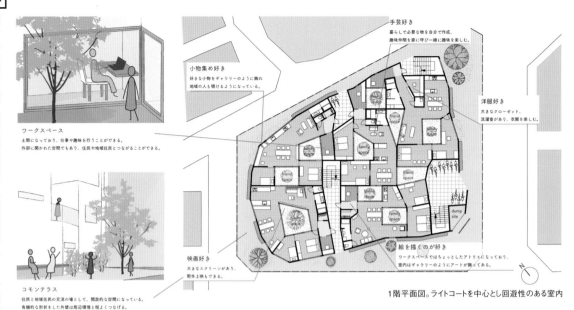

ワークスペース
土間になっており、仕事や趣味を行うことができる。外部に開かれた空間でもあり、住民や地域住民とつながることができる。

コモンテラス
住民と地域住民の交流の場として、開放的な空間になっている。有機的な形状をした外壁は周辺環境と程よくつなげる。

小物集め好き
好きな小物をギャラリーのように飾れ地域の人も覗けるようになっている。

手芸好き
暮らしで必要な物を自分で作成、趣味仲間を家に呼び一緒に趣味を楽しむ。

洋服好き
大きなクローゼット、洗濯室があり、衣服を楽しむ。

映画好き
大きなスクリーンがあり、野外上映もできる。

絵を描くのが好き
ワークスペースはちょっとしたアトリエになっており、室内はギャラリーのようにアートが飾ってある。

1階平面図。ライトコートを中心とし回遊性のある室内

DIY好き
家具を庭で作り、家で作った家具を利用する。

読書好き
階段に本の収納があり、階段に座って読書もできる。

料理好き
キッチンは吹き抜けになっており、気持ちの良い空間になっている。休日は来客と一緒に食事を楽しむ。

写真好き
ワークスペースで写真の加工をすることができ、撮った写真を飾ることができる。

植物好き
室内外で植物を育てファミリースペースの周りには植物専用の棚があり、楽しめる。

コモンテラス
住民と地域住民が交流でき、食事やバーベキューなども行うことができる。

2階平面図。フレンドスペースで始まるコミュニティ

3階平面図。コモンテラスでわいわい

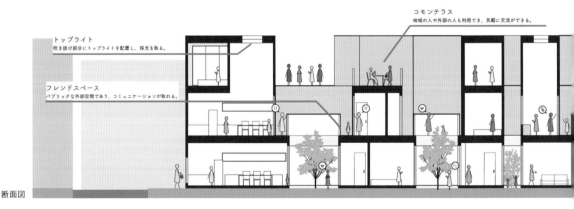

トップライト
吹き抜け部分にトップライトを配置し、採光を取る。

フレンドスペース
パブリックな外部空間であり、コミュニケーションが取れる。

コモンテラス
地域の人や外部の人も利用でき、気軽に交流ができる。

断面図

審査員コメント 小さな中庭を効果的に配置し、その間を回遊させてコモンテラスやフレンドスペースなどで楽しい暮らしの一端を垣間見られる空間を生み出しています。敷地は全方位で道路に面していますが、道路と建物の間にある小さな中庭にもう少しアイデアを足すとよかったと思います。（中村晃子）

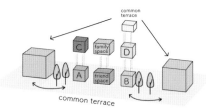

2種類のライトコートは、プライベートなファミリースペースとパブリックなフレンドスペースの両方を兼ね備え、ライトコートを通して住民同士をつなげる。また、コモンテラスを通して地域住民と交流することができる

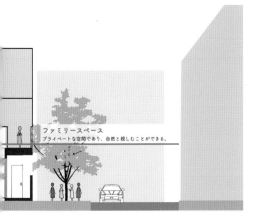

ファミリースペース
プライベートな空間であり、自然と親しむことができる。

課題

駒沢女子大学 人間総合学群 住空間デザイン学類 建築デザインコース
3年／建築デザインⅠ・課題②／2021年度課題

ダガヤサンドウに住むとしたら

| 出題教員：田中昭成、茂木弥生子 |
| 指導教員：田中昭成、茂木弥生子 |

「ダガヤサンドウ」とは渋谷区の千駄ヶ谷と北参道を結ぶエリアのことです。もともとは新宿と原宿・渋谷という巨大な商業エリアに挟まれた静かな住宅地エリアでしたが、最近は個性豊かな専門店が次々にオープンし、若い人から大人たちまで惹きつけています。2019年には「国立競技場」が生まれ変わり、新たな散策エリアとしても注目されています。

そこで、今回の課題では「ダガヤサンドウに住むとしたら」を考えます。人が集まって住むことにより新たな価値や関係が生まれ、地域と関わりながら住むことで街の魅力や可能性が広がります。「ダガヤサンドウ」というエリアの周辺環境を読み解き、内と外とのつながりを考えた10戸の集合住宅を提案してください。ターゲットは各自想定してもらいます。このエリアに住むことを選択する人たちがどのような暮らしをするかを考え、集まって住むことの価値を生み出す集合住宅を計画してください。

また、新型コロナウイルスの影響で私たちの生活も大きな変化を余儀なくされています。リモートワークが進み、住まいに対する価値観も変化している今だからこそ考えられる集合住宅の在り方を提案してください。

1、敷地
○東京都渋谷区千駄ヶ谷
○近隣商業地域（建ぺい率：80%、容積率：300%）
○敷地面積：約1,260㎡

2、設計条件
○ダガヤサンドウを詳しく調査し、このエリアの特性を読み解いたうえで「集まって住む」ことのよさを積極的に見出す提案とすること。
○各自、具体的なターゲットを想定すること。
○住戸数は10戸。各住戸の面積を90〜120㎡前後とすること。
○周辺環境を読み解き、内と外とのつながりを考えた計画とすること。
○駐車スペースは計画に応じて適宜設定してよい。計画する場合は平置きとする。
○駐輪スペースはターゲットに合わせて適宜計画すること。
○ゴミ捨て場を計画すること。
○敷地境界より最低50cm以上セットバックすること。

※駒沢女子大学の課題出題教員インタビューはP.268を参照（茂木弥生子「ダガヤサンドウに住むとしたら」）

作品PR コロナ禍である今、住まいは開かれ、外とつながり、家族や地域住民と打ち解け合った環境にする必要性があると考えた。この建築のライトコートは、プライベートな空間とパブリックな空間の両方を兼ね備え、層によって役割は異なっている。パブリックとプライベートが交錯し、層によってつくり出される曖昧な空間によって、住民同士をつなぎ合わせ、新たなコミュニティを築き上げることができる。

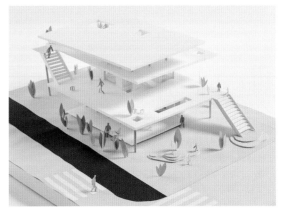

静岡理工科大学
Shizuoka Institute of Science and Technology
理工学部 建築学科

2年／建築設計A1・第1課題／ 2021年度課題

開く家

出題教員コメント
住宅の「日常の風景をつくり出す可能性」を考える課題になるよう意図しました。そして「日常」と「建築を設計する」ことを結びつけるために、「開く」という関係をつくり出すキーワードを提示しました。土地、環境、居住者同士などさまざまな関係を各自が設定し、家族の関係だけに閉じない設計につなげて欲しいと考えました。そして、敷地は歴史性・地域性を持ち、建築だけでは間が持たない広さとして外部を考慮することを促しています。
（長尾亜子 准教授）

妹島賞

森下 空々
Morishita Rara
2年（当年度課題）

変わりゆく

設計趣旨「開く家」というテーマから、街に開き、地域の人が気軽に集まることのできる住宅を計画する。計画地の南側に面する公園には遊具がなく、平面的であることに着目し、住宅を立体的に構成する。子どもが自由に走り回り、遊び場となるような設計とした。地域住民が集まり、他愛ない会話をすることで住民同士の距離が縮まり、生活が豊かになることを期待する。

指導教員コメント
「開く家」というテーマに対して、本案は、開き方の提案というだけでなく、その先の、新しい生活の提案にまで至っている点が高く評価されました。伸びやかな軒下空間が立体的に展開し、屋根の重なり方の変化でさまざまな質の空間が生まれ、同時に奥行きの深い庇、バルコニーが周囲の視線を調整するなど、注意深く設計することで、家族の関係や、街との関係が更新されて、新しい「開く家」が生まれています。
（後藤周平 非常勤講師）

妹島賞 — 静岡理工科大学 理工学部 建築学科 — 森下 空々

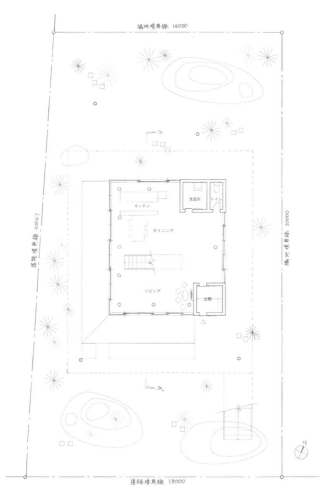

配置図兼1階平面図。植栽をすることで、緩やかに外からの視線を遮ることができる。開かれた住宅のプライバシーを守る役割を担う

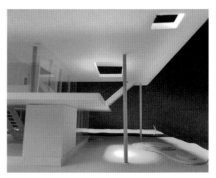

光の落ちてくる空間

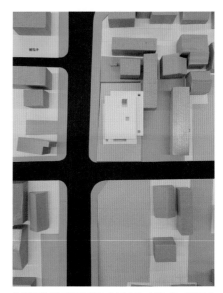

敷地模型。計画地は西側に大きな通り、南側に細い通りのある角地となっている。また、南側の敷地は公園となっている

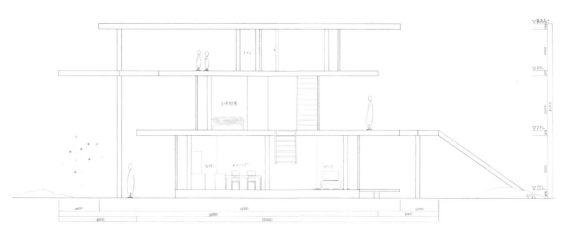

A-A'断面図。スラブのズレが、滞在場所によって変化する階高をつくる。さらに、ガラス張りにすることでスラブのズレをより強調する

| 審査員コメント | 大胆なスラブのズレとトップライトの穴が、明快でよいと思いました。「開く家」という課題名通り外部との関係性が意識されていますが、模型を見る限りですと、動きのある立体感と外部空間の関係性がいまひとつわからないところが | あります。敷地内のランドスケープなども工夫するとさらに展開すると思います。(中村晃子) |

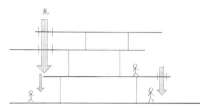

場所によってスラブの高さが変化する。また、スラブに抜けを
つくることで光の入り方が異なる

2階平面図。壁で区切りつつも抜けをつくることで流動性が
生まれ、2階全体が1つの空間となる

3階平面図。1番プライベートな空間となる風呂を3階に置く
ことで、ガラス張りの壁を気にすることなく休むことができる。
また、風呂の天井がガラス張りになっていることで、夜空を楽
しむ空間となる

静岡理工科大学 理工学部 建築学科
2年／建築設計A1・第1課題／ 2021年度課題

開く家

出題教員：長尾亜子

指導教員：長尾亜子、田井幹夫、彌田徹，後藤周平

袋井の街なかに特徴的な敷地があります。東海道と県道が交差する場所、隣は東海道本陣、向かいには公園、公園の先は地域の人たちが集まるコミュニティの場所になっています。

そこに「開く家」を設計してください。どのような居住者が生活するのか、何に向かって開くのか、何を開くのか。物理的な「開く」と抽象的な「開く」を掛け合わせてもよいです。また「開く」ことと「閉じる」ことを対で考察してもよいでしょう。各自で自由に解釈してください。

住宅は「小さな建築」です。間取りだけではなく、さまざまな要素を設計に取り込んでください。光の入り方、風の抜け方、構造や材料を考えるのはとても大切なことです。原野谷川の近くの立地ですので、水辺の楽しい生活も想像できる一方、災害の危険もあります。地域社会との関係、街の成り立ち（歴史）やコミュニティの要素を取り入れることもできます。想像力を豊かに、新しい「暮らしの場」を提案してください。

本課題では、居住者像とその生活スタイルを決めることから始めます。例えば、家族に留まらず他人同士の複数で生活する、こだわりを持った独特の生活スタイルがある、時代を超えて明治時代の文学者など歴史上の著名人が暮らす、でもよいでしょう。そしてその居住者たちの生活スタイルには必要な建築のかたちとは何かを考察し、さらに「開く家」とどうやって関係付ければよいか、を考えながら進めてください。

1、設計条件
○敷地：静岡県袋井市袋井
○用途地域：近隣商業地域
○建ぺい率：80%
○容積率：200%
○規模：地上2階以上とする。平屋不可。2階以上に最低30㎡設けること。
○敷地内はすべて設計し、外部空間も丁寧に考えること。
○敷地面積：約510㎡（ただし、200㎡は＜誰でも使える場所＞として街に提供すること）
○延床面積：150㎡程度（超える場合は理由を添えること）
○居住人数：3～5名
○居住者像：各自で設定する。実在の人物でなくても可。
○構造：自由。提案すること。
○設備：自由。提案すること。

※静岡理工科大学の課題出題教員インタビューは本書バックナンバー「JUTAKUKADAI09」
P.96を参照（田井幹夫「集まって暮らす、働く」）

作品PR　敷地は角地となっていることから住宅に裏をつくらず、街に開くことを意識して設計した。また、複雑な形で構成するのではなく、スラブを前後左右に動かすことのみで立体感を出した。各階のスラブにズレをつくることで、場所によって外部空間の階高が変化する。また、スラブに抜けをつくることで光の入り方にも変化ができ、場所によって異なる雰囲気を感じることができる。また、近隣住民が立ち寄るなどして住民同士の距離が縮まり、新しい交流の場に変化することを期待する。

芝浦工業大学
Shibaura Institute of Technology
建築学部 建築学科 APコース

2年／建築スタジオ演習2・課題II／2021年度課題

まちに開いたシェアハウス

出題教員コメント シェアハウスは、靴を脱ぐ場所が全体の玄関である場合と、個室である場合がありますが、この建築では土足エリアである土間と靴を脱ぐエリアが、共に縦導線として機能しており、夜トイレに行く時にはわざわざ土足になる必要はないが、たとえ2階や3階にいても、土間に出て気持ちよく外の風に吹かれることもでき、そのまま外に行くこともできる構成となっています。比較的建て詰まった環境でありながら、徒歩で歩いて楽しい谷中ならではの建築を、見事に成立させています。（猪熊純 准教授）

川口 真穂
Kawaguchi Maho

2年（当年度課題）

融け合う二面性の家

設計趣旨 商店街の活気と、墓地の閑静な空気の双方に接したシェアハウスは、豊かな交流や発想の生まれる潮目となりうる。この考えを起点に、地域の持つ二面的な価値をシェアハウス内で同様に共存・融合させていく空間構成を練った。交流や共有、プライベートや生活行為のように人間も二面的である。地域や人の二面性を、風情を感じられる日本家屋の形式に落とし込み融合するような設計を目指した。

指導教員コメント この課題はシェアハウスとして地域との関係、居住者同士の関係など、個と他者との根源的な関係性に応えることを求めています。この問いに対して川口さんは、土間による下足空間と、板間や縁側のような靴を脱ぐ空間との素材や行為の異なる空間の二面性によって明快で奥行きを持った計画で提案しています。この伝統的な手法を新たに解釈しつつ、個から全体を俯瞰する視野の広さと物事の本質を追求する姿勢を評価しました。（谷口大造 教授）

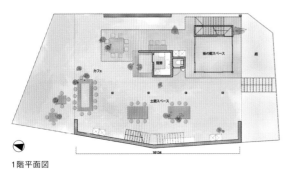

1階平面図

2階平面図

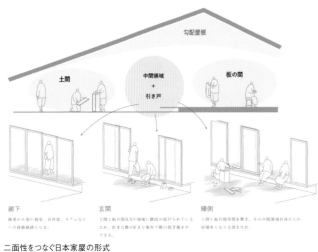

勾配屋根

土間　　中間領域＋引き戸　　板の間

廊下

個室から別の個室、共用部、カフェなどへの移動経路となる。

玄関

土間と板の間双方の領域に階段が設けられているため、好きな隅の好きな場所で靴の脱ぎ履きができる。

縁側

土間と板の間空間を繋ぎ、その中間領域自体が人の居場所となり交流を生む。

二面性をつなぐ日本家屋の形式

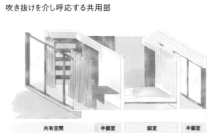

リビング1　　リビング2

ダイニング・キッチン1　　ダイニング・キッチン2

吹き抜けを介し呼応する共用部

共有空間	半個室	個室	半個室
	活動／作業	プライベート／休憩	採光／通風

段階的に場を分ける個室周辺

住人のアイデアの溜まり場となるリビング、住人や街の人が混じって憩うカフェスペース、自由な用途の半個室的スペースなど

審査員コメント　商店街と墓地という二面性のある場所の間の敷地にシェアハウスをつくるという案です。敷地内も段階的に場を分けていて、個室や半個室のような場があり、また互いの空間が呼応しているところが面白いです。落ち着きのある勾配屋根や建具で場をつくるなどの工夫で、緩やかに街と個をつなぐ雰囲気が出ていると感じました。（**中村晃子**）

建物内部を通して緩やかにつなげ、融合しながら移ろうように連続する空間構成とした

内部空間を配置する

▼

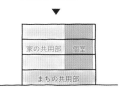

直方体の箱

▼

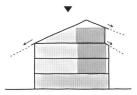

「街」と「建物」を緩やかにする

▼

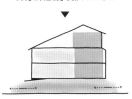

「建物」と「街の共用部」を緩やかにする

▼

「街の共用部」と「家の共用部」を緩やかにする

▼

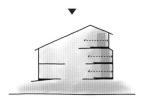

「家の共用部」と「個室」を緩やかにする

課 題

芝浦工業大学 建築学部 建築学科 APコース
2年／建築スタジオ演習2・課題Ⅱ／2021年度課題

まちに開いたシェアハウス

出題教員：猪熊純

指導教員：谷口大造

「シェア」は、ステレオタイプ化した家族＝家の概念を乗り越える、新しい住まい方の一つである。今の社会は平均世帯人数が三人を切り、家族でない人と暮らすことができる家は、今後ますます重要になってくると考えられる。

今回は、個人・家族・地域の住民・観光客、さまざまな人々が建築を通して互いに気兼ねなく過ごすことのできるシェアハウスを設計する。必ずしも地域住民や観光客が家のどこまでも入ってくることが良いことではありません。何をシェアし、何はシェアせずに暮らすのか。

プライバシーの確保と、居心地のよさはどのように調整されるべきか丹念に検討し、誰にとっても居心地のよい住まいを目指してください。

敷地は谷中。多世代が住まう地域であるとともに、観光地でもある。日暮里からアクセスする際の谷中銀座の玄関口のような立地でもある。地形は傾斜しており、また近くには墓地があるなど、地理的にも特徴のある敷地である。これらを生かした設計も心がけてください。

1、設計条件
○敷地：東京都荒川区西日暮里（既存建築あり）
○敷地面積：約285㎡
　参考）近隣商業地域、建ぺい率80%、容積率300%、第三種高度地区、準防火地域（今回は考慮しない）
○延べ床面積：450〜550㎡程度
○構造：鉄骨造・またはRC造（各自の設定による）、3階建て程度（地下は半地下までOK）
○以下の複数の住まい手を想定すること。
　・単身者10名以上（部屋には水回りはなくてよい、学生・社会人）
　・2人暮らし4組以上（単身向けよりも広い部屋、ベッドが二つ置けるようにする、部屋には水回りはなくてよい、カップルまたはディンクス用）
○共用部には、以下の機能を設けること。
　・共用キッチン（コンロは3口×2・シンク幅800×2・冷蔵庫は幅1500を1台）
　・ダイニング・リビング等
　・共用シャワー（3室・脱衣室も必要）、トイレ（3室）、洗面室（洗面器4つ）
　・洗濯は下記のランドリーで行う。シェアハウス共用部には洗濯機は必要ない。
○地域に開いたコインランドリー＋カフェを設けること。
　・街とのつながり、シェアハウス内の共用部とのつながりを考えること。
○外構計画：建物内外の総合的な利用を考慮し、全体的に計画・デザインし、表現すること。
○その他必要な設備・備品・家具（テーブル・いす、家具など）を配置する。

※芝浦工業大学 工学部 建築学科（現在は3コースに再編）の課題出題教員インタビューは本書バックナンバー「JUTAKUKADAI06」P.238を参照（郷田修身「様々に変化する生活シーンを考えた住宅」）

作品PR 西日暮里は、賑わう商店街と風情ある寺社が共存する。敷地は南北でこの対極的な二面性の双方に接し、敷地北側の通りは小さな商店が並び、谷中銀座へ続いている。南側の通りを挟んだ向こうには墓地が広がり、閑静な雰囲気である。また、この地域は高低差が大きい特色も有す。北側には夕焼けだんだん、南側には七面坂が東から西へ下っている。街の持つこの二面性を途絶するのではなく、建物内部を通して緩やかにつなげ、融合しながら移ろうように連続する空間構成とした。

芝浦工業大学
Shibaura Institute of Technology

建築学部 建築学科 SAコース

2年／空間建築デザイン演習3／ 2020年度課題

地域と交換する集合住宅
〜もらい・あたえる恒常的地域をつくる〜

出題教員コメント 中央区佃島は大規模開発が進む東京湾岸エリアにあって、戦前からの「路地とそれを挟む小規模な木造家屋群による低層稠密住居ブロック」として存続している特徴的な地域です。かつての漁民としての職縁や住吉神社の氏子の縁を基盤としたコミュニティが保持されており、これに基づいて生活の表出した路地というコモンスペースが豊かに活用されています。こうした特質は現代の集合居住の計画にとって学ぶべきところが多く、集合住宅課題の敷地として設定しています。（原田真宏 教授）

長谷川 奈菜
Hasegawa Nana

3年（課題時は2年）

風×門

設計趣旨 集合住宅とは、私生活に他人の存在が近づきやすく、住人は住宅内に生活感を閉ざしやすい。自分の生活圏にどれだけ他人が干渉できるかを、部分的に住宅を閉じて場所にメリハリをつくることで、逆に住宅の外側に生活感が広がり、住人同士の魅力的な場所をつくりやすくする。下町である佃の路地という特徴的な空間に住宅の生活が滲み出し、隣接する川を感じやすい集合住宅を設計した。

指導教員コメント この計画は隅田川の川風を意識することから始まりました。構造体のコンクリートの門型フレームと、外壁を構成する正方形ユニットをずらすことで、住戸内部に多様な大小の空間をつくるとともに、「境界エレメント」と呼ぶ外部に飛び出した構造体を活用して、住民のための中間領域を創出しました。佃の伝統的な路地空間を、風の道に重ねて現代的に解釈したこの計画は、新たな集合住宅の可能性を示しています。
（堀越英嗣 教授・田中厚子 特任教授）

芝浦工業大学 建築学部 建築学科 SAコース ｜ 長谷川 奈菜

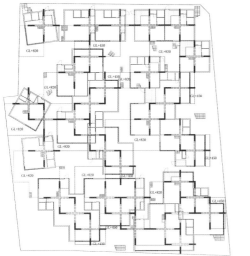

1階平面図

左がメゾネット型ユニットプラン、右が1階ユニットプラン

A-A'断面図

審査員コメント　モジュール的にレイアウトしてから切り抜いて形をつくっていますが、切り抜き方が上手です。路地のような広場があったり、空間が広がったり狭くなったり、曲がり角があったりと、小さなヴィレッジのような雰囲気で面白い。また、窓が大きいので、光を上手く取り入れて快適に過ごせそうです。向かいの棟の様子がよく見えるのは、よいか悪いか判断が難しいですが、コロナ禍で家に隔離されている時には、孤独を感じないかもしれません。（アストリッド クライン）

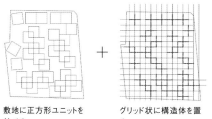

敷地に正方形ユニットを
並べる

グリッド状に構造体を置く

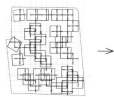
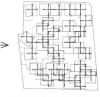

構造体とユニットがずれ
て合わさる

室内のスラブを外部に
はみ出させる

自宅と同じ形式の構造壁が見えることで家の間取り以上の
広さを感じる

住人同士の間の空間

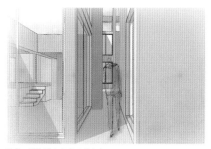

路地、構造壁の突出の合わさり

課題

芝浦工業大学 建築学部 建築学科 SAコース
2年／空間建築デザイン演習3／2020年度課題

地域と交換する集合住宅
～もらい・あたえる恒常的地域をつくる～

出題教員：原田真宏

指導教員：堀越英嗣、田中厚子

これまで、特に商品としての集合住宅は土地の魅力（ブランド）に依存するようにして、その価値をうたってきた（たとえば「洗練の南青山に生まれる35邸」「歴史文化薫る文京区本郷。品格の85邸」等のマンションポエムに現れるように）。しかし、それらの多くは既存の土地の魅力に頼るばかりで、それを高めることには寄与して来なかったし、むしろ、景観中に巨大なボリュームとして立ち現れ、コミュニティと未接続な大集団が突如出現するなど、多くの場合において土地の価値や魅力を壊す元凶であったことは改めて指摘するまでもない。地域ブランド依存型の集合住宅が無数に都市に建設されることで、依存すべき魅力的な土地そのものが、東京から駆逐されてしまった感さえある。

そこで今回は地域の価値を"受け取る"だけでなく、反対に地域に価値を"与え"もする集合住宅を提案してもらいたい（自ら土地の魅力をあげる集合住宅は、当然、そのあがった地域力から販売上の恩恵を受けることにもなる）。魅力的な地域とはそのような相互交換が多様に持続し、そのことでコミュニティが育まれてきた。それは外部とエネルギーや物質を交換しつつ、特定の状態を持続する生命の在り方に似ているのかもしれない。

敷地は佃。特徴的な路地空間や歴史的な社寺や祭事、隅田川のウォーターフロント、周辺の超高層マンション群などなど、複雑なコンテクストの入り混じった地域である。これらをよく読み取り、新しい集合住宅、および、それを含めた地域の"質"へと転換してもらいたい。

集合住宅内部での生活はもちろん、外部の都市空間での日常経験までもが豊かになるような設計提案を求める。

1、設計条件
○敷地：東京都中央区佃
○敷地面積：2,837㎡
○特別用途地域：第2種中高層階住居（4階以上は住宅）
○用途地域：第2種住居地域、建ぺい率：80%、容積率：400%（150%程度の容積率を確保すること）。
○住戸数及び規模：36戸以上。駐車台数18台以上。住戸規模は、単身者タイプからファミリータイプまで提案者の意図に基づき、自由に設定してよい。賃貸と分譲の別は各自で設定すること。
○住機能以外にも、提案者の意図の実現に必要であれば、集会室や共用ラウンジ等の集合住宅の付属機能や、商業や飲食、デイケアセンター、SOHO等の他用途を導入してもよい。

作品PR この集合住宅は住宅のユニットと門型ラーメン構造のズレにより建築内部から外部に躯体がはみ出す。外部空間にはみ出した躯体は敷地内のレベル差や路地的空間と合わさることで集合住宅外部との境界ができ、住人のプライベートな空間をつくりやすくする。住戸からはみ出した躯体は隣の住戸に貫入し、重なり方の違いによって多様な内部空間を生み出し、向き合う住戸同士が同じ形式の躯体をガラス越しに見ることで間取り以上の大きさを感じさせる。

芝浦工業大学
Shibaura Institute of Technology

建築学部 建築学科 UAコース

3年／都市建築デザイン演習4a ／ 2021年度課題

辰巳の30戸集合住宅
断面で設計する

出題教員コメント 敷地である都営辰巳一丁目団地は大規模団地であり、築後40余年を経て建物及び設備の老朽化が進行し、建て替え及び付帯施設の整備を行う計画が進行しています。時代の変化を考慮し、外国人世帯や二人世帯、単身世帯など多様な世帯像を想定し、これからの社会において集まって住むことの意味を再考した「つながりをデザインする集合住宅」を平面だけでなく断面と連携して考え、建築にまとめ上げていくことを趣旨としています。
（小堀芳秀 准教授）

笹本 直也
Sasamoto Naoya

3年（当年度課題）

U-SHAPED UNITS

設計趣旨 外部に花壇や日陰といった憩いはあるが、老朽化してしまった辰巳団地において、nLDKの先にある暮らし方を探った。水平性と垂直性をもつユニットを組み合わせることで、室名に囚われることのない多様な暮らし方のできる、未来に向けた集合住宅を目指した。それらのユニットからなる外観はこの地域の象徴となり、複雑に計算された動線計画により団地周辺の人流を活発化させることにもなる。

指導教員コメント この作品は、学内ではそのフォルムが特に際立っていました。ただ外観が奇抜なのではなくパキッとした未来の明るい夢が感じられるのです。個々の住戸ユニットも均質な繰り返しを避けて、場の固有性、関係性の面白さを丁寧に追求しています。スタジオでは、全体はもとより住戸もフィーレンディール構造も、段階ごとに繰り返し模型をつくり、悩みながらも工夫し手直ししていました。彼のあくなき探求に心からの拍手を送ります。
（井坂幸恵 非常勤講師）

芝浦工業大学 建築学部 建築学科 UAコース ─ 笹本 直也

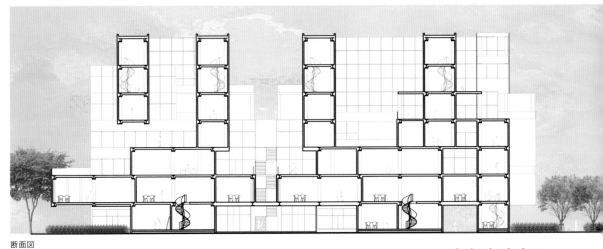

断面図

2階平面図

直方体のボリュームを積層させるのではなく、90°回転させた直方体同士を結合させてユニットをつくった。12×12×4のボリュームをアタッチさせた空間に人が住まい、その外側では必然的に発生したクランクで生活が滲み出したり、日々の生活行為を誘発したりする。この凸凹型をアタッチしたユニットを縦にしたり横にしたりして、その変化を住戸や動線に反映させた

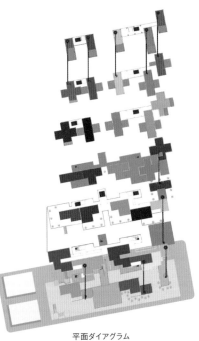

平面ダイアグラム

審査員コメント キューブのモジュールを縦（垂直性）や横（水平性）に置き、これらの操作だけで魅力的な空間を生み出しています。低いレベルで横に広げたものはパブリックに使われ、縦のボリュームはメゾネットとして使われるなど、明快に表現されているのが面白いです。組み合わせ方が上手で、彫刻のような形になっていると思いました。（アストリッド クライン）

2階住戸

6・7階住戸

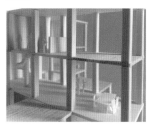

3階オープンスペース

辰巳の30戸集合住宅 断面で設計する

出題教員：小塙芳秀

指導教員：井坂幸恵

都営辰巳一丁目団地は、東京メトロ有楽町線辰巳駅に近接して立地する総戸数3,326戸の大規模団地である。本団地は、1967〜1969年に建設され、築後40余年を経て建物および設備の老朽化が進行している。そのため15年間（2012年度から2027年度）をかけて、既存の都営住宅（60棟、2,087戸）を除去した用地に、新たに都営住宅（12棟、2,950戸）を建て替え、併せて付帯施設の整備を行う計画が進行している。

東京都の平均世帯構成人数は1.9となっており、住まいの在り様は建設当時から変化している。都営辰巳一丁目団地は3K(47sqm)を基本とし夫婦＋子ども2人で構成される世帯像を想定して計画されたが、本課題では時代の変化を考慮し外国人世帯やカップル世帯、単身世帯など多様な世帯像を想定し、これからの社会において集まって住むことの意味を再考した「つながりをデザインする集合住宅」を設計する。

【達成目標】

集合住宅の住戸を平面だけでなく断面と連携して考え、それを短期間でまとめ図面で表現することを第一とする。現代の都心型集合住宅の課題を十分に読み取りながら、建築にまとめ上げていくことを習得する。

1、プログラムと敷地

○集合住宅、共有コミュニティ空間／地上4〜14階程度、地下使用不可。
○敷地：東京都江東区辰巳
○敷地面積：2,600㎡（建ぺい率：60%、容積率：300%、最高高さ40.5m）
○集合住宅（専用住戸部分および共用部分）
 ・5人用シェアアパート：100㎡+20㎡バルコニー、3戸程度
 ・4人家族用：80㎡+16㎡バルコニー、15戸程度
 ・2人用：60㎡+12㎡バルコニー、12戸程度
○コミュニティ空間（地域ならびに住民の交流を促進する空間）：150㎡以上
※各所要面積は10%まで増減可能

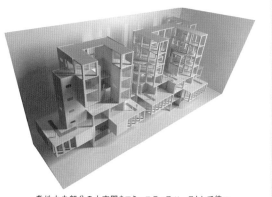

敷地中央部分の大空間をコミュニティスペースとして使い、集合住宅に住む人や地域の人が交流できる場を提供する。縦動線や横動線をつくるための直方体棟を3箇所に設置し、全体ファサードに紛れながらも動線をつなげた。住戸内では平面的、断面的「距離」で空間の違いを出している

作品PR 凹凸の多いユニットを「縦」や「横」にして、採光や外観について合理的に配置したことで生じる、住戸内コンセプトに合った動線課題に尽力した。このユニットによる平面的な距離や断面的な距離で住戸内に距離感を生み、「室名」にとらわれない多様なライフスタイルの受け皿となる設計としている。また、南面を天窓でなく、ガラス張りにすることで建物内に光が入るだけでなく外壁素材とガラスの織りなすファサードを豊かにしている。

昭和女子大学
Showa Women's University

環境デザイン学部 環境デザイン学科
建築・インテリアデザインコース

3年／設計製図Ⅱ-1・前半共通課題その1／2021年度課題

「商店長屋」
—商店街に暮らす—

出題教員コメント 昭和女子大学から至近の商店街。いつも何気なく通りすぎてしまう日常の街・商店において、「住む」「暮らす」「商う」というパラメーターを自分に付与することで、そこで繰り広げられる何気ない生活・暮らし・街（都市）のリアリティーを俯瞰的に読み解く。そして、この街で住む・暮らす・商うことの「場・空間」を挿入することで、新たな街の可能性や都市との接点を模索し、そこでの暮らしに新たな発見を見つけ出すことをテーマとしています。
（田井勝馬 非常勤講師）

野口 莉佳
Noguchi Rika

3年（当年度課題）

すきま

設計趣旨 東京にいると日々忙しなく過ぎ、ただ通るだけの道も多いように思う。駅に近い商店街のこの敷地の前の通りも例外ではない。そこで傾斜のある壁で人々を誘い込み、U字のスロープ状の画廊で絡めとって、訪れた人が空間を味わえるような建築を提案する。暮らしとしては壁や床だけでなく、商店を通して長屋に住む他の住人との空間の共有を図った。

指導教員コメント 人との「関わり方」や物を「買う」ことのリアリティーが希薄になりがちな昨今。何気なく暮らしている地域や場、通り過ぎる日常生活にフォーカスを当て、住んでいる人と訪れた人の境界に曖昧な関係性を「交差点」「スキマ」空間に持たせることで、生活する人の新たな暮らし方や関わり方の可能性を見つけ出した秀逸な作品です。地下から這い出る4本のスロープはこの建物を巡り、人の心の内にも新たな意識「すきま」が生まれることを試みました。（田井勝馬 非常勤講師）

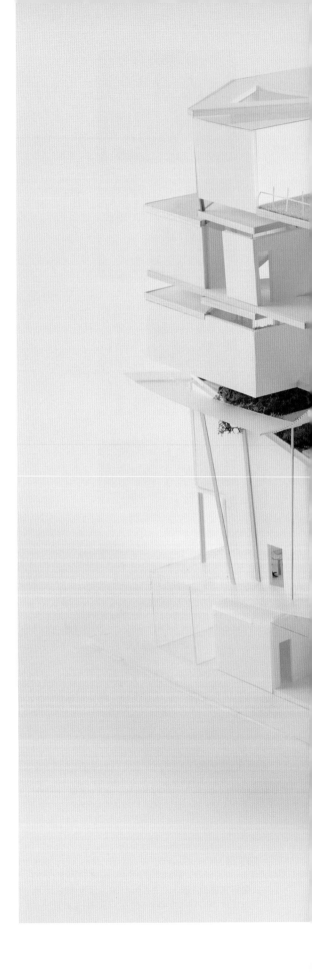

昭和女子大学 環境デザイン学部 環境デザイン学科 建築・インテリアデザインコース ― 野口 莉佳

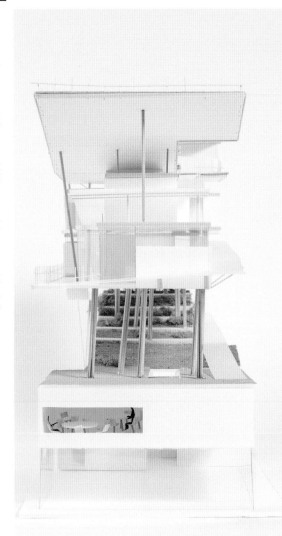

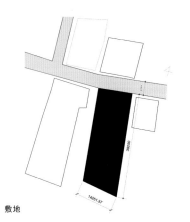

敷地

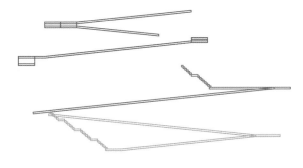

地下から這い出る4本のスロープでこの敷地の上下左右を満遍なく味わう。
時間をかけて巡回するうちに心に「すきま」を生む

| 審査員コメント | 建物を単純に積み重ねるのではなく、斜めのレイヤーを入れたりスロープを入れたりと、それらを面白く挟もうとしているのが伝わりますが、もっとダイナミックな全体的な構成ができたと思います。平面的にも壁に角度をつけるなどすると、 | もっと面白くなるかもしれない。5・6階建てですが、ボリューム感や重さを感じず素敵だと思いました。（アストリッド クライン） |

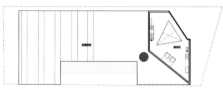

4階

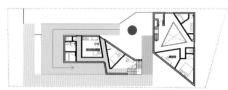

3階

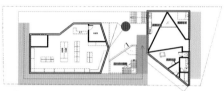

2階

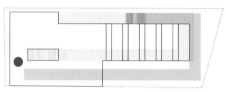

1階

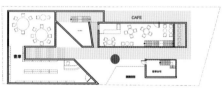

地下1階

地下2階

昭和女子大学 環境デザイン学部 環境デザイン学科
建築・インテリアデザインコース
3年／設計製図Ⅱ-1・前半共通課題その1／2021年度課題

「商店長屋」―商店街に暮らす―

出題教員：杉浦久子、森田祥子、御手洗龍、田井勝馬

指導教員：田井勝馬

昭和女子大学からすぐ近くに古くからある栄通り商店街。三軒茶屋駅近くにあるが、意外に普段は馴染みのないエリアかもしれない。昭和レトロの面影を残しつつも新しい店が入り、商店街は現在も活性化している。このエリアが今回の敷地である。あなたが、誰かがここに住むとしたら……この場所を良くリサーチし、商店街という場所での新たな暮らしを想像して魅力的な「私たちの長屋」を提案してほしい。

1、敷地条件
〇敷地：栄通り商店街の中から各自自由に選定する。

2、設計条件
〇用途：長屋（タウンハウス）
〇1区画を長屋形式で設計すること。本人がどこかに入居すること。
〇基本的に1棟とする。（1戸90㎡程度）
〇高さは3層を基本とし、店舗付き住居5戸以上（店舗でなくても可）。
〇長屋の出入り口：道に面してつくる。（ただし各戸の主要な出入り口から道に通じる敷地内通路幅が2m以上あればよい。この場合敷地内通路は天空通路とする）
〇長屋の構造：長屋の各戸の界壁の長さは2.7m以上とする。
〇長屋の開口：長屋の各戸は、直接外気に接する開口部を2面以上の外壁に設けなければならない。
※長屋：廊下及び階段等を共用しないで2戸以上の住宅が、連続または重なっているもの。
※共同住宅：2戸以上の住宅が廊下及び階段等を共用しているもの。

※昭和女子大学の課題出題教員インタビューは本書バックナンバー「JUTAKUKADAI05」P.248を参照（杉浦久子「私たちの長屋―三宿に暮らす―」）

作品PR 5つの住宅と店が集まった長屋。壁や天井・床に少し空間をとり離すことでスキマをつくり、つないだ。密接しているよりもスキマが空くことで生まれるアヤウサが、他者を意識することにつながると考えた。そして、CAFÉ・書庫・サウナ・庭・画廊の5つの店を外空間や画廊を介してつなぎつつ離すことで、そこに訪れた人がこの空間に留まる。暮らす人と訪れる人の間に新たな関わりが生まれ、暮らしに変化を与える建築が完成した。

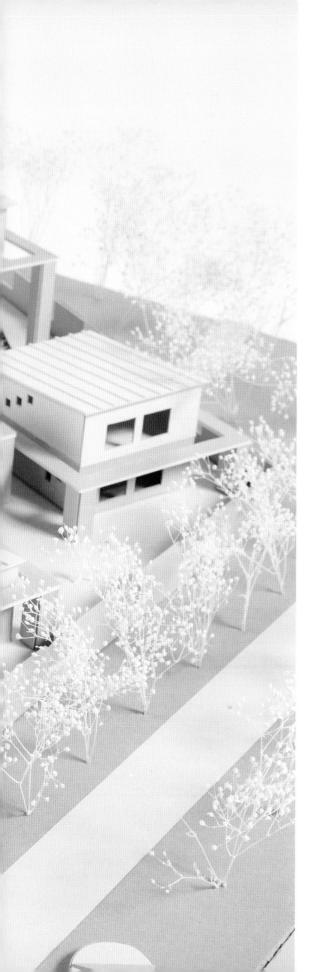

女子美術大学
Joshibi University of Art and Design
芸術学部 デザイン・工芸学科 環境デザイン専攻

3年／集合住宅計画／ 2020年度課題

集合住宅計画

出題教員コメント 武蔵野市の自然溢れる井の頭公園に隣接した敷地に、集まって住む意義、コミュニティとプライバシー、地域や街並みの形成、自然環境との共生をキーワードに集合住宅を設計する課題です。個人、家族、地域間の関係をこれからのライフスタイルと共に再考し、地域とのコミュニティ形成の視点から、店舗や公共施設等を複合させることが条件です。生活環境と公園との関係性を、集まって住む空間にいかに提案できるかが期待されています。（下田倫子 非常勤講師）

陳 柯宇
Chen KeYu

4年（課題時は3年）

CITY HOUSES
小さな都市

設計趣旨 文化交流が多層に展開する吉祥寺に集合住宅を提案する。2019年以降、生活は大きく変化し、人は孤独感や退屈さを感じつつ日々を過ごしている。人々の交流や集団生活を支えるためにフレームで囲んだユニットを5つ組み合わせ、1つのユニットは複数の家族で構成される。その関係性から豊かな人間関係が生まれ、外の世界につながらなくても存在できる小さな都市となるのではないだろうか。

指導教員コメント 公園に隣接する敷地に計画された各住棟を囲む大きなフレームが特徴的な集合住宅です。一見、具体的な機能を生活に提供し難いようなフレーム群ですが、それらは緩やかな許容性を持って共用部分として回廊、庭、縁側となり、人々がコミュニティを育む場をつくり、つないでいく過程を想像させます。自然豊かな周辺環境を集まって住む風景の中に巧みに取り込みつつ、個人、家族、地域へと広がる関係が形に現れていた点が高く評価されました。（下田倫子 非常勤講師）

女子美術大学 芸術学部 デザイン・工芸学科 環境デザイン専攻 — 陳 柯宇

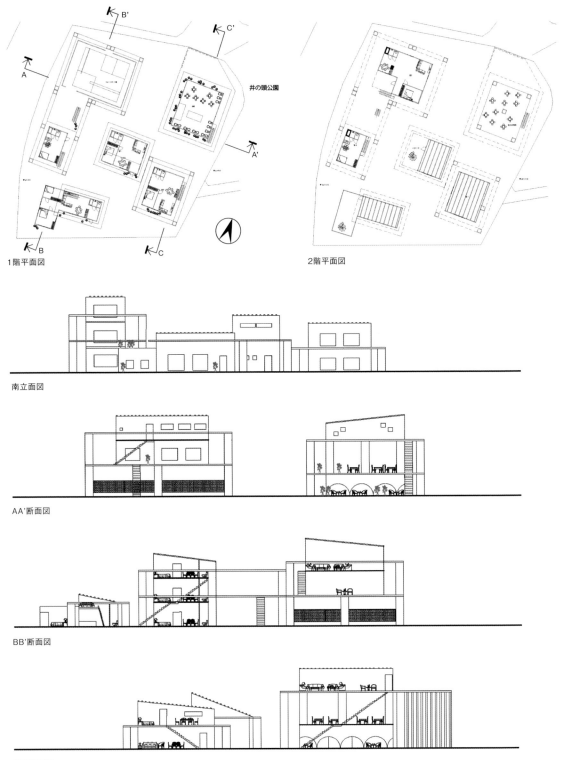

1階平面図

2階平面図

井の頭公園

南立面図

AA'断面図

BB'断面図

CC'断面図

審査員コメント

スケッチに描いてあるように、コンクリートベースの上に木の幹という対照的なものを置いて「人工＋自然」を表現しており、インスピレーションだったのかはわかりませんが、よい案だと思いました。1番いいと思ったのは、屋上にある木造の家です。ただ、自然は守らなくてはならないというテーマにも関わらず、繊細な木造の家に対して、コンクリートの表現が強過ぎるかもしれないと思いました。（アストリッド クライン）

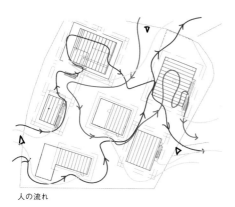

人の流れ

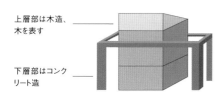

上層部は木造、
木を表す

下層部はコンク
リート造

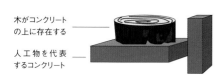

木がコンクリート
の上に存在する

人工物を代表
するコンクリート

女子美術大学 芸術学部 デザイン・工芸学科 環境デザイン専攻
3年／集合住宅計画／2020年度課題

集合住宅計画

出題教員：下田倫子

指導教員：下田倫子

この課題では、前課題までに習得した居住空間および周辺の外部環境や景観に対する考え方や知識を生かし、集合して住むための快適な住環境をつくる「集合住宅」を、これからのライフスタイルを育む、より良い環境をデザインすることを学びます。

18世紀の江戸は、100万人以上の人々が暮らす大都市でした。一家族当たりの広さ・設備は今日とは比べものにならないですが、そのような中でも、集まって暮らす知恵を持っていました。しかし、20世紀後半の高度成長は、東京などの都市や、郊外の風景を一変させてしまいました。都市では業務・商業が優先され、郊外は、山野（里山）・田畑といった自然豊かな環境は変化し、均質的な小住宅や団地が並ぶ住宅地になってしまいました。このような住環境や暮らし方が、私たちにどれだけストレスを与えているでしょうか？ ふたたび、家族や友人、地域でのくつろいだ時間が持てる豊かな住環境に改善できないでしょうか？ 個人⇔個人、個人⇔地域、個人⇔家族、家族⇔地域の関係が希薄になっていると言われている現代の状況を振り返りながら、住環境、とりわけ都市に集まって生活することについて意義を考え、提案することが課題の主旨です。

都市は、集積性・利便性において大きな魅力を持っているため、そこにはさまざまな世代・家族が暮らしている生活環境があります。このような都市的な環境に、住まい手・家族のライフスタイル等を想定し、各自、個性と魅力ある住環境やパブリック空間をデザイン・提案することを目標とします。集まって住む意義・コミュニティとプライバシー・地域や街並みの形成・自然環境との共生等をキーワードに、「低層（3階以下）集合住宅」を計画してください。

京都の町屋、東京の下町など歴史的な古い街並みには、時間をかけて形成された素晴らしい居住空間と、それらを囲む路地などの都市空間や公園といったさまざまな外部空間が存在します。また近年計画された集合住宅や公園などのランドスケープデザインにも優れたものが多くあります。それらの事例を参考に、独創的な新しい提案がされることを期待します。

1、主な設計条件 [集合住宅計画]
○敷地：東京都武蔵野市吉祥寺。関東大震災（1923年）を契機に多くの人が住み着いた歴史のある住宅地。
○住戸数：10戸以上、家族構成を考えながら1戸当たりの面積が約40㎡、80㎡、100㎡、120㎡などの住戸タイプの組み合わせで計画する。
○階数：3階以下で計画する。
○駐車場：任意
○駐輪場、ごみ置場を設置すること。
○店舗、集会場、公共施設等と複合させること。
○構造：鉄筋コンクリート造等
○建ぺい率：50%
○容積率：100%

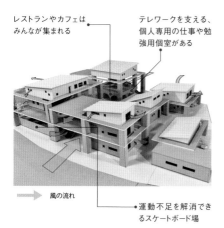

レストランやカフェは
みんなが集まれる

テレワークを支える、
個人専用の仕事や勉
強用個室がある

風の流れ

運動不足を解消でき
るスケートボード場

現在コロナ禍でたくさんの人々がテレワークをしていて、運動不足になったり人との交流ができなくなったりしている。この集合住宅には、みんなで集まる場所があり、若者たちの好きなスケートボード場も配置されている。会館の中には静かに本を読んだり、コーヒーを飲んだり、隣人と話し合える場所があり、人々の憩いの場となる

作品PR 自然に囲まれた井の頭公園の秋はとても魅力的で、満天に舞い散る落ち葉はこの場所の特徴である。しかし、時代の発展に従い、RC造の建物が多く現れて、自然物は次第に人工物に変わった。本作品は自然物と人工物が共存できることを強調するため、下層部はRC造、上層部は木造の混構造とした。屋根を斜めにすることにより、落ち葉が地面に落ちる設計にした。秋になるとこの住宅は自然の中に溶け込み、美しい景観の一部となるだろう。

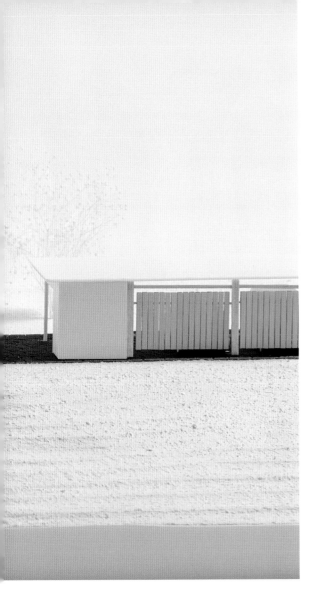

多摩美術大学
Tama Art University

美術学部 環境デザイン学科 建築デザインコース

1年／デザイン1・課題NO.4／2020年度課題

《風景の中の住空間》
〜くつろげる週末住宅〜

出題教員コメント 自然豊かな棚田の残る多摩丘陵に、各自約1,000㎡の敷地を選定し、若き建築家夫妻と友人のための週末住宅を設計する課題です。地域の自然と住環境の関わりを読み解き、インテリア・建築・ランドスケープ相互の関係性を見つけ、住まうことの基本を体得することを目的としています。さらに「場の設計・空間の設計」を通して、環境と共生する建築のあるべき姿や、空間が人に及ぼす大切さを学んでほしいと考えています。（田淵諭 教授）

伊藤 龍生
Ito Ryusei

2年（課題時は1年）

自然と繋がる家
〜風景の中の住空間〜

設計趣旨 東京で働く建築家夫妻のための週末住宅。庭からボーダーレスにつながる石床は室内と戸外を有機的に結びつけ、庭とリビングが一体となる。南東面の広い開口からは鑓水の自然を取り込み、気候に合わせて2層の建具で外部との環境や距離を調節することで、鑓水の自然とうまく付き合っていく。自然と共に暮らしたいという建築家夫妻の要望に応え、外部と内部がひと続きとなる住居を計画した。

指導教員コメント 自然豊かな環境の中から、作者は見晴らしの良い丘の上を敷地に選び、「リビングと寝室のある住戸棟」と離れの「半屋外の寛ぎオープンスペース」を「への字型」に配置しました。住宅外周に設けられた大きな格子戸と内側の建具とで二重に囲われ、建具開閉の調節で四季に対応した自然環境を確保しています。リビングの土間からシームレスにつながる離れの距離と角度や、大きな格子で「採光・通風・眺望・開放感」をONとOFFできる大胆なデザインと機能の融合を評価しました。（田淵諭 教授）

多摩美術大学 美術学部 環境デザイン学科 建築デザインコース｜伊藤龍生

ふたつの建具によって気候に順応することを示すダイアグラム

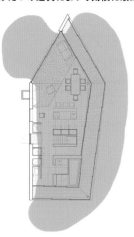

夏季など。自然の中で1日を過ごしたい時

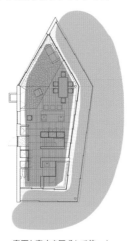

廊下と室内を区分して使いたい時

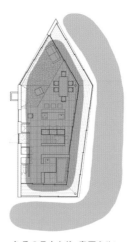

冬季の日中など。廊下をサンルームとして利用する

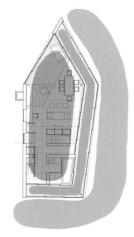

厳寒期。間の空間が冷気を遮る

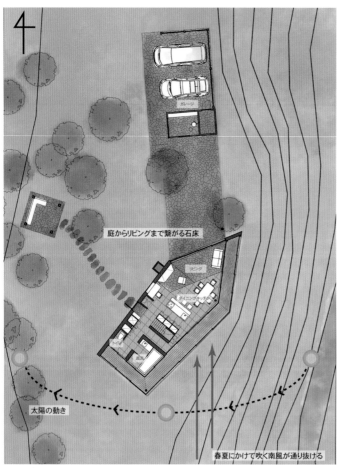

庭からリビングまで繋がる石床

太陽の動き

春夏にかけて吹く南風が通り抜ける

配置図兼平面図

建具を閉めた状態。中の様子が見えなくなりプライバシーが守られる

ガレージから家の方向を見る。家に入るまでは周りの景色が見えず、家に入った瞬間に景色が目に飛び込んでくる

リビングにつながる石床。開口部から鑓水を見渡すことのできる大パノラマが広がる

審査員コメント　作品タイトルに「自然と繋がる家」とあるように、広大な敷地に住宅とビルトインガレージ、東屋のような小屋があります。環境をよく読み解き、各々の建物は絶妙なバランスで配置されています。模型のテラス側は非常に丁寧につくられており、外廊下や建具格子によって繊細に光の入り方が操作されているのに対して、反対の東屋側はやや閉じています。テラス側とは違う魅力を持つ東屋側のファサードももう少し丁寧につくると、より完成度が上がったと思います。（駒田由香）

南面の外廊下は光や自然を内部とつなげる緩衝材となる。
格子から漏れる光は刻々と変化し、さまざまな表情を見せる

外廊下からリビング、ダイニングキッチンを見る。吹き抜けから
は光が入り込み明るい空間となる

2階平面図

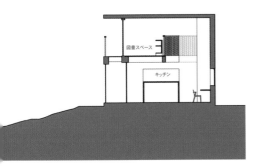

課題

多摩美術大学 美術学部 環境デザイン学科 建築デザインコース
1年／デザイン1・課題NO.4／2020年度課題

《風景の中の住空間》
〜くつろげる週末住宅〜

出題教員：田淵諭

指導教員：田淵諭、米谷ひろし、湯澤幸子、木田裕子

多摩美の先生が、週末過ごすための小さな家とその周辺環境をデザインする。
場所は八王子市鑓水「絹の道資料館」近くの山村。細長い地形の中に、かつて水田としてつくられた美しい棚田や小川、山が広がり奥にはニュータウンが望める。この環境を積極的に楽しめるようにデザインする。ランドスケープ、建築、インテリアまで、ひと続きの環境としての在り方を考える。若き建築家夫妻に仮想のクライアントになっていただき、出される条件や希望を考慮して、住空間をデザインする。建築の床面積は120㎡以下とする。
※各自、自敷地1,000㎡を決定のこと

作品PR この住宅はいつでも家族とつながっていたいという建築家夫妻の要望により、部屋と部屋を仕切るドアをできるだけ減らした。トイレや風呂も人の視線を遮りつつ、いつも家族の存在が感じ取れるように設計している。また、南風が気持ちよく通る鑓水の土地に合わせて大開口を南面に設け、太陽光と自然の栄養を豊富に含んだ新鮮な空気を室内に取り入れた。南面の廊下は自然と室内をつなぐ緩衝材となる。

千葉大学
Chiba University
工学部 総合工学科 都市環境システムコース

2年／都市環境基礎演習Ⅱ・課題2／2020年度課題

MAD City House

出題教員コメント 都市に家を建てて住むことは、都市の機能を利用することでもあり、同時に都市に対して何らかの影響を与えることでもあります。我々は都市を学究の対象としていることもあり、設計課題では都市と個人住宅の相互作用のようなものを想定することを要求しています。課題は松戸駅周辺を都市として読み込み、その中から自分で敷地を選定し、社会人となった自分の住宅を提案することです。場を生かし、場に貢献する住宅が求められています。
（大川信行 客員准教授）

山田 楓子
Yamada Fuko

3年（課題時は2年）

まちなかアクアリウム

設計趣旨 松戸市に流れる坂川沿いに、大きな水槽を持つ住宅を提案する。魚が好きだという個人的な趣味を街に開放することで、街とのつながりを持ちつつも、よい距離感を保つ。室内では各所から見られる水槽の断片によって、趣味を全身で楽しめる家となる。屋外からも見られる東面の大水槽は、外部からの目線を程よく遮りつつも、リビングを囲み、内外で異なった水槽体験が行われる。

指導教員コメント この作品は本学の学生にとって最初となる自由設計の課題でしたが、設計では「魚が好き」というシンプルな思い（嗜好性）を大胆に住空間に取り入れることで、これまでの住宅になかった気持ちのよい空間を形成しています。水槽が連続する空間は楽し気で美しく、かつ水槽のメンテナンスを通じて地域にもよいつながりを与える、課題のテーマであった「街に対してのよいアクション」に回答ができている点が評価されました。
（皆川拓 非常勤講師）

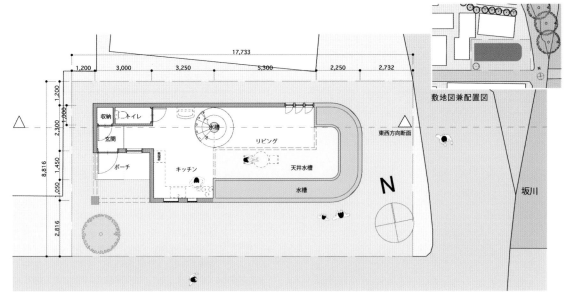

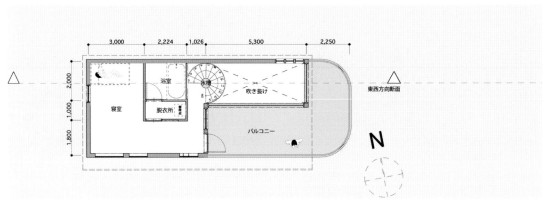

敷地図兼配置図

1階平面図兼配置図

2階平面図

背景

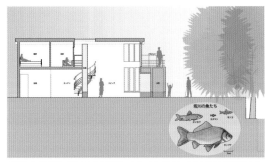

坂戸と水槽は断面図のような関係にあり、水に囲まれて住まうことを実現する。
人々は自然の川とつくられた水槽の両者を感じることになる

審査員コメント

松戸は街づくりに積極的で、興味深い取り組みが多くなされています。個人住宅を街に開く私設水族館にするという発想が斬新で、審査員の目を引きました。水槽でリビングをぐるりと取り囲みつつ天井にも水槽を設け、維持管理については街の人を巻き込んで行うというアイデアは実現したら面白いと思います。川のそばにある敷地なので、川を見るだけでなく、川の魚との関係や川とのつながりに関連するような提案があれば、より松戸の街とつながる提案になったと思います。（駒田由香）

道沿いの大きな水槽が地域住民や通行人に癒しを与え（Give）、地域住民には居住者が呼んだ清掃業者の手伝いやそのほかの維持管理をしてもらう（Take）という関係が生まれる。水槽の掃除というTake は、珍しい体験としてGive にもなる

街に開かれた大きな水槽と内部で体験できる水槽によって、段階的な水槽体験ができる。大水槽の外からは地域の人など誰でも水槽を見られ、リビングには親しい友人などがアクセスして大水槽を内部から見られる。寝室や浴槽は住民のみがアクセスでき、異なった視点から水槽を楽しめる

円柱水槽の下から見た内部空間

課題

千葉大学 工学部 総合工学科 都市環境システムコース
2年／都市環境基礎演習II・課題2／2020年度課題

MAD City House

出題教員：大川信行、皆川拓、丁志映
指導教員：大川信行、皆川拓、丁志映

もしも今、この街に自分自身が住むとしたら、どのような住まい方を思考するだろうか。

都市に家を建てて住むということは、都市の機能を利用することでもあり、同時に都市に対して何らかの影響力を持つことでもある。そして、それらの「Give & Take」は街区の雰囲気に色濃く現れてくる。

今回の課題で対象とするサイトは「MAD City」。

そこに、この地ならではの住まい方を実現する「社会人となった自分の住宅」を提案してほしい。

まずは、その場や状況のポテンシャルを生かし育てる家や、その場の抱える問題の解決に一石を投じるような家をイメージしてみよう。

そして、自分の住宅が都市空間や「MAD City」のヴィジョンとどのような"Give & Take"をするのか、それにはどのような空間が必要なのか、それは自分や他者にとってどのくらい魅力的なことなのか、……等々を自問自答しながら住宅の姿を追求してほしい。

住人や街のスケールに適し、MAD Cityの刺激となるような、魅力ある住空間を提案してほしい。

※サイト：MAD City（マッドシティー）
千葉県松戸駅西側にある「マッドシティーギャラリー」を中心とする半径500mのエリア。

★マッドシティーの定義とヴィジョン：https://madcity.jp/concept/ を各自参照のこと

1、設計条件

〇敷地：エリア内で自由。ただし100㎡以内とする。課題エリア内を散策し、居住の候補地を絞り込む。並行して、対象エリアに関するさまざまな情報を資料・書籍・ウェブで参照してエリアの成り立ちを探る。

〇住宅：新築一戸建て。建ぺい率、容積率、高さ制限、予算は問わない。
　　　　※敷地境界から500mmの範囲には建築物は計画しないこと（工作物はOK）。

〇住人：自分（想定年令自由、職業自由。ただし社会人であること）、または、自分を含む複数人居住。

〇提案にあたって考慮する事項
　・現地でのリアルな情報収集を心がけること（自らの身体感覚やヒアリングを重視すること）。
　・提案は目的を達するための必要最小限の規模であること。
　・サイトの個性が反映された提案であること（ソフト、ハードともに）。
　・計画への自分の想い「何をどうしたいのか」が、他者へ伝わる表現とすること。
　・都市環境を構成する大小のモノの寸法・スケールに留意すること。

作品PR 私には熱帯魚をたくさん飼うという夢がある。社会人となった自分の家を設計するこの課題では、その夢を思い切り叶えられる家を提案した。大水槽に囲まれたリビングルームは海中のようになり、大水槽の上面はバルコニーで海上のようになる。階段の支柱の水槽にはクラゲが漂っている。浴室からも水槽が見られ、一日中さまざまな視点から水槽を眺めて楽しめる。道路に面する南の壁は水の泡をイメージした丸い窓にした。

千葉工業大学
Chiba Institute of Technology

創造工学部 建築学科

2年／建築設計2・第2課題／2020年度課題

集合住宅
多様な住戸の集合による居住環境の設計

出題教員コメント 標準家族のための画一的住戸が反復する集合住宅(マンション)とは違い、多様な家族それぞれに相応しい住戸が用意され、豊かな共有空間とともに「集まって住む楽しさ」のある集合住宅の設計案を求めています。視覚的な魅力（美しさ）も重要ですが、光環境・温熱環境・音環境や触覚的な配慮など、五感に働きかける快適な居住環境の提案が含まれていることも評価軸にしています。（石原健也 教授）

皆川 莉久
Minakawa Riku

3年（課題時は2年）

みちを縫う
「間」を介して「繋がる」奏の杜の集合住宅

設計趣旨 「集まること」のベクトルを敷地内だけでなく街にも向けることで街の中の集合住宅、集合住宅の中の街といったように曖昧になりながらも両者をつなぐ役割を持つ「道」的なたまり場が生まれ、視線の抜けや交差による出会いで人と人との間を豊かにする。世代を問わず誰ものよりどころになるような街のリビング的要素を兼ね合わせた集合住宅。

指導教員コメント オーナー夫妻を含む7戸の小規模集合住宅の課題です。多様な家族それぞれに相応しい住戸を豊かな共有空間とともに「集まって住む楽しさ」を求めました。そこには視覚的な魅力（美しさ）だけでなく、五感に働きかける居住環境の提案を期待しています。その中でこの作品は敷地をデザインしていました。開放された「道」が起点となって、快適な光環境・温熱環境・音環境や触覚的な配慮も含んだ新しい広がりを街につくっています。（遠藤政樹 教授）

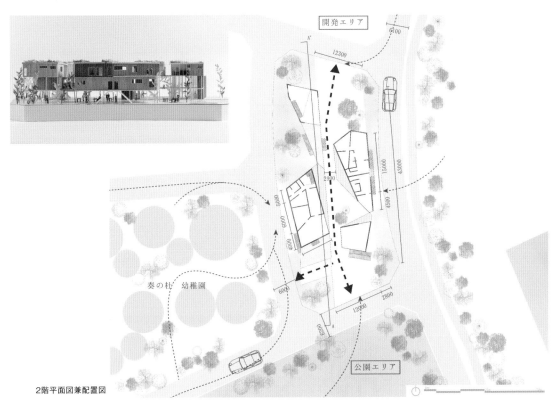

2階平面図兼配置図

住戸ダイアグラム

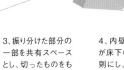

1、四方からの動線を十分に確保すると同時に敷地を分割する

2、さらに分割し、敷地を各住戸に振り分ける

3、振り分けた部分の一部を共有スペースとし、切ったものをもとの形に付ける

4、内壁の不規則な構成が床下の外部空間を不規則にし、落とした柱によって豊かな空間に仕上がる

柱ダイアグラム

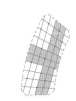

1、確保された動線の道に沿ってグリッド的に考える

2、内壁空間と照らし合わせて床下の外部の柱を落とす。開けた道に不規則に柱が落ちてくることで豊かな空間ができあがる

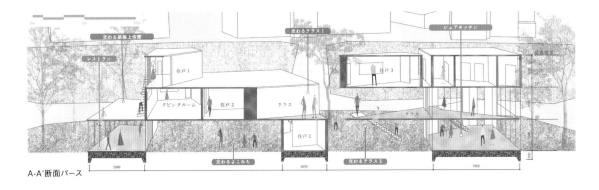

A-A'断面パース

| 審査員コメント | 「みちを縫う」という作品タイトル通り、道と住戸、その間のスペースが敷地全体でデザインされていることが、審査員の高い評価を得ました。中央にある道は平面的にも断面的にも身体スケールに沿って設計されており、短手から目 | 線で模型を覗き込むと、それがよくわかります。自然な集まりを誘発する屋外のたまり場と道との関係もよかったと思います。（駒田由香） |

道に面した場を設けることで、道は人が通るだけの場所ではなくたまり場となる。興味が湧き引きつけられることで、人の流れを不規則にする効果が生まれる。道を含めて建築となる

開けたみち＋多くの柱によって動線操作が行われることで、街に対する動線確保により人を引き込み、柱によって人の流れをとどめることで座って話す、などといったアクティビティが生まれる

課題

千葉工業大学 創造工学部 建築学科
2年／建築設計2・第2課題／ 2020年度課題

集合住宅 多様な住戸の集合による居住環境の設計

出題教員：石原健也

指導教員：遠藤政樹、田島則行、多田脩二、石原健也、伊藤孝仁、
　　　　　佐々木珠穂、武田清明、村田龍馬

標準家族のために画一的住戸が反復された集合住宅（マンション）ではなく、多様な家族それぞれに相応しい住戸が用意され豊かな共有空間とともに「集まって住む楽しさ」のある集合住宅を設計してください。第1課題同様に、視覚的な魅力（美しさ）だけでなく、快適な光環境・温熱環境・音環境や視覚的な配慮も含んだ、五感に働きかける居住環境の提案を期待します。

1、計画概要
○居住家族の想定：オーナー夫妻の住戸を含む7戸による小規模集合住宅である。それぞれの生活像を想像して、相応しい住戸プランを計画・設計する。
○延床面積：700㎡以内で設計。
○オーナーが運営する共用室を設ける。居住者だけでなく街に開かれた機能を設定する。
○構造・階：2～4階建てとする。RC造を基本とし、部分的に鉄骨造または木造は可（担当教員の指導による）。
○計画地：千葉県習志野市津田沼 奏の杜 開発地内街区とする。

作品PR　「集まること」、それは人間の本能に近いかもしれない。どこかで人の温かさを求めている。一方で、ひとりでいたいと思うこともある。そのように相反するものを持つ人間だからこそむらができて面白い。それらをつなぐ道には不規則な出会いがあり、出会いを生み出す道で街の子どもや大人、もちろんここに住む人が自然も巻き込み出会い交わる。「『道』で出会い集まる」をテーマに設計した。

筑波大学
University of Tsukuba
芸術専門学群 デザイン専攻 建築デザイン領域

3年／建築デザイン演習1／2021年度課題

都心の住宅地に建つ
50年後のヴィンテージマンション

出題教員コメント 都心に建つコンドミニアムの設計課題。数年前から繰り返し課題としている場所です。一戸建てには広過ぎ、分譲マンションにするにも高価格になり過ぎるメガシティ東京の問題点が経済問題として噴き出している土地です。少なくとも純粋な居住用途には向かない土地とも言えます。何を課題として捉えるかは自由。長井さんはこの都心の敷地をアーティストインレジデンスに変えましたが、住居を超えた＋αの提案が鍵となります。（花里俊廣 教授）

長井 春雅 くらら
Nagai Haruka Kurara

3年（当年度課題）

HAUS-E
アーティストのための空間を楽しむレジデンス型集合住宅

設計趣旨 この作品は、建築の性質を決定づける空間と空間のつながりに着目した集合住宅のデザインである。従来の単一グリッド構造に対し、住居や共用部は上下左右に自在に広がり、空間同士の新たな関係性を構築する。建物を貫く赤いパイプシャフトを基軸として、目標空間に至る経路は何通りもある。この回遊性のある移動経路は、住人の探索心を満たし、空間のつながり方を楽しむ暮らしを可能にする。

指導教員コメント 長井さんは、この作品はデ・スティルを意識して設計したといいます。初期のデ・スティルの活動領域は、平面のコンポジションなどに限られていました。当時のオランダの建築家が手掛けてみるものの、それを解き3次元の形にするのは設計の実力が相当でなくてはならなかったのです。現代でも同様です。建築要素と視認性に関するスタディに基づき、人々の間に適度な距離間を保つなど、赤い柱、青い柱を中心に7つのアトリエと住戸を流れるような形にまとめています。（花里俊廣 教授）

筑波大学 芸術専門学群 デザイン専攻 建築デザイン領域 ― 長井 春雅くらら

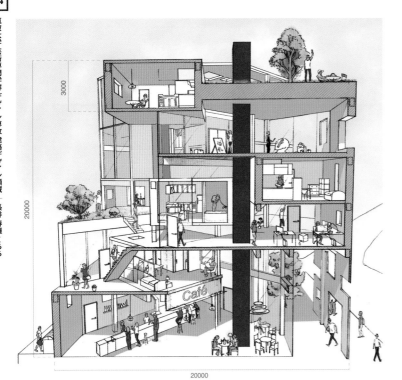

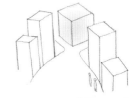

西麻布2丁目の入り口に位置するこの集合住宅は、表参道から下る坂のゴールとなる位置に設計される。ランドマークとしての存在感を意識し、印象的なデザインを目指した

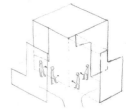

北西の空間を大きく開放して建物内の閉塞感をなくし、南の壁にも開口部を設け、2方向からの採光と風の通り道を確保した。北西部の開放で地域へと外に開いていく形状を目指した

アーティストインレジデンスにより、集合住宅の住人が常に入れ替わることで、地域に流動性をもたらし、一部固定化した地域コミュニティーに刺激を与える存在となる

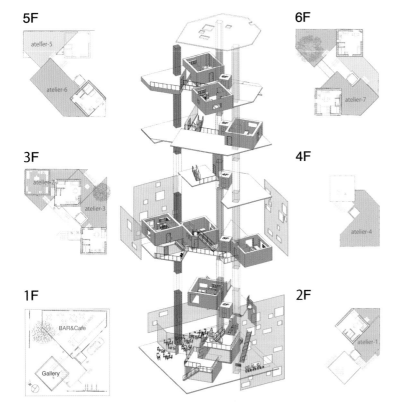

5F
atelier-5
atelier-6

6F
atelier-7

3F
atelier-2
atelier-3

4F
atelier-4

1F
BAR&Cafe
Gallery

2F
atelier-1

住居／7戸のキューブ状の住居（各戸36㎡）は、6階の各階層にランダムに配置されており、建物の正面に向かう角度は1戸ずつずらされている。住居1戸1戸が、重なる、ずれる、離れることで、住居相互間が適切な距離感を保ち、活気ある空間デザインを目指した。

アトリエ／全住居にそれぞれ1つのアトリエが併設されている。各アトリエは、住居のベランダにつながっていたり、階段の下にあったり、斜めに上がったところにあったり、どれも同じ配置にはない。また、キューブ形の住居に対し、不定形のアトリエはコントラストのある関係を表現し、両者をつなぐ、いくつもの階段は空間を豊かにする。

審査員コメント　「空間同士のつながりは建築の性質を決定づける」というコメントにあるように、カフェや住居、アトリエなどが、平面上も断面上もずれながら重なり合う、その関係を設計した作品です。キューブ状の住戸と不定形のアトリエをつなぐ共用廊下はかなり幅広くゆったりとしている。要綱にある効率的な設計にはなっていませんが、魅力的な居場所になりそうで、この場所の使い方をイメージさせるパースがあるとより説得力があったと思います。（駒田由香）

回り道や寄り道ができるアトリエや自室への道のりは、発見と出逢いの空間となる。レジデンス内のアーティストだからこそ、非日常のゆとり時間を楽しんでもらいたい

隠すことが多いパイプシャフトをデザインに取り入れた。建築を貫く鮮やかな2色（マゼンタ・シアン）のパイプシャフトは、移動経路のオリエンテーションにとって大切なメルクマールとなる

建物のデザインは、S造で軽やかに設計され、開放感を重視している。パンチングメタルやガラスを多用することで、建築内に透過感を得られるよう工夫した。各階層から上を見上げると空が抜けて見える

2階建てのGalleryが附設されている。滞在したアーティストの作品が展示され、ワークショップも実施できるスペースとなる

Cafe-Barを併設し、アーティストインレジデンスの参加者の憩いの場、地域の人々との交流や滞在アーティストの食事と歓談の場となる

課題

筑波大学 芸術専門学群 デザイン専攻 建築デザイン領域
3年／建築デザイン演習1／2021年度課題

都心の住宅地に建つ
50年後のヴィンテージマンション

出題教員：花里俊廣

指導教員：花里俊廣

与えられた敷地に50年後にヴィンテージマンションとなるような集合住宅を設計しなさい。

1、条件

1）敷地は東京都港区西麻布である。一辺が約25mのほぼ正方形の平面をしており、東・南・北の3方向が接道している。現状、駐車場となっている部分と家が建っている部分よりなる仮想の敷地である。

2）このあたりの新築マンションの相場は500万円／坪くらいであり、70平米22坪のマンション住戸でも1億円を下らないので、利用のされ方を想像することは普通の感覚では難しいかもしれない。ただ、空間に関しては、無駄使いが許されないので、効率的な設計とすることが要求される。

3）現行法規の遵守を前提とする。この場所の建ぺい率は60%、容積率は160%である（実際には、これよりも積み増しできる）。敷地面積を625平米とすると1,000平米分が専有面積として建築可能であり、100平米ならば10戸計画でき、70平米ならば14戸程度計画できるということになる。

4）共用のサービスや施設を設けてもよいが、現実的なものとすること。

作品PR 私は「空間同士のつながりは建築の性質を決定づける」という考察を重視し、集合住宅を提案した。従来の集合住宅は、空間配置の合理性が優先された結果、階段や廊下などの共用部は魅力を失った。本案では、住人が移動する経路上にある全ての空間に、意味と可能性が生まれ得るように設計した。この空間同士の多様なつながりは、人と空間に新たな関係を築き、豊かな暮らしを形づくる魅力的な建築となる。50年後もその価値は変わらない。

東海大学
Tokai University
工学部 建築学科

3年／デザイン4・同演習・第3課題／ 2021年度課題

自然と建築
自然公園のとなりに建つ住宅

出題教員コメント 災害を経験するたび、自然と空間の境界、人間と他生物の居場所の分断はますます強くなっています。我々は自然がつくり出す環境が豊かで美しいということはよくわかっているからこそ、庭に植栽をしたり、屋上や壁面に緑化を施したりします。しかし、建築や人の居場所の賑やかしとしての植物は、人間側からの一方的な視点で計画されたものです。人と他生物のくらしの間に、互いが無くてはならない存在として、需要と供給を相互補完し合える新しい合理性で成り立つ建築はないだろうか。
（武田清明 非常勤講師）

木村 友香
Kimura Yuka

3年（当年度課題）

充実した余白

設計趣旨 人の場所を囲うのではなく、自然を囲み、囲むことによって生まれた余白に人が住み込むように考えた。自然は木を用いることで屋根となり、常緑樹と落葉樹の違いから、季節によって居場所などが移り変わっていく。自然（木）があるから、人が住める空間になり、居場所も生まれる。

指導教員コメント 木村案は、人だけでなく、植物という他生物も受け入れようと試みた家。植物を、単なる添景・賑やかしとしてではなく、人の住空間を構成するための"生きたエレメント"としてとらえ、自然がつくり出す豊かさ、恵みを日々実感できる暮らしを生み出そうとした、これからの建築提案だと感じました。（武田清明 非常勤講師）

東海大学 工学部 建築学科 ─ 木村友香

ヒト ＞ シゼン。
「ヒト」の場所を囲み、「シゼン」を後付け

ヒト ＜ シゼン。
「シゼン」を配置し、余白に「ヒト」が住み込む。自然により、居場所が生まれる。自然だから、空間の個性が移り変わる

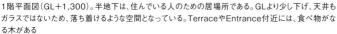

1階平面図（GL＋1,300）。半地下は、住んでいる人のための居場所である。GLより少し下げ、天井もガラスではないため、落ち着けるような空間となっている。TerraceやEntrance付近には、食べ物がなる木がある

ベッドルームから

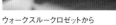

ウォークスルークロゼットから

リビング・ダイニングから

キッチンから

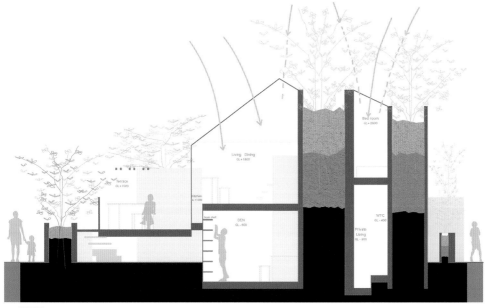

A-A'断面図

審査員コメント

自然と共生をテーマとした面白い提案。木の下で暮らす様子もよく表れています。ただ、おそらく木の根は垂直方向だけでなく徐々に斜め下に広がるので、土地につながっていくような断面にしたほうがよかったと思います。そうすると、もっと有機的な形になって木とスペースが一体となり、直交方向ではなく斜めが生まれて、寄りかかる場所なども展開できたと思います。バランスとしてスペースと木の容積が同じなのは説得力があり、住んでみたいと思いました。（妹島和世）

「シゼン」の配置。
木陰、動物の住処が生まれる

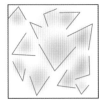

「ヒト」の空間。
曲がった壁をまばらに配置。多様な空間が生まれる

今までの建築を反転。
「ヒト」の場所を囲うのではなく、「シゼン」を囲う

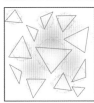

「シゼン」の余白に、
「ヒト」の住処を提案する

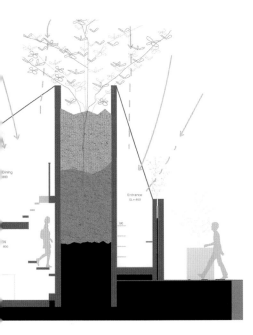

東海大学 工学部 建築学科
3年／デザイン4・同演習・第3課題／2021年度課題

自然と建築 自然公園のとなりに建つ住宅

出題教員：武田清明

指導教員：武田清明

あなたの周囲をとりまく環境の中で、もっとも興味のある「自然（注1）」一つに着目してみよう。それをよく観察・分析し、建築や空間に生かせそうな「機能（注2）」を見つけてみてください。

その機能が、建築のエレメントの一部を補完することができれば、これまでにない新しい合理性をもった空間構成が生まれるかもしれません。

ここで求められる自然を受け入れる建築とは、単に大きな開口で自然の風景を取り込む建築のことではありません。自然から空間的、環境的、構造的な機能を抽出し、自然と新しい接続性を発見した建築のことです。

周囲をとりまく自然も含めて建築計画し、自然と建築が融和した家の中で、どのような快適性、空間の質、新しい生活が生まれるのかを創造してみる課題です。

＜注1の例＞
植物、樹木、葉、枯葉、幹、枝、蔦、花、果実、種、根、土、砂、石、岩、丘、谷、山、川、池、湖、水たまり、結露、地下水、雨、雪、氷柱、霜、霧、雲、光、朝日、夕日、月光、虹、風、昆虫、鳥など。

＜注2の例＞
あたたかさ、冷たさ、静けさ、賑わい、響き、明るさ、暗さ、影、反射、色彩、風通、素材感、手触り、高さ、広さ、狭さ、奥行き、柔らかさ、硬さ、強さ、弱さ、移ろい、可変性、柔軟性、透過性、蓄熱性など。

1、条件
○敷地条件：東京都の住宅地内の自然公園に面した敷地。敷地面積140㎡。
○延床面積は室内で100㎡（100㎡以下不可）。
○住宅地域、建ぺい率60％、容積率150％。
○階数：自由（地下も可能とするが、地上階にも立面が存在すること）
○最高高さ：10m
○構造：自由
○住人は2人以上（各自設定のこと）。
○庭、駐車場1台を含む敷地内のすべての外部を設計すること。

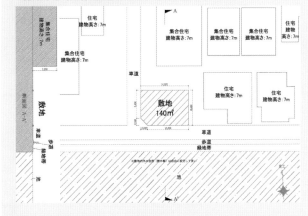

※東海大学の課題出題教員インタビューは本書バックナンバー「JUTAKUKADAI09」P.138を参照（河内一泰「『動物とくらす家』ウチの生活とソトの生活が重なる家」）

作品PR 住戸内はスキップフロアによって居場所が緩やかに分けられ、奥に、上に、下にいくほど、プライベートな空間へと移り変わる。屋根を低い壁へ斜めに架けることで、土に雨が染み込み水をあげなくても育つうえ、屋根に汚れがたまりづらい。また、常緑樹と落葉樹がそれぞれ、屋根や居場所となり、四季によって屋根や居場所も移り変わっていく。住戸周りの土は、暑い時は熱を吸収し、寒い時は蓄熱したものを放出するうえ、振動が伝わりづらく遮音性も高い。

東京大学
The University of Tokyo
工学部 建築学科

多摩NT
豊ヶ丘・貝取団地一部再生計画

出題教員コメント ここ数年、東大建築学科の3年前期の2番目の課題として、UR都市機構の協力を得て実施している課題です。多摩ニュータウンの中でも大量供給の時代的特色を有している豊ヶ丘・貝取地区の中で、本人が選ぶ2棟とその間の外部空間のリノベを通して、地域の社会課題解決につなぐ提案をせよという、少し難易度の高い課題ですが、住棟形式そのものの持つ可能性に真正面から取り組んだ密度の濃い、現実味のある本提案が高評価を得ました。（大月敏雄 教授）

上條 陽斗
Kamijo Haruto
3年(当年度課題)

玄関先であの子と出会い、
廊下を曲がるとあのじいさんに出くわした。

設計趣旨 住まい手の多様化する団地において、壁式構造の改築により玄関先や街角で立ち話をするようなコミュニティの在り方を目指した。自在に曲がりつつ住棟を進む廊下は広くなった部分や袋小路、分岐などを持ち、住人の出会う場となる。蛇行した廊下は離れと建具の操作によって生活の場へと組み込まれる。住戸と廊下、私と公の関わり方を設計することで画一性を脱し奥行きのある団地が生まれた。

指導教員コメント 集合住宅団地リノベは、2000年ころの前夜祭の時代から、2010年ころの実験の段階を経て、現在さまざまな実践例が出てきており、百花繚乱の様相を見せています。ただ、公共団地で大量に供給された壁式構造5階建て板状階段室型のタイプのリノベーションについてはまだ突破口が見えない状況です。ここで本提案は、この住棟タイプを、いわば立体路地的廊下型住宅につくりかえる可能性を、緻密な検討を経て示し得たことが大きく評価されました。（大月敏雄 教授）

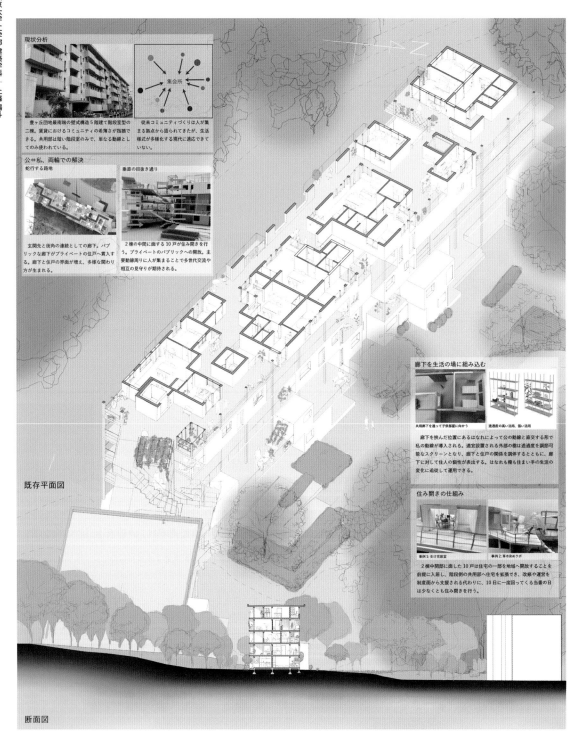

現状分析

豊ヶ丘団地最南端の壁式構造5階建て階段室型の二棟。賃貸におけるコミュニティの希薄さが指摘できる。共用部は暗い階段室のみで、単なる動線としてのみ使われている。

従来コミュニティづくりは人が集まる拠点から語られてきたが、生活様式が多様化する現代に適応できていない。

公⇔私、両輪での解決

蛇行する路地

玄関先と街角の連続としての廊下。パブリックな廊下がプライベートな住戸へ貫入する。廊下と住戸の界面が増え、多様な関わり方が生まれる。

垂直の目抜き通り

2棟の中間に面する10戸が住み開きを行う。プライベートのパブリックへの開放。主要動線周りに人が集まることで多世代交流や相互の見守りが期待される。

廊下を生活の場に組み込む

共用廊下を通って子供部屋に向かう／透過度の調光、強い活用

廊下を挟んだ位置にあるはなれによって公の動線と直交する形で私の動線が導入される。適宜設置される外部の棚は透過度を調節可能なスクリーンとなり、廊下と住戸の関係を分節するとともに、廊下に対して住人の個性が表出する。はなれも棚も住まい手の生活の変化に追従して運用できる。

住み開きの仕組み

事例1: 生け花教室／事例2: 草木染めラボ

2棟中間部に面した10戸は住宅の一部を地域へ開放することを前提に入居し、階段側の共用部へ住宅を拡張でき、改修や運営を制度面から支援される代わりに、10日に一度回ってくる当番の日は少なくとも住み開きを行う。

既存平面図

断面図

審査員コメント

非常によい計画で、図面やスケッチから、住んだら楽しそうだと思えました。少し残念に思ったのは、新しく空間を足しているけれど、廊下もまっすぐに足しています。スラブは意外と強く出るので、まっすぐに足すことで、もとの四角い外観の印象が出てきたのがもったいない。また、階段を外して吹き抜けにしていますが、階段は少し残して混じり合わせたほうが違う関係が生まれたような気がします。（妹島和世）

改修後西側棟5階部分平面図

凡例:
- 既存RC構造壁
- 新造部

課題

東京大学 工学部 建築学科
3年／建築設計製図第四・集合住宅課題／2021年度課題

多摩NT 豊ヶ丘・貝取団地一部再生計画

出題教員：大月敏雄

指導教員：大月敏雄、松田雄二、佐藤淳、李ヨングン、川嶋貫介、
　　　　　千葉元生、原田麻魚、松島潤平

1955年に出発した日本住宅公団は、日本の大都市圏の中堅所得層に、団地タイプの分譲・賃貸の集合住宅を供給し続け、現在も、UR都市機構としてその役割を果たしつつある。最初期の公団住宅は、都市の近郊外に4階までの中層集合住宅3タイプ（テラスハウス、階段室型中層、スターハウスなどのポイント住宅）を混ぜて、敷地にレイアウトすることが主流であったが、1960年より、強まる住宅需要を背景に、次第に高層高密度の住宅供給を強いられ、5階建ての階段室型集合住宅が定番となっていった。一方で、1966年から多摩ニュータウンの開発事業が始まり、こうした遠郊外部でも高層集合住宅を中心とした集合住宅団地が建設されるようになった。

1970年代後半に供給された豊ヶ丘団地(1976-80年)及び貝取団地(1976-78年)の両団地は、板状中層棟と高層のポイント棟をミックスさせながら、開発された丘陵地帯上部のスカイラインを新たに創造しようとした、多摩ニュータウンにおける典型的な大団地で、その中に現在もURが賃貸住宅として管理する住宅を、豊ヶ丘団地では5階建4棟、8階建6棟、11階建8棟の合計897戸、貝取団地では5階建15棟、合計434戸となっている。両団地は南北に走る幹線道路の東西に配置され、それぞれ賃貸住宅用地、分譲住宅用地と、商業業務施設がミックスした配置計画となっている。

しかし、当団地は既に建設から半世紀が経過しようとし、建物と居住者の二重の高齢化が課題となっている。少子高齢者への対応、地域包括ケアシステムの構築が求められる中、UR都市機構では2014年から「多摩NT・諏訪・永山・貝取・豊ヶ丘」を含む23団地にて「地域医療福祉拠点化」の取り組みをはじめた。

一方で、多摩市は、2016年から健幸都市宣言の制定に向け動き出し、2017年に「健幸都市（スマートウェルネスシティ）」を目指すことを宣言。そこで、多摩市とUR都市機構で多摩市版地域包括ケアのまちづくりの実現に向けて「健幸つながるひろば（愛称：とよん）」を誘致し、社会福祉法人楽友会の施設・管理のもと、居宅介護支援事務所に併設したコミュニティスペースを設置した。そのコミュニティ拠点の活用支援としてネイバーフッドデザインで著名なHITOTOWAの協力のもとコミュニティ拠点の創出を図っている。

そこで本課題では、豊ヶ丘団地と貝取団地の中から、隣接する2住棟を選定し、それらの住棟を建替えたりリノベーションしたり、さらに住棟間の外部環境を改善するとともに、「とよん」と連携的・創発的に、豊ヶ丘・貝取両団地の社会課題の解決に資する拠点空間を創出し、団地少子高齢化に伴って進行しつつある当該団地内外の再生に寄与するモデル的な団地再生計画を提案してほしい。

協力：UR都市機構・HITOTOWA・仲俊治

※東京大学の課題出題教員インタビューは本書バックナンバー「JUTAKUKADAI07」P.272を参照（大月敏雄「百草団地職員住宅改築計画」）

作品PR 多摩NTの賃貸団地に公→私、私→公の両輪で共用部の賑わいを創出している。既存RC壁式構造へのS造による増改築で、RCと鉄骨による開口部の違い、既存の内壁が外部に露われた部分など、壁面の構成・来歴の多様さが共用部の魅力へとつながる。離れと棚の活用の仕方に住まい手の望む共用部との距離感が反映される。2棟の中間部ではズレながら回る階段の幾何学による縦のつながりが垂直の目抜き通りを生み出している。

東京藝術大学
Tokyo University of the Arts
美術学部 建築科

2年／集合住宅課題／2020年度課題

西葛西アパートメント3

出題教員コメント この課題の敷地には、集合住宅が建っています。隣接する敷地にも、それに呼応するように建てられた集合住宅があります。1階のベーカリーや、2階のコワーキングスペースが周辺を巻き込んで本当にいきいきと使われていること、その様子を感じ取ると同時に、それが、建築家によってどのように設計され得たのかに思いを巡らせながら、自分だったらどうするかを問い、新しい線を引いて欲しいと思っています。（樫村芙実 准教授）

長谷 果奈
Nagatani Kana

3年（課題時は2年）

along the walls
斜辺の壁をとりまく集住

設計趣旨 私たちは無意識のうちに壁を頼りにモノの居場所を決めている。西葛西の街にも自転車が壁に沿って止められた、ごく普通の風景がある。この集合住宅では、すべてのフロアを貫く斜めの「壁」とさまざまなモノとの関係が現れる。1階は自転車屋の店舗、2～4階は各住戸であり、斜めの「壁」は入り組んだ空間を緩やかにつなぐ。賑わいとそれぞれの日常の重奏空間を提案する。

指導教員コメント 学部2年生で集合住宅の設計課題に取り組むのは容易ではありません。しかも4週間という短期間で。彼女は、最初に提示した「斜めの壁」というアイデアを終始ぶれることなく丁寧に育て、そこに寄り添うように成り立つ5組の生活空間を上手に描き出しました。評価されたのは上手であることだけではなく、彼女にしかつくれないものがそこに立ち上がっていたことでした。（樫村芙実 准教授）

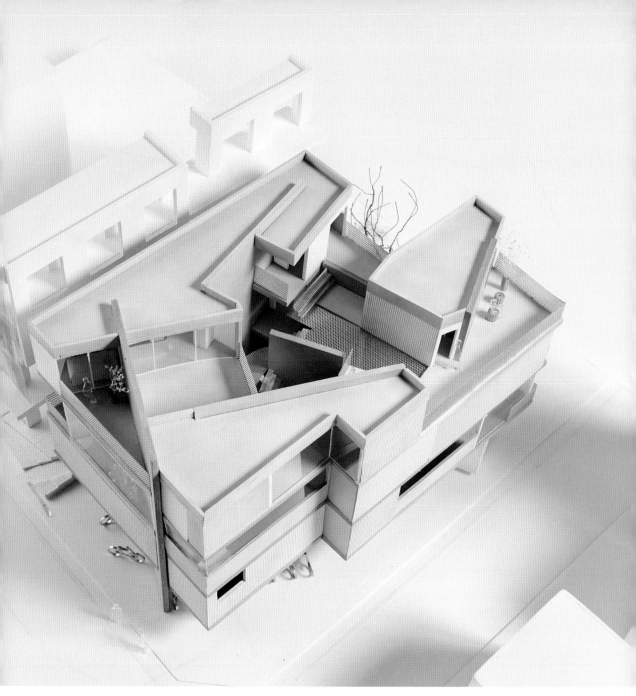

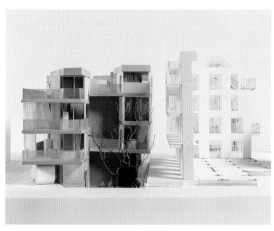
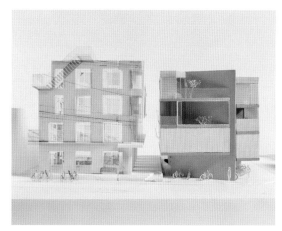

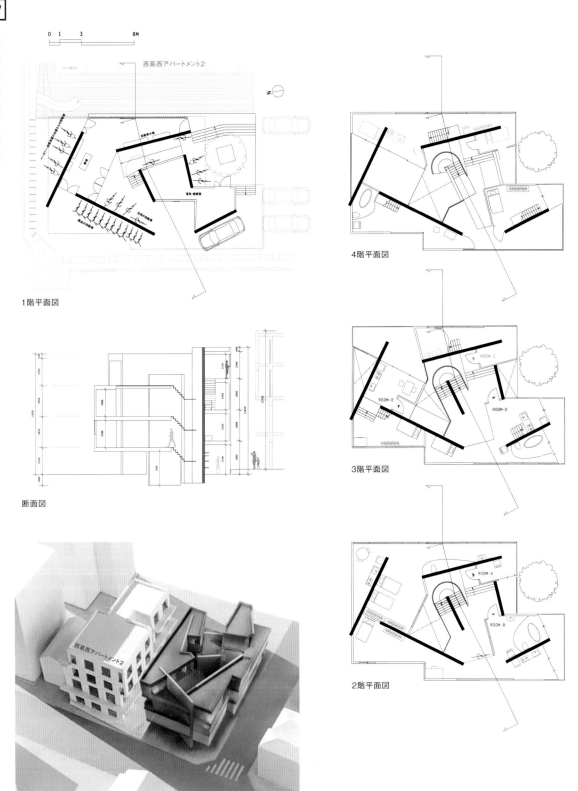

0 1   3   8M

西葛西アパートメント2

N

1階平面図

断面図

4階平面図

3階平面図

ROOM-C

ROOM-E

ROOM-D

2階平面図

ROOM-A

ROOM-B

審査員
コメント

敷地のような雑多な環境で、周りとどのような関係を持つかは難しいと思いますが、角地に斜めの壁で展開する建て方は魅力的です。三角だから（内部が）少し見えたりスペースがなくなったりするのは面白いですが、壁が構造にもなるはずなので、これほど斜めにする必要はあるだろうか。少し減らして透明感を出すと、全体の構成がわかりやすくなると思います。また、平面で設計してそのまま組み上げているので、もう少し立体的に広がりを生むといいかもしれません。**（妹島和世）**

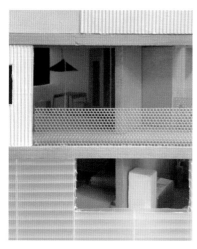

東京藝術大学 美術学部 建築科
2年／集合住宅課題／2020年度課題

西葛西アパートメント3

出題教員：駒田由香、樫村芙実

指導教員：駒田由香、樫村芙実

東京の東部、平らな敷地の広がる住宅地の一角に、ツインのアパートメントが建っています。どちらも4階建てで、RCでつくられており、外観は四角く……しかし、その性格は全く異なっています。ひとつは「今までの考え方での集合住宅のつくり」で、ひとつは「積極的に外部の人を呼び込むつくり」になっています。

今までのつくりのアパートメントⅠは、2000年に竣工しました。日本の住宅業界では、'デザイナーズマンション'という言葉が認知され始めてきた時期で、一般誌でも集合住宅特集が組まれていました。ワンルーム、メゾネット、トリプレットがパズルのように組み上がった、一見集合住宅らしくない（全室南採光のような見た目ではない）外観のアパートメントです。最初の入居者は、夫婦1組、単身女性が1人、単身男性が7名でした。

一方、外部を呼び込むアパートメントⅡは、2018年に竣工しました。1階にはベーカリー、2階にはシェアオフィス、3/4階にはワンルームとメゾネットの賃貸が6戸入り、4階の一室にはパン屋さん家族が住んでいます。毎日の賑わい、特に休日の来訪者のくつろいだ姿から、このアパートメントが周囲を惹きつける力を持っていることがうかがえます。

さて、オーナーは、約20年前に建ったアパートメントⅠを建て直すことを考え始めました。その条件はアパートメントⅡに呼応するような設計であること。コミュニティスペースや店舗は、小さくてもよいので必ず設定し、地域に開いた集合住宅を設計してください。

作品PR 人とモノの関わりによって生まれる「何気なさ」を、この集合住宅では、すべてのフロアを貫く斜めの「壁」が受け止める。1階は自転車屋の店舗であり、2～4階はプランの異なる5戸となる。斜めの「壁」は内部の入り組んだ空間を緩やかにつなぐ。

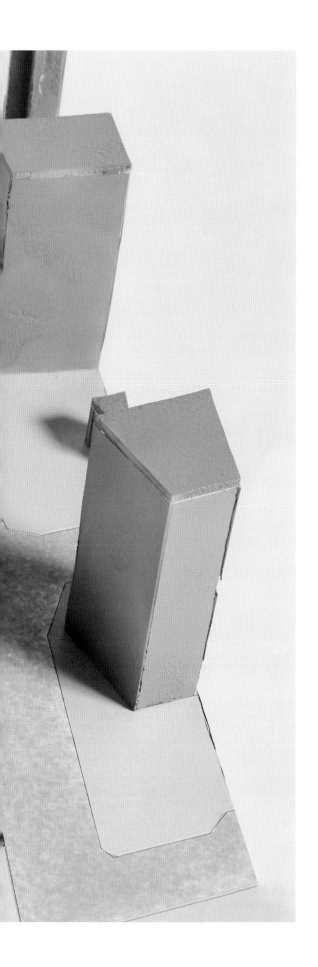

東京電機大学
Tokyo Denki University

未来科学部 建築学科

2年／建築設計製図IV・第1課題／ 2020年度課題

集合住宅の設計

出題教員コメント 6,000㎡超の敷地に3人の設計者が共同で3つの分割敷地とコモンスペースを配置計画し、各敷地に各々が30戸程度の集合住宅を設計する課題です。概ね3〜5階のボリュームとなり、周辺環境との関わり、住棟間の関係、コモンスペース、敷地の外構、住棟、住戸の計画と大小のスケールを縦断してトータルにデザインすることが求められます。住生活とそれを支える環境の重層性と、そのなかでの生活の豊かさをじっくりと考えてもらいたいと期待しています。（山田あすか 教授）

吉川 武仁
Yoshikawa Taketo

4年（課題時は2年）

意図された回遊

設計趣旨 新型コロナウイルスのため、同じ場所での長居が制限され、街から滞在できる空間が消えた。計画地の港区北青山の建物群は、右回りに低、中、高層であり、この渦を建物ボリューム、回遊動線において取り込むことを考えた。この建築では強制的に長居を禁止するのではなく、滞在したくなる居心地の良い場所を多数用意し動線で結び、視線や光、影、風により回遊と滞在を誘発する空間を提案する。

指導教員コメント 計画地周辺の建物ボリュームの読み取りや、まとまった高木の緑地を設けるという都市的な視座を高く評価しました。計画案は5×5×3mのユニットをずらし重ねることで、光・風が通る隙間をつくると共に、人が滞在したくなる空間を視覚的につながる範囲に点在させつないでいます。コロナ禍でも健やかな気持ちで暮らせる都市集合住宅を、本人の企図通り提案できていることを評価しました。（井上康 非常勤講師）

東京電機大学 未来科学部 建築学科 ― 吉川 武仁

1階平面図。1LDKで50㎡の住戸(図中の青・赤)のみとなっている。高齢夫婦や子どもを持たない夫妻などが暮らすことを想定。建築のボリュームとしては、内法5,000mm角で高さ3,000mmのユニットをずらし、重ねながら、滞在場所を増やすように計画されている

2階平面図。3LDKで80㎡の住戸(図中の黄)が登場する。いずれもメゾネットタイプの1階部分がこのフロアに位置し、子持ちの家族などの暮らしを想定

3階平面図。2階同様にメゾネットタイプの3LDKで80㎡。家族が暮らすことを想定した住戸(図中の黄・緑)が中心となっている

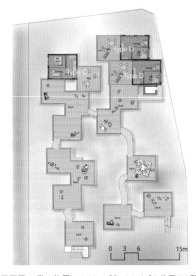

4階平面図。3階に位置していたメゾネットタイプの住戸の2階部分(図中の黄・緑)のみが存在する。その他はコモンスペースであるデッキとなっている

A-A'断面図

B-B'断面図。雁行によりできたヴォイド空間は低層階での採光、通風を可能とし、断面的な回遊を生み出す

審査員コメント このスケールで集まって住むという全体像としては魅力的だし、いろいろな関係をつくることができそうです。内部空間については、真ん中あたりにあるスリットを上に少しセットバックすると内部に光が入ってくると思います。外も居心地がよさそうだし、全体としてもよいのですが、1階の中央あたりがすごく暗くなるのでは。小さいカプセルを組み合わせる時には、一つひとつ少しセットバックさせるなどして、少し光を落とす工夫などができれば、よりよかったです。(妹島和世)

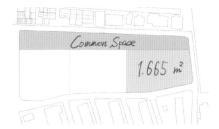

3人で行うグループ設計のうち、個人敷地は対象敷地の中でも一番北側に位置するが、敷地周辺でのボリュームの渦との調和を図るため、階数を4階までとし、グループの中では比較的低層な集合住宅として設計を行った

Type A

Type B

Type C

Type D

ハコのスタディによりつくられたユニットを最大限に生かし、回遊と滞在をつくる。内法5,000mm×5,000mmのボックスのひとつを回遊動線を組み込んだ家事ユニットとし、もうひとつはたまりを意識した生活ユニットとした。これによりどの世代にも暮らしやすいプランとなっている

住戸内観パース

コモンスペース

課題

東京電機大学 未来科学部 建築学科
2年／建築設計製図IV・第1課題／ 2020年度課題

集合住宅の設計

出題教員：山田あすか

指導教員：井上康

東京都内の敷地に30戸程度の集合住宅を設計する。都市環境の中で、人々が「ともに住まう」ためにどのような空間がふさわしいか、また必要とされる機能や性能は何か。周辺環境との関係を捉えながら、「住居」と「住居の集合」をデザインし、快適で魅力ある住空間を提案してほしい。

1、敷地条件
○所在地：東京都港区北青山 都営青山北町アパート（集合住宅団地）の一角。
○個人敷地面積：約1,600㎡（＋10%程度まで）。
○敷地形状：敷地周辺の高低差は各自現地目測による。

2、法的条件
○用途地域等：第1種住居地域とする（実際は第1種中高層住居専用地域）、高度地区指定なし（実際は22m、第2種高度地区）。
○建ぺい率：60%とする。容積率は最大200%とする（実際は300%）。
○日影規制：なしとするが、グループ内では互いに配慮すること。

3、グループ設計
○スタジオ内で3人ずつのグループに別れる。
○グループごとに話し合い、グループ敷地をコモンスペース（共有庭）と3つの個人敷地に分割して設計する。コモンスペースはどの個人敷地にも接するように、グループ敷地を分割すること。また、個人敷地は原則として周囲の道路からの直接の出入りが可能であるように計画すること。不可である場合、コモンスペースを通過する必要性をなるべく低くする。また、他者の敷地を通ってアプローチすることはできない。

4、設計条件
○延床面積（住戸面積）：2,000㎡程度。廊下等の共用部分は延床面積に含まない。
○住戸数：30戸程度（±10%）。住戸タイプ（面積、室数等）は3種類以上を原則とする。
○構造：鉄筋コンクリート造。
○階数：3階以上。原則として地階は設けない。
○駐車場：各個人敷地に5台（うち1台以上が身障者用）。
○駐輪場：住戸数の2倍以上の台数を確保。個人敷地内に限らず、グループ敷地内に設ければよいものとするが、利便性に配慮すること。
○共有施設：居住者のコミュニティ形成に寄与するスペース。設置場所は屋内外を問わない。内容は適宜提案してよいが、各個人敷地内に配置されていること。
○設備等：エレベーターを1基以上、適切な数を設ける。エレベーターのサイズは住戸配置等により選択してよい。ただし、小型の場合はトランク付とし、大きな荷の搬送が必要に応じて可能となるよう配慮すること。
○適切な大きさのゴミ置き場、設備機械室を設ける。これら設備には、ゴミ収集車・資源収集車の周回やメンテナンスが付帯的に発生することに留意する。
※その他法規制は遵守する。
○グループごとにエスキスを受け、敷地全体としての整合性がとれるよう努力すること（最終的にはスタジオ担当の教員の判断にゆだねる）。
○スタジオ内の他のグループのエスキスも聞き、参考とすること。

5、外構計画・ランドスケープデザイン
○グループでテーマを設定し、グループワークでコモンスペースの設計を行う。各人の集合住宅へのアクセス等に留意し、整合を図ること。
○敷地内の外構は、コモンスペースのデザインに対応させて、各人で設計する。
○「居住者のコミュニティ形成に寄与するスペース（屋内外を問わない）」との関係に留意し、整合を図ること。
○半層分以上掘り込む・盛るなど、過分な地形の変更を伴わないデザインとすること。デッキの設置等はかまわない。
○コモンスペースのランドスケープデザインのテーマ設定にあたっては、対象（誰が）、機能（何をする）、そのための具体的な環境構成要素（何によって）などフェーズの異なるデザイン提案が重層的に必要になることに留意されたい。

※東京電機大学の課題出題教員インタビューは本書バックナンバー「JUTAKUKADAI05」P.250を参照（山田あすか・呉鴻逸・荻原雅史「集合住宅の設計」）

作品PR 新型コロナウイルスの影響で街から滞在空間や人々の長居が意図的に制限されている。この問題に対し単位ユニットのボリューム操作でたまり空間を創出し、それらを回遊動線で連結させることで、滞在の自粛を要請するのではなく、その空間性で人々の回遊と滞在を誘発する建築を提案する。敷地内には滞在がキーワードのコモンスペースが複数配置され、各住戸プランや災害対策、ランドスケープについても回遊と滞在が落とし込まれている。

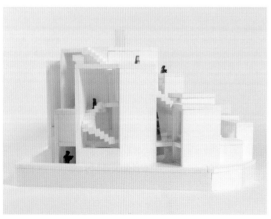

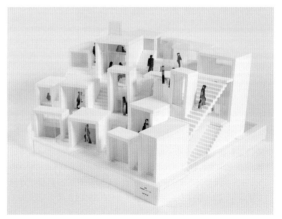

東京都市大学
Tokyo City University
建築都市デザイン学部 建築学科

2年／設計(2)／2020年度課題

共生の里を作る

出題教員コメント 共生を課題にすると屋上緑化に重きを置いた作品が多く見られます。緑化は多少の炭酸ガスを吸収するかもしれませんが、根本的な解決にはなりません。本質はライフスタイルにあります。自然だけではなく、他者と如何に共存し助け合うか、建築はそれを解決する強力な鍵であると考えます。夏は暑く冬は寒い、当たり前のことを当たり前に受け入れるライフスタイルが待たれています。
（手塚貴晴 教授）

🏠 駒田賞

薄井 実乃里
Usui Minori

3年（課題時は2年）

漫遊
―予期せぬ出会いを生む旅―

設計趣旨 この集合住宅は建物の「壁」を使って人と人の「壁」を壊すことを提案する。各住戸の壁の間に動線をつくることでさまざまな道・オープンスペースができ、ヒルサイドテラス周辺の特徴である回遊性を気の向くままに旅する漫遊性として取り入れ、人と人の予期せぬ出会いを同時多発的に生む。また、住戸内にはさまざまな高さのスラブを壁に挿すことで家族間のコミュニケーションを誘発させる。

指導教員コメント 森の共生を都市との共生へと見事に読み替えた作品です。プライバシーが必要以上に強調され、公共は個人の関わる範疇ではないと認識されている日本に於いて、この作品は秀作であると思います。それぞれの家には個性がありながらも、この集合体は他には見られないアクティブな共有空間が生まれると思います。
（手塚貴晴 教授）

駒田賞
東京都市大学 建築都市デザイン学部 建築学科
薄井 実乃里

会津若松にある、さざえ堂のように行きと帰りで面する空間が変わることでさまざまな出会いが生まれる。動線の突き当たりに居住空間があり、窓をセットバックさせることで内と外をつなぐ中間領域ができる。階段状の屋根のため視線が上に流れ、中間領域で発生したコミュニケーションを道に対して見せることができる

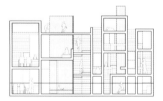

突き出る透明の塔は光庭になっており光を取り込むだけでなく、下に人が集まる場所になっているので上まで登った後、下への興味を持たせる誘導の役割も担っている

地下1-1階平面図

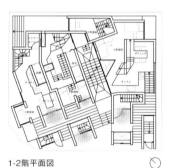

1-2階平面図

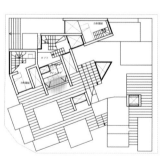

2-3階平面図

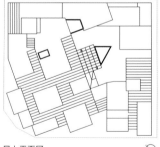

屋上平面図

審査員コメント　代官山の街並みの特徴を建物に落とし込み、階段状の下部にも小部屋が巧みに配置されています。上部のボリュームは門型形状で、人を招き入れるような雰囲気が出ています。ガラスの部分がセットバックされて縁側のような空間もつくられているなど、多様な居場所をつくることが工夫されています。（中村晃子）

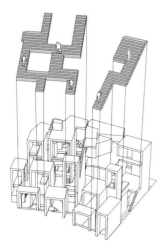

門型の各住戸を囲むように階段を配置することで住人、代官山で暮らす人々、遊びに来た人々が出会い関わる機会を増やす。門型にすることでさまざまな高さにスラブを設置することが可能。家族間の視線の誘導、テーブルやキッチンなどスラブの多様化を実現させた

ダイニングと階段をつなぐ中間領域

光庭の視線の交わり

スラブの多様化、回遊性

課題

東京都市大学 建築都市デザイン学部 建築学科
2年／設計（2）／2020年度課題

共生の里を作る

出題教員：手塚貴晴

指導教員：手塚貴晴、石田有作

再開発の槌音が途絶えない渋谷から各駅停車で僅か一駅の距離に代官山はある。通りというのは線であって、線は起点と終点があってこそ意味がある。特にこの代官山の場合はその起点である朝倉家に始まる品格ある開発にこそ本質がある。代官山には無数に集合住宅が存在する。しかしながら識者に代官山集合住宅はと問えば間違いなくこの旧山手通沿いの開発を指す。開発の青図を描いたのは槇文彦氏である。朝倉家を一帯とする開発は、不動産という観点から考えれば一見効率のよいものではない。大通りにありがちな低層の建物とオープンスペースが入り混じり、その隙間を若干の緑が埋めている。代官山集合住宅から旧山手通りを挟んで対岸には、蔦谷が立ち上げた開発 T-siteがある。こちらも低層で敷地の半分はオープンスペースである。オープンスペースには其処此処にデッキが敷かれ、その上にテーブルと椅子が涼しげに配置されている。 T-siteが朝倉家の開発から思想を受け継いでいることは疑う余地もない。

無理な課題であることはわかっている。敷地は代官山。ビルが乱立する東京都内の混沌の中にあって、特別な品位を保っている。建築基準法の世界に於いて品位という用語は市民権を持たない。品位というのは定量不可能な主観的概念でしかないからである。絶対値で表すことが不可能な抽象化された意識に過ぎない。品位というのはそれを理解できるだけの生活習慣を持たねば理解できないものであると思う。人が溢れているのにゴミ一つ落ちていない。場に漂う愛おしさが人々に伝染し、無言のうちにその風情が醸成されたのである。人々は人としてあるべき振る舞いを当たり前に伝染し、無言のうちにその風情が醸成されたのである。人が都市を育て、都市が人を育て、人が都市を守る典型である。人の振る舞いは法でつくられるのではない。ましてや建築基準法は殆ど効力を持たない。思想がそれをなすのである。

共生とは単に二酸化炭素の排出量を減らせばよいという概念ではない。もっと深く人に存在そのものを問う概念である。この惑星は必ずしも人を必要とはしていない。それどころか人がいなければ、自然はたちどころにその痕跡を飲み込み、本来あるべく常態に帰してしまう。チェルノブイリや福島の原発事故が、いささかの影響も自然に与えず、むしろ自然の復権に寄与したことは公然の事実である。その二つの事件で被害を被ったのは人類だけと言っていい。つまるところ人は自然の支配者ではなく、その一部として住まわせていただいているに過ぎない存在なのである。共生とは読んで字の如く共に生きるという意味である。よってお互いに迷惑をかけつつも助け合う存在でなければならない。

今回は四家族が暮らす集合住宅を考えてもらいたい。ただしその四軒が違う空間であることを条件とする。スタイルは同じでよいが、どの家も個性を持ち違う空間体験を有することが条件である。建ぺい率は50％。最高高さは10mとする。四軒はいずれも4人家族向けとし、メインベットルームと子ども部屋二つを備える。リビングダイニングを分ける必要はないが、少なくとも加えて16畳の広さを有することとする。駐車場は近隣に確保するため必要はない。

※東京都市大学の課題出題教員インタビューはP.270を参照（手塚貴晴「共生の里を作る」）

作品PR 代官山には回遊性のある動線（オープンスペース、坂、住宅間の細い道など）が多い。これらを建築に落とし込むために、門型の各住戸の外壁間に階段状の屋根、二重螺旋、光庭、中間領域をつくった。住人・代官山で暮らす人々・遊びに来た人々が漫遊し予期せぬ出会いが生まれるプランにした。また内部はスラブをさまざまな高さに設置することでテーブルやキッチンなどに多様化、視線の交わりの誘発、家族間のつながりの可視化を実現させた。

東京都立大学
Tokyo Metropolitan University
都市環境学部 建築学科

3年／建築デザインⅠ／2021年度課題

名作から考える

出題教員コメント 古今東西の名作住宅建築から学生が作品を選択し、写真や図面を読み込み、分析し、そのエッセンスを自らの提案に取り込むという住宅設計課題です。名作が持つさまざまな建築的な魅力を理解するとともに、郊外住宅地の住まいという一般的なプログラムに適応させていく過程を通じて、柔軟な思考を養っていくことが期待されます。当該年度は2作品を自由に選択するという条件で行われ、例年以上に各自の嗜好が増幅される結果となりました。（伊藤喜彦 准教授）

小林 楓太
Kobayashi Futa

3年（当年度課題）

キミのツクエはボクのイス

設計趣旨 名作住宅から考えたのは設計手法ではなく、人にとっての家とは何か。名作住宅の過去と現在を比べることで家具と家の調和がその空間を長く愛情深いものにすると考えた。家と家具が一体となり調和した空間が、これまで疑うことのなかった感覚を呼び起こす。椅子とは何か、机とは何か、床とは……。曖昧に定義された空間が、自身の身体と感覚の成長の中で徐々に輪郭を成していく。

指導教員コメント 例年参照住宅から自分なりの仮説を見つけ、設計を掘り下げる力を身につけてもらうことが狙いの課題。一見シンプルな外形の住宅の、内外や機能的境界を横断する家具を挿入することで、室を解体して再構築する試みを評価しました。（富永大毅 非常勤講師）

東京都立大学 都市環境学部 建築学科 — 小林楓太

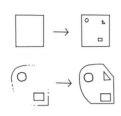

家と家具の中間のような規模だと空間に与える影響は大きい

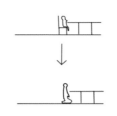

高さの関係を追求することで人の成長に寄り添う家具となる

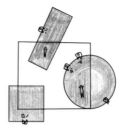

家具や建具は境界をつなぎ、テクスチャによりアクティビティをデザインする

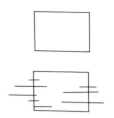

シンプルなプランの家に家具の差し込みによって多様性を与える

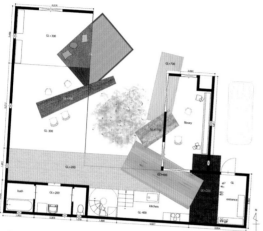

1階平面図

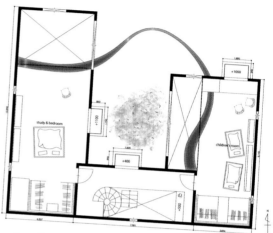

2階平面図

審査員コメント 名作住宅を参照して作品をつくる課題で、清家清さんの「私の家」を題材にしています。建築そのものを改修するのではなく、内外を貫通する素材を追加するという提案が面白いです。その素材自体が何なのか、固定はどうするのかなど、もう一歩具体的な説明を加えてもらえると、さらによいと思います。（中村晃子）

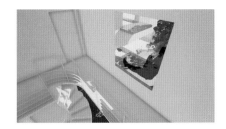

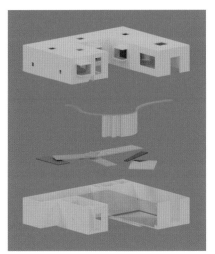

東京都立大学 都市環境学部 建築学科
3年／建築デザインⅠ／2021年度課題

名作から考える

出題教員：富永大毅、三井嶺、小泉雅生、伊藤喜彦

指導教員：富永大毅、伊藤喜彦

建築は、新築であっても、実はゼロからつくるものではありません。構造や工法や環境は、先人が培った知恵を積み重ねて今の技術が成立しています。これは、技術に限ったことではありません。人が過ごす空間づくりにおいて、構成・形・寸法・素材・肌理などの空間を決定するあらゆる要素の扱いについても、私たちは先人たちの取り組みを参照し、学び、改変し、自分たちの設計に取り入れてゆきます。建築とは、先人たちがつくり上げた歴史に私たち一人ひとりが接木をするような営みとも言えます。

今回の課題は、こうした視点から設計を試みます。まず行うことは、名作住宅の読み込みです。図面や写真をできる限り多く集め、その作品から学ぶべきことを探してください。作家本人や批評家などによるテキストはなるべく無視してください。写真や図面をじっくり読み込むことによって見えてくる、その作品における自分が思うエッセンスを見つけてください。大きな構成についてでも、細かな素材の扱いについてでも、推察される設計の手順や手癖のようなものでも構いません。あるいはそうしたエッセンスをどう統合しているのか、ということが、最大の学びになるかもしれません。最初のエスキスとして、各自が観察・分析したことを自分の言葉で発表してもらいます。

設計は、その上で行います。敷地や家族設定など、参照作品とは異なる要素ばかりなので、直接アイデアを盗むことはできません。真似ではない、ということです。学んだことを、今回の計画ならではのものに転換し、みなさんの設計として落とし込んでください。たくさんの学びを得ながら、全く違うものに進化させてください。

1、リサーチ

以下から、各々が取り組みたい住宅2つを選ぶこと。写真だけでなく、図面も分析する。A3数枚に、観察・分析内容を記載し、自分なりの仮説を発表する。図面そのものは雑誌などの拡大コピーでもよいが、注目した点がわかるように色を塗ったり家具や人を書き加えるだけといった工夫を行うこと。配置や構成だけではなく、寸法や面積やディテールなどでもよい。全般的な情報は省き、リサーチしたことから何を設計に生かそうとしているかを発表する。

<古典的名作10選>
J.ソーン ジョン・ソーン邸（1812）
A.ロース ミュラー邸（1930）
L.バラガン ルイス・バラガン邸（1947）
ル・コルビュジエ ショーダン邸（1956）
A.アアルト カレ邸（1959）
P.コーニッグ スタール邸（1960）
L.カーン フィッシャー邸（1967）
丹下健三 丹下邸（1953）
清家清 私の家（1954）
吉村順三 脇田山荘（1970）

<名作10選>
篠原一男 未完の家（1970）
F.O.ゲーリー ゲーリー邸（1979）
内藤廣 住居No.1 共生住居（自邸）（1984）
レム・コールハース ダラヴァ邸（1991）
山本理顕 岡山の住宅（1992）
ラカトン&ヴァッサル ラタピ邸（1993）
G.マーカット シンプソンリーハウス（1993）
坂本一成 HOUSE SA（1999）
アトリエ・ワン ハウス&アトリエ・ワン（2005）
アンサンブル・スタジオ カサ・エメロスコピウム（2008）

2、設計条件

○家族想定：4人家族。趣味や仕事などは適宜想定してよい。
○計画条件：駐車場を1台分設ける。面積に対する制限は無いが、敷地や周辺環境を生かしきった設計を心がけること。
○住宅を地域に開く、現代の家族の在り方を問う、テレワークを採り入れるなど、各自テーマを設定してもよい。

作品PR　名作住宅から、その住宅の特徴、あるいは設計者の癖など自分なりの解釈で要素を抽出し、オリジナルの住宅に落とし込む課題に対して取り組んだ。家という箱の中に要素を入れ込むのではなく、要素の個性が空間の輪郭を形生していくイメージで制作した。家具レベルで積層していく家は、人の成長に寄り添う。箱と要素の定義が曖昧な空間は、自分らしい居場所とは何かを考え直すきっかけとなる。

東京理科大学
Tokyo University of Science
工学部 建築学科

2年／設計製図1・第二課題／ 2021年度課題

根津に住む

出題教員コメント 木造住宅地である根津はその歴史、文化、ヒューマンスケールの魅力を残しながら、近年は街に開いた新しい住宅や店舗、スペースも生まれてきています。このエリアの中に特徴の異なる3つの敷地を設定し、学生が1つを選択して住宅をつくる課題です。街に対する関わりの持ち方、周囲の街並みや歴史性への配慮、光や風の取り入れ方、核家族にとらわれない多世代の複数人が住む新しい根津の住まいを考えてもらう課題です。
（熊谷亮平 准教授）

丸山 周
Maruyama Amane

2年（当年度課題）

CASA POLYPHONIC
－ポリフォニーの家－

設計趣旨 音。家々の中の生活と地域の営みが垂直・直線的に交錯する現代の根津の街角では、コモンとプライベートが不調和に混在する。両者をホール空間を介して見え隠れさせ、水平・曲線的につなぐことで、都市生活の不協和音からの転調を図る。そして、家族間や人・地域間のコモンとプライベートとを共存させながら、街角に人・家族・地域による新たな協和音を響かせていく。

指導教員コメント 楽器奏者が小さな音楽ホールに住むという提案です。ホールは階段、ホワイエはゲストルーム、楽屋は寝室と置き換えられます。その空間性、音楽のある住空間が根津の一角を変え得る可能性は魅力的です。氏が構築する空間には、うねりながら上昇するという特徴が見られます。この直前の課題では、線材を用いたオブジェクティブな提案で、うねりと上昇を表現していました。それを建築化、空間化したことも評価されています。
（船木幸子 非常勤講師）

東京理科大学 工学部 建築学科｜丸山周

ポリフォニー

「ポリフォニー（Polyphony）」とは合唱音楽の形態の一つであり、各声部が和声に則りそれぞれ独立した旋律を奏で、その旋律が見え隠れしながら流れることでハーモニーを生み出すものである。「和声（Harmony）」は和音や声部の配置や進行の組合せである。したがって、住む人の動きや行為を配置し導くものは和声であり、住宅の中で見え隠れする住人や外の地域のそれぞれの音やリズムが旋律を構成する。さらに、その旋律は時々刻々と変化するため、さまざまな旋律が積層することで、建築としてポリフォニーを奏でる。

根津のコミュニティセンターに面した交差点は人々の日常の接点であり、根津の中でも特に「音、リズム（Sound & Rhythm）」が多様な場所である。この場所に音楽が好きな家族4人、父・母・子ども2人が休日に地域に向けて演奏会を開きながら住むことを想定する。住人一人ひとりと家族、地域の営みを音やリズムと解釈し、住居という和声にルールづけて紡ぎ出す。それらを街角のホール空間に見え隠れさせることで旋律へと変える。時間と共に住空間に積層された旋律を、根津の街角へとポリフォニックに響かせていく。

1階アクソメ。ホワイエには、ベッドに変換できるソファが置かれ、ホワイエをゲストルームという新たな和声へと広げることができる。家具の一つでさえ、ポリフォニーを奏でるための重要な要素＝「調号（Key Signature）」となる。エントランスから床レベルが下がったホワイエは、ステアホールと交差点との干渉空間であり、オーディエンスやゲストが滞在できる。目の前にあるコミュニティセンターの広場をオーディトリウムとして巻き込みながら、住人と地域とが「見え隠れ（Appearing & Disappearing）」していく。また、道行く人々も漏れ聞こえる音や見え隠れする光に誘われてやってくる。そこに建ち現れるステアホールは、普段はリビング・ダイニングとして家族のパブリック空間であり、音楽好きな住人が友人と演奏会を催す際にはステージとして地域のパブリック空間となる（Expanding）

A-A'断面図

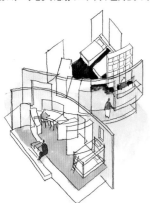

2階アクソメ。ステアホールを上っていくと、プライベート空間が左右に現れる。各々の生活の所作や動線すなわち住人の音やリズムは、ワークスペースやベッドスペースなどの住宅として用途の枠＝"音楽の秩序としての和声"のなかで営まれる。開口やバルコニーからステアホールを介して、和声に結ばれた生活の音やリズムが見え隠れすることで、時々刻々と変化する「旋律（Melody）」が生まれていく

屋上アクソメ。バックステージ1からステアホールにかかる階段を上ると、バックステージ3とルーフトップテラスへとつながる。この階段は、動線をつなぐと同時に視線の変化を生み、ステアホールに人の動きを露出させて旋律を重層化させる。バックステージ3はステアホールとルーフトップとを媒介する空間であり、プライベート濃度が高まりながらも視界が開け、外空間との視線・動線的対話を促すことで、旋律を「転調（Modulation）」させる

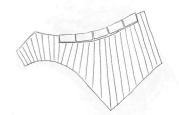

ホール屋根アクソメ。カーブを描いたステアホールの天井は、空間の高さを緩やかに変化させることで、光や風、音の動きを生み出す。空間の体積を南北へと向かって意図的にすぼめることで、手前・奥を無意識に感じさせ、それがパブリック・プライベートの方向性や「ダイナミクス（Dynamics）」となって旋律を変化させ、導いていく

審査員コメント　音楽から建築のストーリーをつくるというアイデアがとても素敵だなと思いました。曲面の壁と中央の曲面でつくられた屋根など、全体的にリズム感があり奥行きが出て、変化に富んでいると思います。スケール感もほどよく、楽し気な計画になっていると思います。（中村晃子）

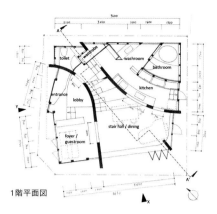

1階平面図

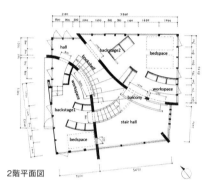

2階平面図

3階兼屋上平面図

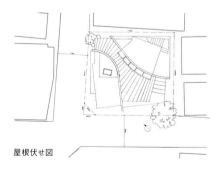

屋根伏せ図

東京理科大学 工学部 建築学科
2年／設計製図1・第二課題／ 2021年度課題

根津に住む

出題教員：池田雪絵、石橋敦之、伊藤孝仁、船木幸子、峯田建、熊谷亮平

指導教員：船木幸子

根津の一角に、街との関わりが生まれる住空間を提案する。多様な価値観やライフスタイルが存在する現代において、住むことの楽しさを生み出す空間であることが望まれる。

1、計画要件
○対象エリア内に3箇所の候補地を挙げる。各自1つを選択し設計対象敷地とする。
○地上10m、地下2mまでを建築可能範囲とする。
○隣地境界線から500mm以上後退した範囲を建築可能とする。
○住人は多世代で3人以上とし、そのうちの誰かが根津の地域と日常的に関わるものとする。
○光と風の取り入れ方を工夫した空間とする。

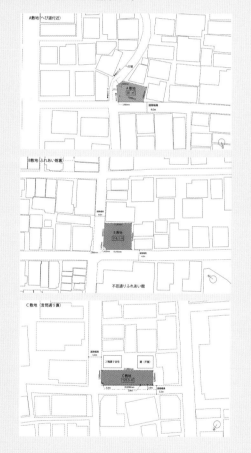

※東京理科大学 工学部 建築学科の課題出題教員インタビューは本書バックナンバー「JUTAKUKADAI06」P.240を参照（熊谷亮平「根津に住む」）

作品PR ポリフォニーを奏でる住居。根津にはさまざまな生活の音やリズムが混在する。しかしそれらはただそこに在るだけで、都市の中で美しく響いてはいない。この場所に住む人、家族、地域が営む音やリズム一つひとつを住居という和声にルールづけて紡ぎ出し、さまざまな旋律に変えて見え隠れさせる。時間と共に住空間に積層された旋律を、根津の街角へとポリフォニックに響かせていく。

東京理科大学
Tokyo University of Science
理工学部 建築学科

2年／設計製図1・第2課題／2021年度課題

私の住まう将来の住宅

出題教員コメント 今年の課題は昨年と同様、学生それぞれに対してもっとも身近な存在の「自宅」の図面をまず作成し、さらにその「自宅」に隣接する敷地に将来の自分が住むための住宅を新たに設計するものとしました。自宅とは実家、賃貸アパート、寮などさまざまであり、その周辺環境の様子もまた多様です。つまり彼らは同じ大学の学生でありながらそれぞれ異なる環境で日々暮らしているわけで、そうした住環境の中にどうすれば豊かな文脈が築けるかが、設計提案に対する評価軸となりました。（岩岡竜夫 教授）

安藤 朋恵
Ando Tomoe

2年（当年度課題）

街を歩くように

設計趣旨 敷地は千葉県柏市の住宅街の中にあり、東西を住宅に挟まれた北斜面になっている。柏市は裏道が多く、高低差がある街でこの2つの特徴から2点間を移動する時にいくつものルートが生まれ、状況に応じて道を選びながら街で暮らすことができる。この特性を住宅に取り込み、高低差のある敷地で、ひとつながりの空間を大通り、壁を通り抜けられるドアを裏道とすることで選ぶ暮らしを設計した。

指導教員コメント 安藤さんは「自宅に隣接する敷地を選ぶ」という課題設定のなかで、他の学生が明らかに好条件の立地を選択しているにも関わらず、あえて北側斜面かつ東西を住宅に囲まれた厳しい敷地環境を選びました。周辺との関係性が見出しづらい立地だからこそ、都市構造を内包させるというテーマを掲げ、2.7mスパンの均一な「街路（動線空間）」と「抜け道（ショートカット）」によって住宅を構成する手法を見出しています。ささいな操作によって、住宅に都市性を宿らせた点を評価しました。
（堀越一希 助教）

東京理科大学 理工学部 建築学科 — 安藤 朋恵

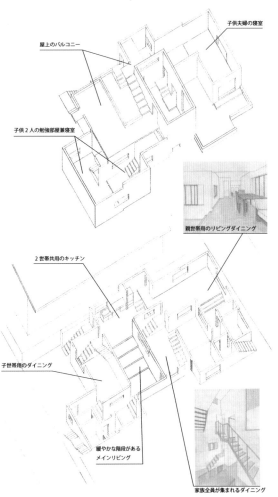

屋上のバルコニー

子供夫婦の寝室

子供2人の勉強部屋兼寝室

親世帯用のリビングダイニング

2世帯共用のキッチン

子世帯用のダイニング

緩やかな階段がある
メインリビング

家族全員が集まれるダイニング

2階平面図

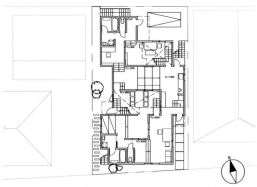

1階平面図兼配置図。敷地は千葉県柏市の住宅街に位置する。柏市は計画的につくられた街ではないため、裏道が多く入り組んでおり、高低差がある。敷地の東西は住宅に挟まれており、南北は道路に面していて、南の道路と北の道路には2.6mの高低差ができている

審査員コメント

「街を歩くように」という作品タイトル通り、高低差のある敷地において家の中を歩くように住まうというコンセプトで、着眼点がユニーク。歩くスペースが階段の勾配や幅などで変化に富んでいるという特徴が、模型を覗き込んでもよくわかりました。（中村晃子）

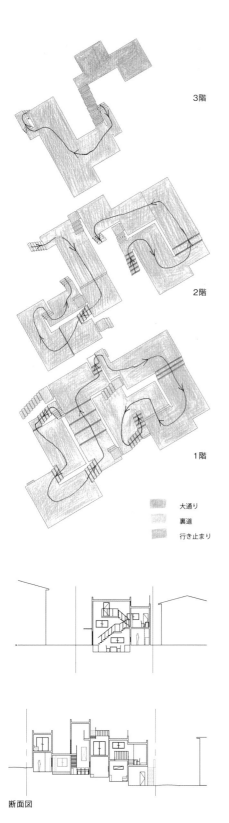

3階

2階

1階

大通り

裏道

行き止まり

断面図

東京理科大学 理工学部 建築学科
2年／設計製図1・第2課題／2021年度課題

私の住まう将来の住宅

出題教員：岩岡竜夫

指導教員：堀越一希

自分が近い将来に住みたい「一戸建て」の住宅を自分自身で設計する。自分の将来の姿、あるいは未来の社会環境についてはそれぞれ未確定ではあるが、各自が自由に仮説を立てて、その仮説に基づく自分自身（あるいは自身の家族）のための居住空間を、具体的な住宅地の中に建てる。

敷地は、（第1課題で図面化した）自分が現在住んでいる住宅に近接する地域内とする。各自が設計する住宅の立地状況、空間構成、外観形状などについて、図面(周辺環境図、配置図、各階平面図、立面図、断面図など)を作成し、さらに住宅全体を示すアクソメ、パース、模型などを製作する。

毎回のエスキスは、各自が事前に作成した図面等を通して行われる。

※東京理科大学 理工学部 建築学科の課題出題教員インタビューは本書バックナンバー「JUTAKUKADAI05」P.252を参照(垣野義典「『週末住宅＝もうひとつのイエ』を設計する」)

作品PR 柏の街の特徴を取り込み、住宅内を移動するとき目的地までにさまざまなルートが生まれる住宅。ひとつながりの空間が「大通り」として住宅を構成しており、「裏道」となっている壁を通り抜けられるドアがあることで、天候やひとつながりだからこそ感じられる家族の様子などの条件から道を選んでいく。道なりに歩き、時に裏道を使って通りから通りへ渡る、街を歩くような生活を送ることができる住宅である。

東洋大学
Toyo University

理工学部 建築学科

2年／建築設計製図II・第2課題／ 2020年度課題

不純な住宅

出題教員コメント 現代日本の住宅は、居住者に向けた専用住宅として発展し、「住む」ということ以外の機能や周辺の街との関係を少しずつ排除して純化してきたと考えられます。しかし、近年の世帯構成の変化により世帯内でまかなうことを期待されていた機能が果たせなくなってきました。また、街路に対して閉鎖的な住宅が建ち並ぶ街は安心して楽しく暮らすことのできる住環境となるでしょうか? このようなことを考えてもらう課題です。(篠崎正彦 准教授)

前田 仁
Maeda Jin

3年(課題時は2年)

ヒト、ミドリ、カベ。
〜暮らしに垣間見える、みどり〜

設計趣旨 都内に佇む住宅は内にさまざまな問題を抱えている。これは、複雑な人間関係を内包する住まいに対し、現代社会のさまざまな問題点を危惧した計画である。1階では店や図書、地域に開いた経済圏を組み立て、上層階につれて壁による空間へと発展させる。家族間と地域へのつながりを企てる。そして空間の隙間には緑を介入させ、内外の隔たりを緩和することで解決の糸口を模索するものである。

指導教員コメント それは建築で考える問題なのか? 建築はそんなことまで考えず形態の探究をするべきでないか? 実務に携わりながら教育に携わると、このような意見を聞きます。痛ましい事件は建築とは関係無いかもしれませんが、知らず知らずの内に建築も一緒につくり出した社会の歪みかもしれません。そんな現状を少しでも解きほぐせないか? 前田くんの挑戦した住宅は社会問題まで届く射程を備えており、深く考えさせられる提案であり推薦に値します。
(鹿内健 非常勤講師)

東洋大学 理工学部 建築学科｜前田 仁

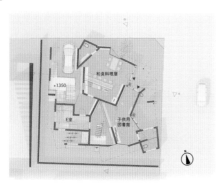

1階平面図

2階平面図

3階平面図

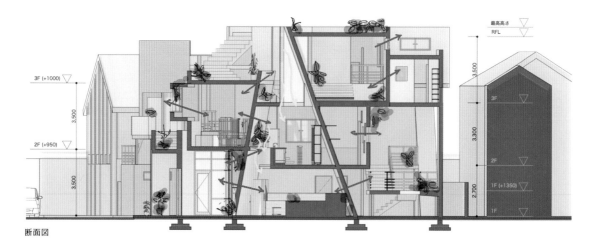

断面図

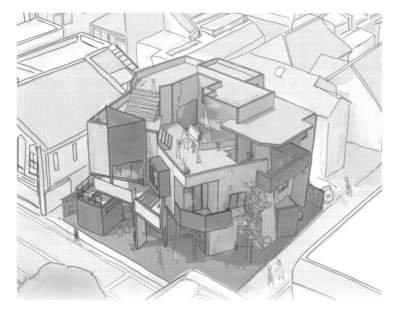

ポイント：ヒト

■1階部分の地域に開いた空間では、敷地の角地という特性を生かして、外部の人間を内部に引き込む視線と動線の操作を行う。
■4～6人程度の利用を考える、子ども用図書館の子どもたちの賑わう声。
→1階に人の誘導を図ることで内外の境界を曖昧なものとしてつくり上げ、1階を基盤に、2・3階での空間拡張を考える。

ポイント：カベ

■1階部分は壁によって視線、動線をつくり出す。
■2階では壁で空間を仕切らず、曖昧な境界をつくり出すことで空間の拡張を意図する。また、ここでは床の高さ設定を変更することで、住まう人同士の様子が垣間見られる。
■3階はプライベートの空間を確保する。広々とした屋上につながる開放的な外部空間との混在が感じられる。

> **審査員コメント**
>
> 断面的な斜めの壁が強く現れている提案です。いろいろな角度の壁によって内部空間に変化をつけており、住むと楽しい体験ができそうです。しかし、地面から屋根まで貫く斜めの壁はもう少し工夫ができると思います。斜めの壁に対してまっすぐの棚が置かれているところなど、斜めの空間が生かされていないところもあるのが少し残念に感じました。（アストリッド クライン）

屋根、壁、床によって仕切られた複数の空間
（従来のモデルタイプ）

▼

斜め壁によって空間の形が変わり、
上下の空間のつながりを意識的に認知する

▼

上下に空間の余地を膨らませる。
不自然に開いた空間の隙間には、
緑を媒介にして空間をつなげる役割を持たせる

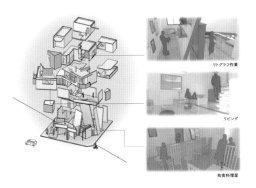

リトグラフ作業

リビング

和食料理屋

課題

東洋大学 理工学部 建築学科
2年／建築設計製図II・第2課題／2020年度課題

不純な住宅

出題教員：篠崎正彦

指導教員：鹿内健

社会の変化を反映して建築の在り方も変化する。住宅についても核家族のための専用住宅としてだけでなく、多様な要求を満たすことが必要な住宅が求められるようになっている。本課題では、以下に示すやや風変わりな「家族」が生活する場としての住宅を設計する。
下記以外の詳細は各自で設定し、対応する建築的なプログラムとそれに基づく建築の形を提案することを要求する。生活の具体的な場面を想定しながら設計を進めていくことを期待する。また、前課題でも取り上げた構造や環境についても十分に配慮すること。

[居住者およびその要求]
亡くなったAの父から相続した土地（現況は駐車場）を売却や分割をせずに、相続した人たちおよびその血縁である以下の6人が住みながら活用することとなった。記載されていない各居住者の関係性については適宜想定すること。
A：男性(73) 無職／ B：Aの息子(43) 会社員(理系専門職)
C：Bの妻(41) 会社員(介護職)／ D：BとCの娘(16) 高校生
E：Aの娘(41) 和食料理人／ F：Aの孫娘(24) 会社員(営業職、父はAの長男だが既に死亡)
各居住者からは以下の要求が出ている。矛盾するものもあるが、全て叶えるようにする。表中の記号の意味は次の通り。
○：実現したいと強く思う、△：できれば実現したい、無印：希望なし。

	A	B	C	D	E	F
居住者が集まる	○	△	△		△	
仕事・趣味のための自分専用の場所		○	○	○	○(自分の店を開く)	○
コレクションの展示または収納	○(リトグラフ、全紙大30枚)		○(子供向け絵本、300冊)		○(食器、和食膳40脚など)	△(楽器、ギター10本)
一人でくつろぐ	○	○	○	○	△	○
思いっきり音を出したい				○		○
家事を楽に	△	△	○		○	○
老後の介護	○	○	○		○	
四季の変化を楽しむ	○	△	△		○	
家庭菜園	○			△	○	
近隣とのつきあい	△					
友人を連れてくる	○					
住み続けたい		○	○		△	
車・自転車	普通自動車1台、自転車3台(いずれも居住者全体で共用)					

日常生活に必要な機能は備えること。各自が必要だと考える機能を付け加えてもよい。延べ床面積は300㎡を上限の目安とするが、各自の設定により異なってもよい。

1、設計条件
○敷地：駅前の商業地が閑静な住宅地に変化する所にある。周辺のコンテクストに配慮すること。面積323.79㎡、第1種低層住居専用地域、最高高さ10m、建ぺい率60%(角地緩和により→70%)、容積率150%。その他にも多くの法的規制があるが本課題では考慮しないこととする。
○構造・階数：自由

作品PR "昨今の「純な住宅」とは何か"を念頭に置き、それに対する「不純な住宅」を考察し設計を進めた。従来の住宅の在り方に対して疑念を抱き、異なる視点から覗くことで対となるものを「不純」として捉える。そうして昨今の問題解決への糸口を模索した。

本模型に関して、断面による操作がわかるよう断面模型による表現を試みた。不純なる所を見てもらい、その発見が住宅をより良くする"気づき"になるものだと信じている。

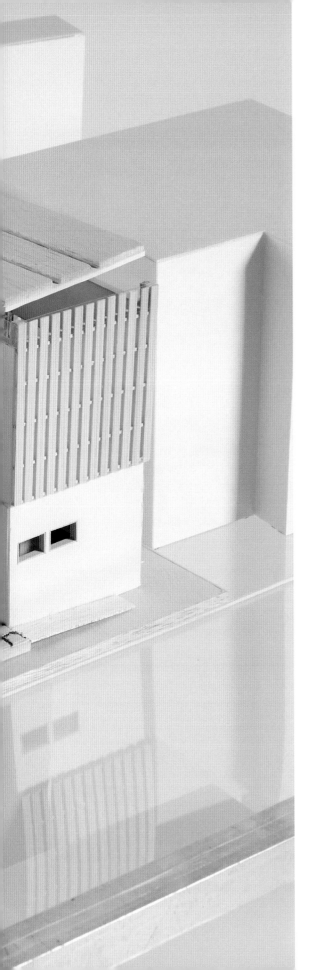

東洋大学
Toyo University
ライフデザイン学部 人間環境デザイン学科

2年／人間環境デザイン基礎演習Ⅲ・
生活環境デザイン課題／ 2021年度課題

「5人の閉じた家」から
「2人の開いた家」へ

出題教員コメント 本課題は、デザインを総合的に学ぶことを到達目標として、3つの小課題で構成しています。第1課題で住宅を設計し、第2課題でその住宅に置く照明器具をデザインし、第3課題でその住宅の30年後を想定して、社会状況や家族構成の変化を踏まえた改修を行います。この一連の課題を通して、プロダクトから建築、さらに地域を視野に入れたデザインを学びます。併せて、時間軸を取り込んだ設計を行うことを意図しています。
（仲綾子 准教授）

諸橋 栞奈
Morohashi Kanna

2年（当年度課題）

改・人間環境住宅
30年間の家族の暮らし ～だがしやの開業～

設計趣旨 物理的に持続可能なだけの住宅は、人間のための住まいとは言えない。新築の設計から30年を経た改修までを検討し、変化していく家族のカタチや住宅の在り方を模索した。タテヨコを立体的に巡る空間構成は、駄菓子屋へ遊びに来る子どもたちの好奇心をくすぐる。複雑にぐるりと絡み合う路地を中心に、各々の色を持った4つの休憩所を設けることで、「空間を楽しむ」感覚を体験させる。

指導教員コメント 本作品は、第1課題の住宅の設計で、将来を見据えた可変性を備えつつ、吹き抜けを介した連続的な空間を構成している点で卓越していました。第2課題の照明のデザインでは、居間の小窓に置くにふさわしいデザインを提案し、さらに第3課題の住宅改修にあたり、平面的にも断面的にも「路地空間」を住宅に挿入し、テラス等の半屋外空間と重層的に構成して、街に開いた住宅を実現している点が優れていると評価されました。
（仲綾子 准教授）

東洋大学 ライフデザイン学部 人間環境デザイン学科 ─ 諸橋 栞奈

住宅は単なるモノとしてではなく、人々の成長とともにある記憶として存在するべきで、人々に愛される住宅とは、
子どもや大人の「遊び」を大切にするもの。そのような考えのもと、
2段階のライフステージにおける住宅とその家族の暮らしをサポートする環境を総合的にデザインすることとした。
そして、小学生だった子どもたちが30年を経て独立し、持て余しているスペースを有効活用したいという夫婦の意向から、
改修案には、地域の子どもや住人が気軽に立ち寄れる駄菓子屋の空間と休憩所を提案する。

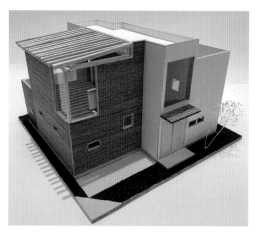

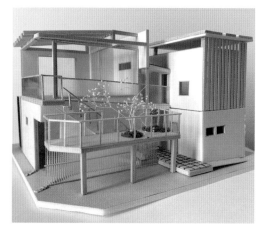

改修前プラン   改修後プラン

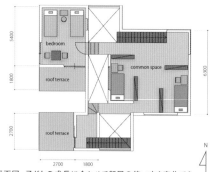

2階平面図。子どもの成長に合わせて部屋の使い方を変化できる
ように広いコモンスペースを設けた。また、1つの住宅の中に、
CH2,400の個人空間とCH3,000の共有空間を設け、タテヨコ
に抜ける吹き抜け空間を介して渡り廊下でつなげる

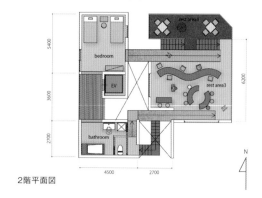

2階平面図

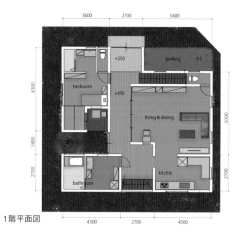

1階平面図

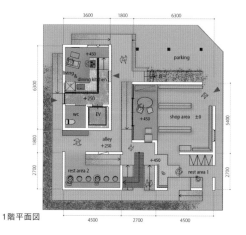

1階平面図

審査員
コメント
定年後の三世代の人生が想定されていることに、すご
く感動しました。子どもがいる時は家の中を走り回れる
よう、子どもの独立後は老夫婦が好きなものを取り入れ
るといったことが考えられています。また、1階は駄菓子屋にして
休憩できるコモンスペースをつくっており、本提案からは温かみも感
じられました。深く考えられていてよかったと思います。
（アストリッド クライン）

改修後プランのポイント

住宅と住宅の間やその周りを巡る路地は、多方向からのアプローチが可能になることで、さまざまな遊びが生まれる

GL＋250、＋450で住宅を囲む路地をつくり、ゆるやかなスロープをところどころに配置することで、車いすやベビーカー利用者でも室内外へのアクセスが容易となる

吹き抜けの階段部分を屋外スロープに変更し、プライベートとパブリック空間をそれぞれ独立させながらつなげる

課題

東洋大学 ライフデザイン学部 人間環境デザイン学科
2年／人間環境デザイン基礎演習Ⅲ・生活環境デザイン課題／2021年度課題

「5人の閉じた家」から「2人の開いた家」へ

出題教員：内田祥士、名取発、柏樹良、仲綾子

指導教員：内田祥士、名取発、柏樹良、仲綾子、小林進一、井上晃良、
　　　　　窪川勝哉、佐々木龍郎、船木幸子

みなさん、プロダクトデザイン課題の最終提出を終えて、充実感に包まれていることと思います。さて、来週からは生活環境デザイン課題に取り組みます。生活環境デザイン課題は、空間デザイン課題の設定から30年後の住宅の在り方を考えます。課題主旨は以下の通りです。

自宅を新築してから30年。歩は66歳、五月は64歳になった。当時小学校3年生と小学校1年生だった子どもたちは、それぞれ39歳と36歳になり、郊外に自分たちの家庭を築いている。歩の母は、3年前に亡くなった。今、この家に住むのは歩と五月の2人である。使われなくなったスペースは、子どもたちが盆暮れ正月に孫を連れてくるので、しばらくそのままにしていたが、2人きりの生活はあまりにさみしい。そんな折、五月が大動脈解離で倒れた。幸い一命を取り留めたが、後遺症により下半身麻痺となり、車椅子での生活となった。そこで、今後の暮らし方の相談をするため、歩と五月は、30年前に自宅の設計を依頼した建築家である"あなた"と打合せを行った。

打合せの結果、建築家である"あなた"は、「車椅子で暮らしやすい家」は当然のこととして、さらに「まちに開く家」を提案した。

1、設計条件
○「車椅子で暮らしやすい家」であること。
○「まちに開く家」として、以下の3パターンを設定する。これらのうち、自分が最も関心があるものを選び、その内容に基づき改修案を提案すること。3パターン以外のオリジナルな提案をしてもよい。
　1）地域に住んでいる人の溜まり場
　コミュニティカフェ、放課後の学童、乳幼児とママのサロンなど
　2）2人の趣味を生かしたスペース
　料理、書斎、映画、音楽、模型、ガーデニングなど
　3）他人を受け入れる空間
　Airbnb、ゲストハウスなど
　4）その他の提案（留意事項）
　・住居と街とをつなぐ敷地内の屋外または半屋外の空間を積極的にデザインすること。
　・新築ではなく、改修とすること。
　・室名だけの変更は不可。
　・不要な室を残さない。減築を推奨する。

※東洋大学 ライフデザイン学部の課題出題教員インタビューは本書バックナンバー「JUTAKUKADAI09」P.180を参照（仲綾子「独立住宅（3世代1世帯）の設計」）

作品PR　人間環境デザイン学科で学ぶ私の設計が他大学と異なる点は、建築を通して人間の一生をデザインする視点にある。住宅は、竣工の瞬間が完成形ではない。なぜならそこに住まう人は、止まることなくライフステージを進めていくからである。この住宅では、ある家族の30年間に焦点を当て、その周囲の人間や暮らしにまで広く目を向けて改修設計を行った。地味であって誰かの記憶に残る、住宅はそうあるべきだと私は思う。

日本大学
Nihon University
芸術学部 デザイン学科

3年／建築設計Ⅲ／ 2021年度課題

これからの集合住宅

出題教員コメント 2020年以降の新型コロナウイルスの流行とその試行錯誤の対応によって、世界中の人たちの生活が大きく変化することになりました。まだまだ、どのように終息するのか見えない状況ですが、今後この流行が終わった後に、どのように生活が変わり、また、社会が変わるのか、あるいは変わらないのか、さまざまな現在我々が抱える問題も考慮しながら社会や住環境の変化を予想して、これからの集合住宅を設計するという課題です。
（東利恵 非常勤講師）

内野 槙也
Uchino Shinya

3年（当年度課題）

芝屋根の木造集合住宅

設計趣旨 近年、深刻化している環境問題に対する建築における対策、取り組みとして芝屋根の木造集合住宅を提案した。木材の利用、芝屋根の採用を重要視した理由は「循環型資源としての活用」「炭素の貯蔵」「建設・製造時のCO_2排出量が少ないこと」「室内の調湿能力」などといった点からRC造、SRC造、S造よりも地球環境に対して優れていると判断したからである。

指導教員コメント 住まいの中に仕事のできる空間を確保するというコロナ禍の生活様式の変化だけでなく、現況から未来へのマクロな環境問題を数値的な資料を使いながら分析し、木造の再評価を行っていました。緑化屋根、風の抜けなど、わかりやすい手法を用いていますが、変化する屋根の形とその軸組の模型での検討など、デザインの表現や理論だけではなく、真摯に木造の「設計」と「デザイン」に取り組んでいる点も高く評価しました。
（東利恵 非常勤講師）

日本大学 芸術学部 デザイン学科 ― 内野 槙也

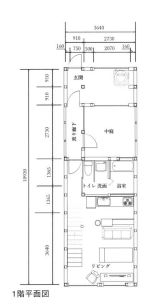

1階平面図

漆喰と木造で内壁の一部を竹素材で形成した建築により、長期にわたる建築自体の維持よりも再利用可能なエネルギーの保存を考えた。焼成段階でCO_2が排出される漆喰については、不焼成の石灰のタイルなどの利用も考えられる

2階平面図

居住空間は玄関棟と本棟があり、渡り廊下を介して分かれている。本棟は南面からの風が一直線上に吹き抜けるようなつくりになっているが、玄関棟は生活空間から切り離された静の空間になっている。中央の光庭は四方を囲まれた独立した空間になっており、いつでも周囲を気にせず外で過ごせる

審査員コメント 垂直のファサードが扇子のように後ろに仰け反り、空に向かって光や風を取り込むというのは、少し複雑過ぎるようにも感じられましたが、考え方は面白いと思いました。（アストリッド クライン）

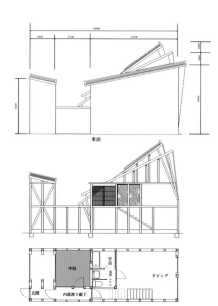

東面

人工性を表現するため、1つのユニットが連続して一直線上に横並びになるような構成とし、屋根面は中庭から前後に外側へ向かうイメージの片流れになっている。それにより、外側からは正面が大きく見えるが、斜めの扇形にずれることで印象を抑えている

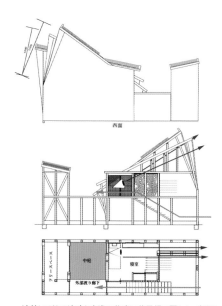

西面

連続して並ぶ漆喰と木造の住宅は芝屋根で覆われ、南面から光と風を取り込む構成になっており、人工物が自然環境の一部として共存するようなイメージでデザインした。南面を大きくすることで光と風を大きく室内に取り込み、1・2階両方に同じように流れる。寝室南面の内壁は竹の編み込みで形成され、扇形にずれた面から空を見上げられ、光が寝室内にまで届くようになっている

課題

日本大学 芸術学部 デザイン学科
3年／建築設計III／2021年度課題

これからの集合住宅

出題教員：東利恵

指導教員：東利恵、若原一貴

2020年の初め、急速に私たちを取り巻く環境が変わりました。Covid-19(新型コロナウイルス感染症)の流行によって私たちの生活は今まで体験したことのないものになっています。2021年の4月現在でも終息はいつになるのか、今年なのか数年なのか、ワクチンによってもたらせるのか、それとも特効薬の開発を待たなければならないのかわかっていません。世界中が試行錯誤で対応をしています。コロナ以降の私たちの生活は大きく変わるのでしょうか? それとも、もとの生活に戻っていくのでしょうか。
今回の課題はこの時期を乗り越えた後の社会やコミュニティの在り方、住まいの変化、仕事や勉学の在り方などを考えながら、これからの集合住宅を考え、設計する課題です。

1、設計条件
○場所：各自、自分のコンセプトに合わせた敷地を選んでください。
○用途：集合住宅(賃貸)
○敷地面積：600.00㎡(Google mapなどで決めてください)
○用途地域：今回は不問。ただし、下記の面積設定とします。
○建ぺい率：80%
○容積率：200%
○高さ制限：3階以内
○構造：自由

作品PR 連立する無機質なオブジェクトと、それを内側と外側から覆う緑。自然物の対義語として人工物と表されるが、それは人工物が自然と比べて長い間姿形を残したまま存在し、周期的に朽ちる自然と解離しているように思えるからだろうか。長く残る建物こそよいと人は構想してきたが、それは自然にとってもよいことだったのか。自然と人工の腐朽周期を合わせれば、また我々は自然と調和を図れるのだろうか。

日本大学
Nihon University
生産工学部 建築工学科 建築総合コース

3年／建築設計Ⅴ・第2課題／2021年度課題

街に開く集住体
──神楽坂の集合住宅

出題教員コメント 集住体のデザイン＝集まり住む暮らしのデザインとしてその価値を創造し、都市に暮らす人の多様な志向、ライフスタイル・サイクルに呼応し得るヒトの暮らしとマチの持続性を紡ぐ集住体を考えます。神楽坂駅前に位置し、周辺には多様な機能が建ち並ぶ、緩やかな高低差のある敷地です。時間の流れの中で培われてきた神楽坂としての個性と調和する「街に開く」集住体＝「住み開き」の暮らし、ヒト×活動×空間×時間が相互に浸透し合うともに住む暮らしのかたちの提案を求めています。

（北野幸樹 教授）

工藤 秀俊
Kudo Hidetoshi

3年（当年度課題）

かくれんぼ住宅

設計趣旨 これまで、ハコのなかで生活することが合理的であるとされていた。だがコロナという生命の危機にさらされた今、ハコのなかは窮屈になり、ハコは適度に開放するべきということを学んだ。そこで私は、街へ開くための住み開きをしやすい環境を建築に落とし込んだ。

指導教員コメント 作品は視覚的・動線的に周辺環境との接点を最大限に生かした構成となっており、地域社会との共生・融合を可能にしています。さまざまなプログラムが、集合住宅として多様性があり現代社会の集まって住む意味合いを強く感じさせてくれます。

（小島広行 非常勤講師）

日本大学 生産工学部 建築工学科 建築総合コース ― 工藤秀俊

カフェ・レストラン
賑わってる姿が見え隠れすることで興味が生まれる。

レストスペース
道路に対して開き、公園のように使われる。

SOHOスペース
街の仕事スペースとして使用される。

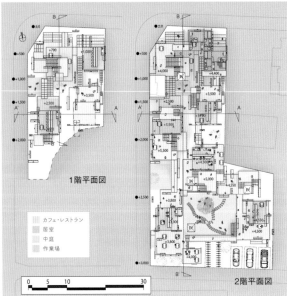

1階平面図

□ カフェ・レストラン
□ 居室
□ 中庭
□ 作業場

0 5 10 30

2階平面図

街への開き方

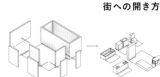

居住空間のハコの
部分を分解

必要なユニットを分解
されたハコに入れる

街に開くユニットが
できる

視線の誘導

街に開く ← → 街に閉じる

人の目線が通
り、人々の交
流が生まれる
空間（カフェ・レ
ストラン）

人の目線が通
らないが、にぎ
わいが感じられ
る空間（街開
きの空間）

落ち着くことが
できる公共空間
（レストスペー
ス）

プライベート空
間（居室）

風の通り

① ②

B-B'断面図

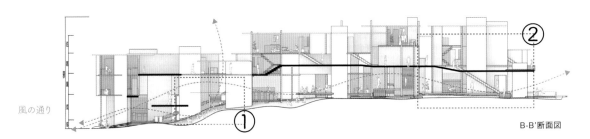

審査員コメント 「かくれんぼ住宅」という作品タイトル通り、壁が前後に移動して奥行き感をわかりづらくし、中が見えたり見えなかったりとうまく組み合わせていると思います。全体で見ると、絵のようなグラフィカルな印象で、壁の後ろや壁の間に廊下があったりパサージュがあったりと、こちらも組み合わせがうまくできています。（アストリッド クライン）

コミュニケーションテラス
地域住民の交流の場として機能する。

S Size 単身者用 M Size 4人家族用

街開き促進のため3つの領域（プライベートの領域・住み開きの領域・一般の領域）を配置する。これらにより、住む人が隣人との親密度によって領域を変えることができる

プライベートの領域。外からの視線は通らず自分の空間をつくり出している。1人の空間をつくることで、住み開きとの区別をつけることができる

住み開きの領域。近隣住民と自分のペースで住み開きを行うことができる。住み開きの領域では、趣味のことを話したり、好きなことをしたりと交流できる

日本大学 生産工学部 建築工学科 建築総合コース
3年／建築設計Ⅴ・第2課題／ 2021年度課題

街に開く集住体——神楽坂の集合住宅

出題教員：北野幸樹

指導教員：小島広行

—都市は常にその大半を住居によって特徴づけられている。住居は都市を構成する基本的要素である。（『都市の建築』アルド・ロッシ）—その集合体である集合住宅は都市の構成要素として最も重要な役割を担っていると言っても過言ではありません。

そこで、集まって住むということの意味をよく考えてみてください。東日本大震災の後、地域のコミュニティや人とのつながりの大切さが見直されています。また個人の時間や家族、友人との豊かな時間をもつことと、仕事を充実させることが反目しない生活スタイルを求める人が増えてきているのではないでしょうか。加えて、少子高齢化や核家族化が著しく進行し、高齢者・単身者の増加、子育てへの不安、孤独死などが社会問題となり、従来の集合住宅の空間形式では対応できていない課題も多くあります。そのようななか、リノベーション物件を中心に、シェアハウス、シェアオフィス、小規模多機能空間などの家族や会社の単位ではない集住の在り方や空間の使い方も社会化されつつあります。

そのような時代の変化、人々の多様化、社会的問題点などについて考慮しながら、これからの集合住宅としてどうあるべきか提案をしてください。

今回の敷地は神楽坂の駅前にある、もと新潮社の倉庫があった場所です。現在は隈研吾氏により「la kagu」という商業施設にリノベーションされています。

敷地と道路の高低差を巧みに利用して自然と人の流れが施設へとつながる動線をつくり出しています。話題性も伴い、このあたりが活性化してきたと言ってもよいでしょう。

そこで、今回の課題では「街に開く」集合住宅を設計してもらいたいのです。街に開くとは一様ではなく、商業施設の設置のみならず、居住者による「住み開き」ということを提案してもよいでしょう。住まうことの楽しさは建物の内部空間からのみ得られるのではなく、外部空間や周辺環境と関わりを持つことで生まれます。この敷地の特徴を最大限に生かした、魅力的な提案を期待します。

※「住み開き」とは
「日常編集家」アサダワタル氏によって提唱された言葉。
お店でもなく、公共施設でもなく。無理せず自分のできる範囲で好きなことをきっかけに、ちょっとだけ自宅を開いてみる。そこから生まれるコミュニティは、金の縁ではなく、血縁も地縁も会社の縁をも超えたゆるやかな「第三の縁」を紡いでくれるはず。

1、設計条件
○住所：東京都新宿区矢来町
○敷地面積：約1,500㎡
○用途地域：商業地域、建ぺい率80％、容積率500％／近隣商業地域、建ぺい率80％、容積率400％。
○そのほか：北西側道路との高低差は約3m。

作品PR 感染拡大が進む新型コロナウイルスの影響で人が孤立していく問題について焦点を当てて、提案を考えた。コロナ禍による人々への影響が、建築的視点からも改善することができるのではないかと考え、街に開いていく集合住宅を設計した。窮屈なハコという名の家を街へ開くことで、人々はハコの中から解放されていくのではないだろうか。

日本大学
Nihon University

生産工学部 建築工学科 建築デザインコース

2年／建築設計演習Ⅰ・設計課題1／2020年度課題

8mキューブの空間

出題教員コメント 8mキューブの空間を計画し1/50の模型を5つ作成します。同じタイプの空間構成バリエーションではなく、異なる考え方による空間を計画します。案は、詳細に詰められるより考え方の筋道や展望を考えることを求めます。1）全員の模型を概観し相互評価する、2）各人の案を評価し討議することで、案の選択と進化のプロセスを実際にたどります。3）2）の過程は、他の学生も共有し討議に加わることを求めます。4）授業内に案を改良し再評価、することを繰り返します。

（篠崎健一 准教授、長沖充 非常勤講師、泉幸甫 客員教授）

大槻 瑞巴
Ohtsuki Mizuha

3年（課題時は2年）

√

設計趣旨 古くから日本の住宅に使われてきた白銀比を8×8×8mの空間に落とし込んだ。スラブを分けるグリッド、スラブ同士の高低差を身体スケールに合わせて効率的に空間をつくり上げた。

指導教員コメント 比例を使って秩序を構成する案は例年ありますが、なかでも無理なくのびやかに空間を構成しています。抽象に留まらず、身体スケールも比例に取り込むことで、リアルな空間を具体的に構成しています。表現も洗練されています。（**篠崎健一 准教授**）

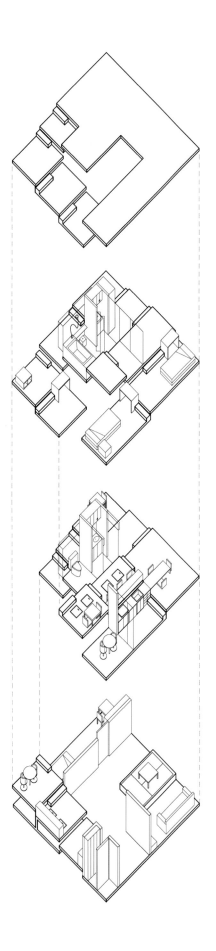

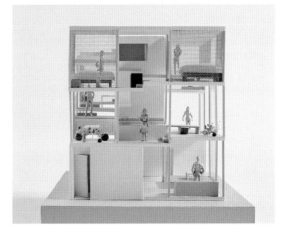

日本大学 生産工学部 建築工学科 建築デザインコース｜大槻 瑞巴

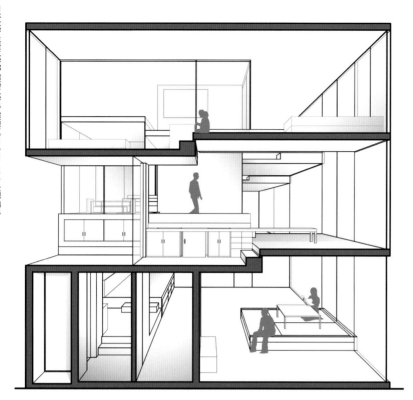

白銀長方形からグリッドをつくる

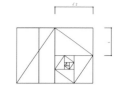

白銀螺旋を用いて白銀長方形をつくる。それを8mで区切る

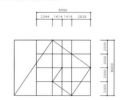

白銀螺旋と白銀長方形の交点から十字に直線を引きスラブのグリッドをつくる

3階建てを想定して、グリッド割をした4枚のスラブを用いる

Z方向の白銀比

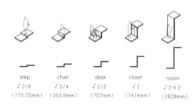

step	chair	desk	closet	room
√2/8	√2/4	√2/2	√2	√2×2
(175.75mm)	(353.5mm)	(707mm)	(1414mm)	(2828mm)

Z軸を√2の値を用いてスラブ差をつけ、家具や空間に変化させる

X方向の白銀比

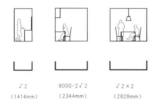

√2	8000-2√2	√2×2
(1414mm)	(2344mm)	(2828mm)

グリッド割をしたX軸は√2の値を持ち、空間の機能をつくる

スラブ差を用いた空間構成

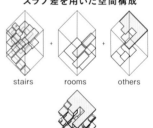

stairs　+　rooms　+　others

all

螺旋でつくるルーティンワーク

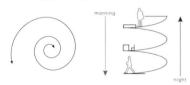

白銀螺旋を利用しているため、一重螺旋の動線を用いる。上から下に降りる動線は、朝起きてから家を出るまでの動きとする。下から上に上がる動線は、夜くつろいでから眠るまでの動線とする。このようにして、通勤までの時間の効率化、ルーティンワークを生み出す

上下をつなぐスキマ

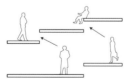

スラブ差を、隙間をあけて立ち上げる。視線は完全には合わず、段の上下にいる人の気配を感じられる。隙間を通じて視線や音の情報を上下階で緩やかにつなぐ

効率的な通風計画

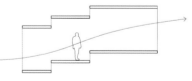

従来の住宅では一方向あるいはL字型の開口部で、風の通りが悪かった。スキップフロアの特性を生かし、同軸方向に開口を配置する。開口の高さが異なるため、熱を効率よく逃がす

審査員コメント　小さなフットプリントの8m角の敷地に住宅をレイアウトしていますが、無駄のないスキップフロアになっています。それぞれの小さなスペースが外に向いていて広く感じるけれど、もしかすると、12分割ではなく、グリッドをもう少し減らす選択肢もあったかもしれない。（アストリッド クライン）

GL＋141 平面図

GL＋2,969 平面図

GL＋5,443 平面図

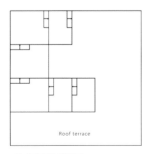

GL＋7,777 平面図

作品PR　建築空間をより機能的に、より快適にするべく講義終了
後もブラッシュアップを続けてきた。

課題

日本大学 生産工学部 建築工学科 建築デザインコース
2年／建築設計演習Ｉ・設計課題1／2020年度課題

8mキューブの空間

出題教員：篠崎健一、長沖充、泉幸甫

指導教員：篠崎健一、長沖充

設計課題1では全9週にわたり、毎週毎週、課題を出します。通常課題出題後5〜6週の中間指導を経て、課題提出といったケースが多いのですが、この課題では建築の基本であるスケールや光、身体寸法、プロポーションなどなど、建築設計の基本的メソッドについて毎週課題を出します。

最終的には住宅の設計として課題を提出してもらいますが、最終的な成果物の提出に至る過程がこの授業では重要です。ですから、毎週要求された課題をきっちりとやり、少しずつ建築のメソッドを身につけてください。

1、今週の課題

8×8×8 mのキューブの中に抽象的空間のモデルを5個つくる。
その空間を構成するための手法
○立体を挿入する。
○面（壁）を挿入する。
○線（柱）を挿入する。
○穴（窓、ドア）をあける。
○段差（水平方向に、垂直方向に）を付ける、吹き抜けを付ける、回遊する……。
　空間の中で行き来できるように開口や階段を設ける。
　模型の素材：水平方向（床）は1cm、垂直方向（壁）は5mmのスチレンボード。

※日本大学 生産工学部 建築工学科 建築デザインコースの課題出題教員インタビューは本書バックナンバー「JUTAKUKADAI07」P.274を参照（泉幸甫・篠崎健一「8mCUBE－8m立方の、ある一つの秩序を持った住宅空間を設計する」）

日本大学
Nihon University
生産工学部 建築工学科 居住空間デザインコース

3年／建築設計V・第1課題／ 2021年度課題

SKELETON & INFILL

出題教員コメント リノベーションやコンバージョンを行うオープンビルディングの観点でスケルトン・インフィルを考え、生活の変化に対応しながら、変化に富んだ空間を生み出すシステムを考える課題に対し、それを固定した躯体ではなく動くシステムとして提案しています。動くというのは禁じ手という意見もありましたが、インフラは動いていないのです。昼／夜、平日／休日、季節によっても街並みが変わるという大胆な提案の可能性を評価しました。（渡邉康 教授）

山本 有紗
Yamamoto Arisa

3年（当年度課題）

On The Rail

設計趣旨 近年、在宅勤務が可能となったが、仕事と家庭生活が混同しやすいという問題がある。壁と床で構成されたインフィル部分がレール上を移動し、入れ子に重なることで空間を分けたりつなげたりする。日々住人の生活にとって最適な間取りに変化させ、ワークライフバランスを保つ、自由な住み方を提案する。また、移動により住民同士で広場や道をつくることで、人・住宅・街の関係を構築していく。

指導教員コメント 今後の暮らしには変化があって欲しいと大胆にも「入れコ」と名付ける壁が2方向に自由に移動し、領域に変化を与える提案です。1軒の壁が動いた結果、隣家に影響を及ぼし、また新たな領域の変化が起こります。このアイデアは、ただ領域の変化をつくるだけでなく、隣家との話し合いでさらに豊かな場所となるか？ はたまた寂しい場所になるか？ 希薄になりがちな隣家との関係をコミュニケーション次第で展開する空間こそが大切だという視点が面白いと思いました。（鍋島千恵 非常勤講師）

日本大学 生産工学部 建築工学科 居住空間デザインコース｜山本 有紗

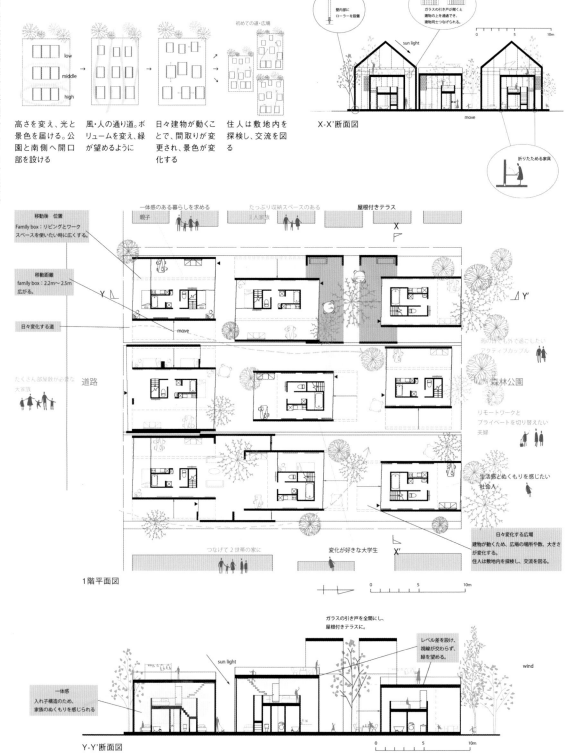

高さを変え、光と景色を届ける。公園と南側へ開口部を設ける

風・人の通り道。ボリュームを変え、緑が望めるように

日々建物が動くことで、間取りが変更され、景色が変化する

住人は敷地内を探検し、交流を図る

壁内部にローラーを設置

ガラスの引き戸が開くと建物の上を通過でき、建物同士つなげられる。

初めての道・広場

sun light

X-X'断面図

move

折りたためる家具

一体感のある暮らしを求める　親子

たっぷり収納スペースのある　3人家族

屋根付きテラス

移動後　位置
Family box：リビングとワークスペースを使いたい時に広くする。

移動距離
family box：2.2m～2.5m広がる。

日々変化する道

move

たくさん部屋数が必要な大家族

道路

つなげて2世帯の家に

変化が好きな大学生

1階平面図

赤りくつろいで過ごしたいアクティブカップル

森林公園

リモートワークとプライベートを切り替えたい夫婦

生活感とぬくもりを感じたい社会人

日々変化する広場
建物が動くため、広場の場所や数、大きさが変化する。
住人は敷地内を探検し、交流を図る。

ガラスの引き戸を全開にし、屋根付きテラスに。

sun light

レベル差を設け、視線が交わらず、緑を望める。

wind

一体感
入れ子構造のため、家族のぬくもりを感じられる

Y-Y'断面図

審査員コメント　四角形のボックス状の住まいの間に大きな気積のガラスのボックスを差し挟む計画です。切妻屋根のガラスボックスは、内と外の間のような空間になっています。断面図で見るとスケールアウトした大きさで、住宅のスケールから外れているのでかえって可能性を感じさせます。オープンなリビングは多様なライフスタイルに対応できるのだと思いますが、家族構成が変わった時に、用途を変えて店舗として貸すような開いた使い方の提案があるとよかったと思います。（駒田由香）

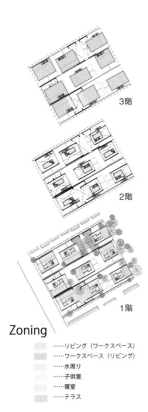

3階

2階

1階

Zoning

|||| ……リビング（ワークスペース）
|||| ……ワークスペース（リビング）
|||| ……水周り
|||| ……子供室
|||| ……寝室
|||| ……テラス

ライフスタイルに合わせて住居を変化させる

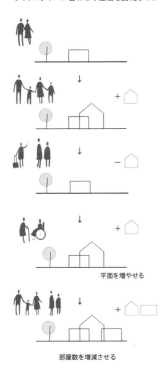

平面を増やせる

部屋数を増減させる

日本大学 生産工学部 建築工学科 居住空間デザインコース
3年／建築設計Ⅴ・第1課題／2021年度課題

SKELETON&INFILL

出題教員：渡邉康、鍋島千恵

指導教員：渡邉康、鍋島千恵

スケルトン・インフィルの住宅は頭文字をとって「SI住宅」とも言われています。「スケルトン」は建物を支える構造躯体＝骨組みのことです。「インフィル」はその中身つまり住居の「間取り」や「内装」のことを指します。

これまでのマンションのスケルトンはインフィルの可変性を考慮していなかったため、家族構成の変化、住み方の多様化に対応できませんでした。また、構造躯体がまだしっかりしていても、設備配管が経年劣化した際に交換できなかったり、新しい設備への更新が難しい構造になっていたりして、住み続けることが困難になり、解体され建て直されていました。その結果、莫大な資源と建設の労力を無駄にし、大量の産業廃棄物を出していたのです。「つくっては壊し、壊してはつくる」いわゆる「スクラップ＆ビルド」を繰り返してきました。
現在、建築行為は、いかにエネルギー消費量を削減するかが一つの大きなテーマになってきています。エネルギーの無駄遣いから脱却し、100年、200年の歳月に耐えられるしっかりしたスケルトンをつくっておいて、将来、多様化すると想定される生活スタイルや家族の変化にフレキシブルに対応するインフィルを提案してください。

1、課題について
○インフィルを念頭に置きながら、まずスケルトンを計画してください。続いてインフィルを計画しますが、スケルトンが合理的で機能的、かつ魅力的に計画されていれば、インフィルの可能性は高く、多種多様な住空間を創り出すことができるでしょう。スケルトンとインフィルは同時に考えなければなりません。なぜなら、スケルトンの設計はその後のインフィルの設計にとても大きな影響を及ぼします。
○また、日照・通風などの居住性や快適性はもちろんのこと、家族が快適かつ居心地よく暮らせる住宅である必要があります。住まい方、暮らし方に対する新しい提案も今後は必要になってくることでしょう。建物はスケルトンの中だけでなく、敷地周辺の環境にまで影響を及ぼすことも忘れないでください。そして「住宅設計の基本」をしっかり押さえたインフィルの設計を心がけてください。

2、設計条件
○住戸数は9戸。家族像は各自設定する。各住戸面積はおおむね80～120㎡とする。与えられた敷地（東京都品川区尾山台）に計画すること。

作品PR 昼と夜、育児と老後、人の生活は時の流れと共に変化していくが、住宅は容易に間取りを変えることができない。そこで、ライフスタイルの変化により住宅も変わっていく必要があると考えた。私は、建物が移動することで姿を変え、住人の生活に寄り添うことができる集合住宅を提案する。レール上を建物が動き、空間を変えることでSIの課題である「かたちを変える手間」を解決し、SIの新しい可能性を引き出す集合住宅を考えた。

日本大学
Nihon University

理工学部 建築学科

3年／建築設計Ⅳ／2021年度課題

代官山コンプレックス

出題教員コメント 本課題では、設計の必修科目最後の課題として、半期をかけて複合建築の設計を行います。これまで取り組んできたさまざまなビルディングタイプでの学びを統合し、複数の機能が複合・積層された建築について、ゾーニング、動線計画、プランニング、構造計画などを調整・デザインし、1つの建築として設計をまとめ上げ、成果物を制作することの習得を目的としています。
（佐藤光彦 教授）

大塚 友貴
Ohtsuka Yuki

3年（当年度課題）

恐れて、憧れて。

設計趣旨 槇文彦による代官山建築には我々を迎え入れようとする手法が施されている。しかし私は恐れ多さを感じた。この手法と心情の矛盾こそが代官山の豊かさだと考えた。これには現代の個人主義的な来訪者と、集団主義的なかつての住人の関係が密接しており、本設計ではこうした矛盾を取り除くのではなく、あえて不自由さを与え、まるでブルータリズムを感じる恐れ多くも憧れる建築を提案する。

指導教員コメント 代官山の街に突如として現れたこの巨大な外周壁は、一見すると閉鎖的な印象を受けるかもしれません。しかし、この建築の内部には、驚くべき開放性が発露しているようにも見受けられます。光は影があるからこそ認知できるのと同じように、開放性と閉鎖性は同居しうることを、この提案は気付かせてくれます。建築の「物質的な力」を信じる本人の思想が反映され、精緻につくりこまれた模型やドローイングが高く評価されました。
（古澤大輔 准教授）

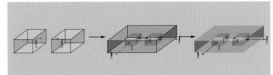

一般的な住戸は各々に壁を設ける。住戸間の透明度は低い

敷地を大きなイエと見立て、外周壁で囲むことで各住戸間の透明度を上げる

外周壁にもボイドをつくることで、来訪者との間接的なつながりを生む

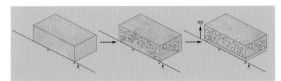

敷地に外周壁を落とし込む

ボイドをつくり、住人の活動をスクリーン化する

浮遊させ、来訪者を誘惑する

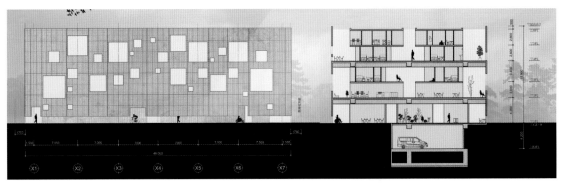

北側立面図。ファサード計画として、1)住人を守るブルータリズム的な壁、2)GL+1,200の高さで浮遊させた壁、3)1:1になった壁とボイド、4)上層階にかけて密になるボイドとする。来訪者に与える情報を制限し、現代のクリエイティビティな代官山人の冒険心を奮い立たせる。重要なのは、「誰もが入れるのではなく、誰かが入りたくなるような、人をふるいにかける建築」を目指したことである

短手断面図。住戸の構成は2・3階、4・5階でそれぞれメゾネット形式とした。プライバシーを守るべき最低限の機能を各住戸のコアに挿入し、天井高を5mまで引き延ばすことで、下階の空気感を感じながら過ごす

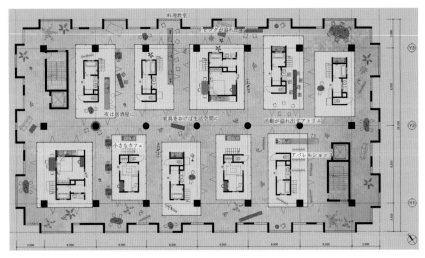

2階平面図。昼間はハコから突き抜けた大きなキッチンで料理教室を開き、夜は1つのハコに集まって居酒屋で食事をする。朝目を覚まし、1歩ガラスの外に出れば、朝日が差し込む中で歯を磨く。リビングが、ダイニングが、キッチンが突出した、自分の居場所に縛られない自由な暮らしを営む

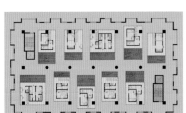

1階平面図

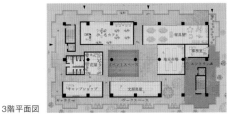

3階平面図

審査員コメント　模型の精度も高くて力作だと思います。反ヒルサイドということで、徹底的に閉じた硬い壁に覆われた箱をつくっています。模型を見ると1階に店舗がありますが、下がり壁をつけて店舗でさえも閉じようとしている。ヒルサイドテラスに憧れているからこそ出た回答ですが、評価は分かれると思います。平面図の各住戸の周囲にある白い部分がガラス張りで、その先が共用部となるのですが、専有部と共用部が混じり合うイメージは、オリジナリティがあると思いました。（駒田由香）

1階店舗空間。1階の外周壁と店舗の隙間空間はワークスペースやギャラリーなど、比較的静寂した活動の場として使用

住戸アプローチ。住戸アプローチと店舗空間を明確に分けて住人の存在を確立

2階店舗兼住戸

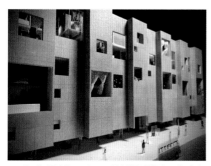

ファサード。巨大なコンクリート壁と幾何学的な凹凸デザイン。冷酷で生の素材の使用を指向するブルータリズムを意識

課題

日本大学 理工学部 建築学科
3年／建築設計IV／2021年度課題

代官山コンプレックス

出題教員：雨宮知彦、今村雅樹、内部美玲、木島千嘉、小泉雅生、
　　　　　佐藤光彦、高橋堅、塚田修大、富永大毅、野島秀仁、
　　　　　飛田幸作、廣部剛司、古澤大輔、賓神尚史、水野吉樹、
　　　　　山中新太郎

指導教員：古澤大輔

設計の必修科目最後の課題として、半期をかけて複合建築の設計を行う。これまで取り組んできたさまざまなビルディングタイプでの学びを統合し、複数の機能が複合・積層された建築について、ゾーニング、動線計画、プランニング、構造計画などを調整・デザインし、1つの建築としてまとめ上げることを修得する。

設計対象敷地のある代官山は、1967年から30年以上にわたって建設されてきた「ヒルサイドテラス」（槇文彦）により、住居と商業が混在する新たな都市文化の場として、街の性格が形成されてきた。優れた先例から学び、豊かな都市生活の舞台となる複合建築を設計することを目的とする。またこれまでの課題で扱ってこなかった「集合住宅」部分の設計についても重視する。

1、主な条件
○敷地：東京都渋谷区猿楽町・目黒区青葉台
○敷地面積：1,540㎡
○用途地域：第二種中高層住居専用地域
○建ぺい率：70%（60%＋角地緩和10%）
○基準容積率：300%
○準防火地域／第三種高度地区
○最高高さ：20m
○延床面積：床面積を容積率200%以上確保すること（共用部は面積に含めるが、駐車場は含めない）。
○構造・階数：自由
○用途：集合住宅、店舗（展示やイベントなどを開催できる150〜200㎡程度のスペースも計画する）。地上階以外にも店舗等を計画すること。
○住戸数：20戸程度（3タイプ以上）。
○住戸面積：50〜100㎡（1LDKから3LDKまで）を基本とする。
○住戸総面積：1,500㎡以上（共有部は含めない）。
○駐車場台数：4台程度（搬入車両用と身障者専用を含む）。

※日本大学 理工学部 建築学科の課題出題教員インタビューは本書バックナンバー「JUTAKUKADAI08」P.194を参照（佐藤光彦「代官山コンプレックス」）

作品PR 朝倉大地主と槇文彦による代官山は完成した。空間の奥性という手法に対して恐れ多さを感じさせる現代の代官山の矛盾した豊かさ。私はこの矛盾を取り除くのではなく、あえてその不自由さを与えた。槇文彦が隅入りを使うのならば、私は真正面から。槇文彦がセットバックさせるのならば、私は大きな壁を建てる。反ヒルサイドだ。かつての住人を主とした空間を生み、冒険心のある来訪者に憧れを抱かせる。そのために私は壁を建てるのだ。恐れつつも憧れる建築を提案する。

日本大学
Nihon University
理工学部 海洋建築工学科

2年／デザイン演習II・第2課題／2020年度課題

水と共に生きる集合住宅

出題教員コメント 現在の集合住宅は、閉ざされた個人の空間で暮らしが完結します。そこでは新たな共同体はなく、個人の自由も生まれない。生活、趣味、仕事は個人の空間から積極的に飛び出し、パブリック化させることで、集まる場となり、共同体が生まれる。そこで生まれるさまざまな共同体を所属したり、脱したりすることで、初めて個人の自由が獲得できる。集まる場、関わる共同体を選択していく環境で、色とりどりの個人たちが出現するのです。（勝又洋 非常勤講師）

松井 良太
Matsui Ryota

3年（課題時は2年）

生活着色

設計趣旨 コロナ禍によって、在宅勤務が普及し、オフィスに集まる習慣が衰退した。これは大きなコミュニティの衰退を意味する。そこで住空間をコミュニティ化させ、新たに人とつながる場を設けるために「白箱と木箱」を提案する。白箱は個人の空間で、従来の集合住宅にあるプライベート性を担保する。木箱はみんなで共有するLDKを包括していて、人とのつながりを生み出す。

指導教員コメント 建築が機能から解放されたときに、その建築は自由を獲得する。「集合住宅」という課題に対し、閉塞する住人の活動を解放し、都市の活動と融和させながら再構築することで、「村」のような場を提案しています。敷地をぐるりと取り囲むように配置した住空間は都市との接点を最大化し、中央にぽっかりと空いた広場は人々の自由な活動を受け入れる。帯状のデザインには住人同士のつながりを保ちたいという作者の強い想いがあらわれています。（勝又洋 非常勤講師）

日本大学 理工学部 海洋建築工学科 ｜ 松井 良太

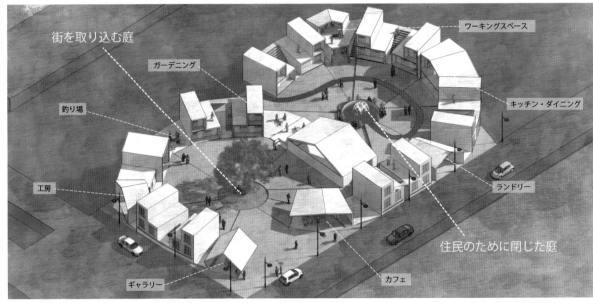

街を取り込む庭

ワーキングスペース

ガーデニング

キッチン・ダイニング

釣り場

ランドリー

工房

住民のために閉じた庭

ギャラリー

カフェ

敷地周辺には商店やオフィスを包括した複合住宅が建ち並び、生活や商業、ビジネスが交じり合い、雑多感のある魅力的な街である。この雑多感を集合住宅にも反映させる

街を取り込む庭

住民のために閉じた庭

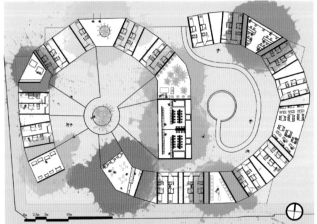

平面図1階

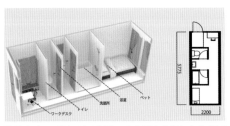

住民が1人1つ所有できる住戸。この住戸は、生活の中でプライベート性を保つための最小限の用途で構成されている

審査員コメント

Sの字に配置した住戸が2つの広場を囲むように並んでいて、住戸は広場側にも街側にも開いている。細長い通り庭のような屋外空間に面した住戸は、あえて面積を絞っていて、閉じた空間から外に出て行くように誘導されています。

片側に機能を寄せた住戸のプランニングは抜けを確保していて、コンセプトが一貫していると思いました。広場側と街側は環境が違うので、開き方に変化をつけてもよかったと思います。（駒田由香）

閉じた完結から、開いた選択肢へ

閉じた空間から外に出す

人が集まる場が形成される

人や場が関係し合い、豊かなつながりが生まれる

ダイアグラム

帯をS字に引き、求心性のある2つの庭をつくる

帯を持ち上げ、1人が所有する住居を点在させる

住居と住居の間にパブリックスペースを包括する

課題

日本大学 理工学部 海洋建築工学科
2年／デザイン演習II・第2課題／2020年度課題

水と共に生きる集合住宅

出題教員：金子太亮、勝又洋

指導教員：勝又洋

本課題は、木場公園仙台堀川沿いの敷地に、水辺との関係性を配慮した集合住宅を計画するものです。水は人々に癒しや潤いを与え、私たちの生活を支えてきました。広義に捉えると水は人類の文明維持に必要不可欠な存在ですが、河川氾濫や津波のように水害が私たちの生活を脅かす存在になることも理解しておかなければなりません。昨今では、集中豪雨や台風により各地で相次いで被害が発生しており、長野の千曲川氾濫や熊本の球磨川氾濫は記憶に新しいところです。

一方で、新型コロナウイルスの感染が世界中に広がり、人々の物理的距離にディスタンスが必要とされ、集まることが規制される状態が今もなお続いています。在宅勤務や教育のオンライン化、リモート飲み会など、我々のライフスタイルそのものが変化しつつあります。時間の効率化が進んだ反面、集まることで共有される時間や空間の価値が再認識されています。人が離れ離れになった時、人が集まり支え合って生きていくことの大切さを改めて実感している方もいるでしょう。

こうした複雑な社会状況下において、「水辺に集まって住まう」とはどうあるべきなのでしょうか。これまでのように親水空間をつくって単に集まればよいというわけではないかもしれません。水とともに暮らし、ともに生きていく喜びを感じられる集合住宅を提案してください。

1、計画にあたっては、特に以下のことに配慮すること。
〇第1課題「街のアートミュージアム」のパブリックスペースと本計画のつながりに配慮すること。
〇住戸と水辺との関係性、共用部と水辺との関係性をそれぞれ考慮すること。
〇80人のための新しい暮らしを提案すること。
〇入居者を具体的に想像して提案すること。例えば4人家族20世帯の80人が集まった暮らしのほか、6畳1間に1人で暮らしてコモンスペースを充実させたシェアハウスのような80人の集まった暮らしなど、集まって住むことの意味を考えた提案とする。
〇居住者間の交流や、居住者と地域の人々が自然と交流できるような公共空間（カフェやコワーキングスペースなど）を計画しても構わない。
〇住戸の提案として、これからの住まいにおける「集まるかたち」を提案すること。

2、計画敷地及び周辺条件
〇住所：東京都江東区木場（木場公園内）
〇計画地面積：2,195.20㎡
〇敷地条件：準工業地域（建ぺい率60%・容積率300%）。防火地域。
〇電気・ガス・上下水道などは整備されている。また、地盤は良好である。
〇現存する敷地内の建物は、更地として計画する。

作品PR 現在の集合住宅は、閉ざされた個人の空間で暮らしが完結する。そこでは新たな共同体はなく、個人の自由も生まれない。生活、趣味、仕事は個人の空間から積極的に飛び出し、パブリック化させることで、集まる場となり、共同体が生まれる。そこで生まれるさまざまな共同体を所属したり、脱したりすることで、初めて個人の自由が獲得できる。集まる場、関わる共同体を選択していく環境で、色とりどりの個人たちが出現する。

日本工業大学
Nippon Institute of Technology
建築学部 建築学科 建築コース

2年／建築設計Ⅱ／2021年度課題

アタラシイ村
価値観の異なる者たちの場の創造

出題教員コメント 数戸の住宅によって構成される集住スペースですが、そこにコミュニティの形成を促す小施設を加える工夫を課しました。住人たちだけでなく、周辺からも人々が立ち寄るような場所を提案してもらい、この作品では共有の台所をテーマとして空間が長い敷地にわたって展開しています。川に沿って豊かな空間が断続する中で、昔の風情を思い起こさせる眺めも欲張って求めながら、対岸からその様子が見えるような小宇宙の形成が望まれました。
（西本真一 教授）

🏆 **優秀賞1等**

秋間 悠希
Akima Yuki
2年（当年度課題）

川辺の台所

設計趣旨 川沿いの細長い敷地に料理や食事を通して地域の人と交流する小さな村を提案する。住戸を隙間なく隣接させるのではなく地域の人と使用するシェアキッチンや渡り廊下で住戸同士をつなぐことで、村全体が時間によってにぎわったり、落ち着いた空間になったりと変化する。住戸の軸方向の違いや渡り廊下のレベル差が目に映る川の風景に変化をもたらし、村の動線全てが人々の交流の場となるように考えた。

指導教員コメント 川べりに長く延びている敷地をどのように用いるか、また各住戸を複層とした時に空間をどのように割り当てるかという課題に、ずいぶんと苦労したようです。改訂された案を次々と披露することができる高い能力を備えた学生で、構造的な配慮を促した以外に指導らしいことを教員は伝えていません。むしろ先輩たちの助言に刺激され、レイアウトや模型の変更と撮影などを含め影響を大きく受けました。周囲の友人たちにも感謝です。
（西本真一 教授）

A-A'断面図

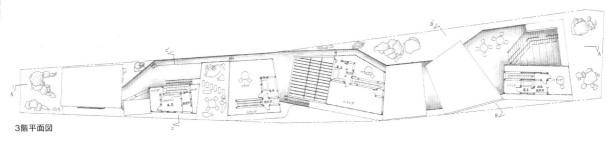

3階平面図

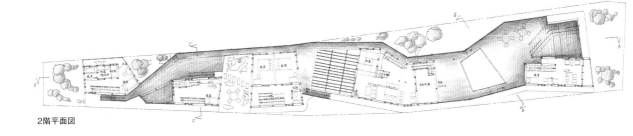

2階平面図

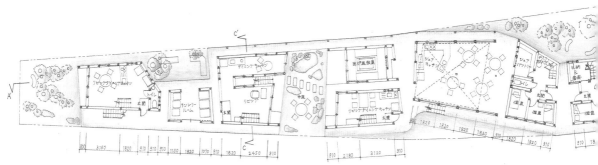

1階平面図兼配置図

審査員コメント
歴史ある場所に「アタラシイ村」をつくろうとする計画です。敷地の選び方にセンスがあり、敷地を選んだ時点で、すでにイメージが固まっていたのではないかと思いました。ゆるやかに雁行しつつ、つながる住戸配置、傾斜のある屋根の連なり、屋外通路と住戸間のたまり場のスケールなど、あらゆる部分が審査員も納得する作品でした。詳細まで作品が自分のものになっている気がしました。(駒田由香)

屋外廊下が街の人の散歩道になる

キッチンスタジオ前に人だまりができる

吹き抜けからキッチンスタジオを覗き込む

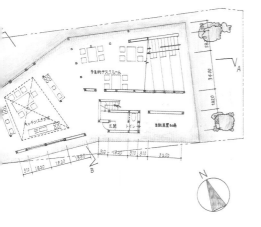

課題

日本工業大学 建築学部 建築学科 建築コース
2年／建築設計Ⅱ／2021年度課題

アタラシイ村 価値観の異なる者たちの場の創造

出題教員：西本真一、平宏明、渡邊高宏

指導教員：西本真一、平宏明、渡邊高宏

価値観の異なる人たちを迎え入れて、集まって住む場所を計画します。

自分のための小さな生活スペースから、移住者（移住体験者）または、地元の若者世帯の住居スペースを提案していきながら、地域にふさわしい場所や、多様性に富んだ魅力のある建築を構想してみましょう。
建築は、風景の一部になります。計画においては、周囲の街並みとの関係を十分に吟味していきます。わたしたちが計画する建築や風景の魅力は、その地域に住まう人たちが考える魅力と一致しているのでしょうか。街並みと調和の取れた建築とは何か、街並みへの影響など、自分の目と手足で考えて計画しましょう。

1、主要な条件
○敷地：訪問客に滞在して欲しい場所を選んでください。多くの情報を集めて、状況を確認するようにしましょう。
○敷地1：新しい村、また、その付近の周辺。
○敷地2：大落古利根川（おおおとしふるとねがわ）沿い、また、その付近の周辺。

2、居住スペース
○1～6人程度が、2～3週間以上の生活に必要と考えられる1居住単位や空間を計画します。
○1居住単位：人が集まる、くつろぐ（居間・リビング的スペース等）、食べる、寝る、自炊できる（台所・キッチン等）、体を洗う、用を足す（浴室、脱衣室、トイレ等）スペースを1居住単位とします。ベランダ、テラス、中庭なども追加することが望まれます。利用者間のプライバシーにも注意してください。
○規模：4～8住居単位、延床面積は限定しませんが、余白の大きな建築としないようにしてください。

3、交流スペース
価値観の異なるさまざまな人たちが活動できるような自由な場が必要です。移住者と地元民の交流の場、人々を引き寄せるたまり場、イベント等の活動を誘発するような場所として、また積極的に自然環境を生かした計画としましょう。ぽつんと孤立した単純な「箱」ではなく、屋内空間と屋外を適当に混ぜていくと、自然との関係が密になるでしょう。

▶参考例（単なる庭のような外部空間にしないようにしてください）
ギャラリーや展示（宮代町の紹介、彫刻・絵画の展示）、読書／図書館、熱帯魚観察、野鳥・星空の観察、カフェ飲食、釣り（各住戸から釣りをしたり、魚をみんなで料理したりする）、クライミング施設、温泉施設、井戸端会議場、小さな休憩所。
※居住滞在スペースと交流スペースはつながりを持たせましょう。それぞれ単に別棟とする案は避けてください

4、構造形式
基本的に自由。大きく破綻していないこと。外装・内装仕上げ材を具体的に想定すること。

※日本工業大学 工学部 建築学科（現、建築学部 建築学科）の課題出題教員インタビューは本書バックナンバー「JUTAKUKADAI06」P.242を参照（小川次郎「賄い付き下宿・再考」）

作品PR 川沿いの細長い敷地に地域の人と交流する小さな村を提案する。川の流れのように人の動線が村全体に流れ、住戸同士をつなぐ共有スペースが地域の人との交流の場となる計画である。住人と地域の人との交流が長く続いていくよう、一緒に料理ができるシェアキッチンや村全体が散歩道となるような屋外廊下を設けた。ばらつきのある住戸配置は人のたまり場となるスペースを生み出し、川を望む時の視覚的な変化で人々を楽しませる。

日本工業大学
Nippon Institute of Technology

建築学部 建築学科 生活環境デザインコース

2年／住空間の設計・第4課題／2021年度課題

シェアハウスの設計

出題教員コメント 中間課題として小さな平面の中で立体的に展開する「一人の住空間」を設計し、そこで構想した空間の仕組みをシェアハウスへ発展させることを求めました。住人は一人ではなく複数の他人となり、具体的な敷地環境で、外部の人にも開くといった、建物が引き受ける関係の複雑さに対して、スケールや配列、反復と変化、内外の関係など、空間や要素の在り方を具体的に考え、スタディを重ねながら生活への想像力を建築にしていきます。
（足立真 教授）

🏆 **アストリッド賞**

鈴木 晴香
Suzuki Haruka

2年（当年度課題）

ひと繋がりの家

設計趣旨 家全体を大きな箱がずれながら組み合わさったひとつの共有空間とし、その一部に小さな箱を入れ子状に組み込むことで住民の個人空間を確保した。また、デッキやキッチンや作業場、1階部分の多くは公園・通り道として街に開くことで、地域の人々との交流が生まれる。どこにいても住民や地域の人々が互いに存在を感じ合うことができる、一つながりで人つながりなシェアハウスを提案する。

指導教員コメント 3つの大きさの立方体をそれぞれ2つずつ用い、それらをずらしながら並べたり、入れ子にするといった空間構成によってシェアハウスを解いた作品です。設計途中では構成自体にも一定のルールを与えようと苦心していましたが、敷地の特性、プログラムについて、より具体的に考えることで、公から私のグラデーションを描き切りました。さまざまな大きさの空間に応じた居場所と、居心地の良さをもった建築だと思います。
（麻生征太郎 非常勤講師）

6m、3m、2m角の箱を組み合わせる

箱を浮かせることで、地域へ開いた空間となる

パブリックな空間の中にプライベートな個室空間がある

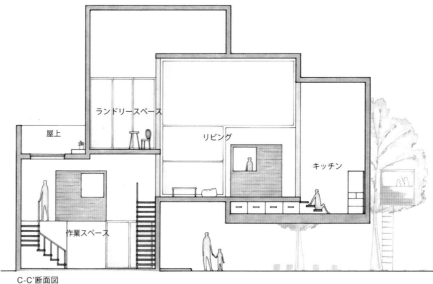

ランドリースペース

屋上

リビング

キッチン

作業スペース

C-C'断面図

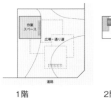

1階 　　2階 　　3階

A-A'断面図。外へも視線が通る

B-B'断面図。下の階や入れ子の個室にいる人とも視線が交わる

D-D'断面図。屋上とも視線がつながる

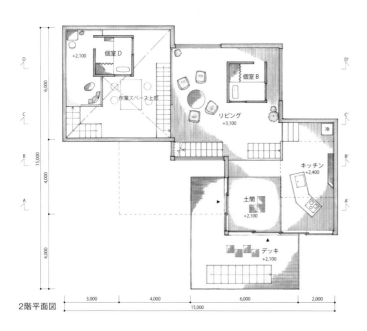

D

C

B

A

6,000

15,000

4,000

4,000

個室D
+2,100

作業スペース土間

個室B

リビング
+3,100

冷

キッチン
+2,400

土間
+2,100

デッキ
+2,100

3,000 　4,000 　6,000 　2,000
15,000

2階平面図

作業スペース

公園・通り道

N

1階平面図兼配置図

屋上

ランドリースペース

3階平面図

審査員コメント　6m四方の大きなボックスの中に、1坪程度の最小限の個室を高さを変えながら配置しています。天井高さを抑えた小屋のような個室から、天井の高い共用部に出ると街に出ていくような楽しさを味わえるかもしれない。個室と共用部との関係や、視線の抜けもよく考えられていて、さまざまな居場所が建物全体に散りばめられています。空間のつくり方が上手です。（駒田由香）

アストリッド賞｜日本工業大学 建築学部 建築学科 生活環境デザインコース｜鈴木 晴香

建物の下を通り抜ける。作業スペースの窓から奥へも視線が抜ける

デッキ、土間、キッチンがつながり、外との関わりが強まる

作業スペースの様子。上階のリビングからも光が入る

ランドリースペースから見た様子。リビング、屋上と視線がつながる

日本工業大学 建築学部 建築学科 生活環境デザインコース
2年／住空間の設計・第4課題／2021年度課題

シェアハウスの設計

出題教員：足立真、麻生征太郎
指導教員：足立真、麻生征太郎

この授業の最終課題として、具体的な条件のもとでシェアハウスの設計を行います。

シェアハウスには明確な定義はありませんが、ここでは「他人同士で生活の場を共同利用（シェア）する住居」と考えてください。どのような場所を共同で使い生活するのか、またどのくらい個人の空間の独立性があるのか、といった想定は自由です。集まって住むメリットや楽しさを想像して、積極的な交流が生まれる空間を考えてください。

第1課題では、身のまわりのモノや空間の寸法を測って把握しました。

第2課題では、一人で生活する空間について設計しました。そこで得たスケール感を大切にして、また、構想した空間の仕組みがシェアハウスに展開できないかを考えてみてください。住人が複数になり、共有の場が加わることに対して、空間のアイデアが必要になります。

第3課題では、生活の中で他人と一緒に過ごす空間についてリサーチを行い、その成果を共有しました。
それらを参考に、住人だけでなく、来訪者や地域の人たちとの関係も生み出す空間を、シェアハウスに取り込んでください。

シェアハウスでのライフスタイルを提案するコンセプトを明確にして、考えたことが適切に、かつ魅力的なものとして他者に伝わることが重要です。図面や模型の表現にも最後まで力を入れて、設計をやり遂げてください。

1、敷地
○東武動物公園駅近くの大落古利根川沿いの敷地、321.75㎡。
○近隣商業地域：建ぺい率80%、容積率200%。
○敷地の中で半分以上は公共的な公園（誰でも入れる外部空間）とすること。

2、設計条件
○4〜6名の建築学科の学生が住むシェアハウスとする。男女を混ぜるか否かは自由とする。
○単一タイプの個室の反復にならないようにし、2層以上の個人スペースを必ず含むこと。
○個人専用の部分、共同で利用する部分の設定は自由とする。階段や廊下などの動線部分しか共用しない設計は不可とする（シェアハウスではなく共同住宅になってしまうため）。
○建物の一部に外部の人も関わる場所を組み込むこと。
○住人たちにとって快適な住環境であるとともに、建物が街にとっても有意義な存在になるように、周囲の環境も含み込んだ空間の関係を積極的に考える。
○住人が所有する自転車の置き場を設けること。駐車場は設けない。
○敷地内に設けた公園（誰でも入れる外部空間）、および建物周りの外構も設計し、図面と模型に表現する。
○構造形式は自由とする。

作品PR 特に重視した点は、住民同士の関わり方、視線の交わりや気配の感じ方である。「部屋から部屋へ移動する」「この部屋で何かをする」という暮らし方ではなく、階段、段差、入れ子の下など全てが居場所となり、住民である学生たちが多様な暮らし方をできるような内部空間になっている。空間を壁や戸で仕切ることなく緩やかにつなげているため、視線が多方向に交わり存在を感じ合える、シェアハウスならではの暮らし方を提案した。

日本女子大学
Japan Women's University

家政学部 住居学科
居住環境デザイン専攻・建築デザイン専攻

2年／建築設計 I・第2課題／ 2020年度課題

新しい都市居住のための
集合を考える

出題教員コメント 職住近接や二拠点居住、家族以外とのシェアなど住宅にまつわる近年の課題は、コロナ禍によってすべての人が自分のこととして捉えるようになり、住の郊外回帰を促しました。この課題では、インフラの効率を重視した都心と自然の豊かな郊外住宅地が相互補完的な新しい住環境となることを想定しています。職と住、個人と地域の関係を再構築し、新たな生活の場としての集合住宅を学生一人ひとりが提案してくれることを期待しました。
（片山伸也 准教授）

🏠 植田賞

岩城 瑛里加
Iwashiro Erika

3年（課題時は2年）

通りと庭の集合体

設計趣旨 敷地は東京都多摩市永山の一角。ニュータウンとして開発されたこの地を、都市と郊外の中間と捉える。外部の環境を曖昧に私的づける「郊外の庭」と、人々が集うことで公的領域を居場所とする「都市の路地」とが混ざり合う本計画は、その寛容さから、地域住民の日常に+αの時をつくり出す。住空間と連続した外的な余白空間は、室内に自然環境や周辺での活動の様子を淡く伝える。

指導教員コメント 都市と郊外の中間地点における、新しい時代の暮らし方とコモンスペースの提案。「私」である庭と、「公」の路地が溶け合って多義的な中間領域を生み出している点を評価しました。開くか閉じるかの選択ではなく、他者との距離の取り方がよりグラデーショナルになった時代に対応する空間の質を生み出しています。この建築を使いこなすためには、高度な共同体意識と、それでいて閉じずに、人々を受け入れる寛容さが求められるはずです。都心でも郊外でもないこの場所だからこそ成立する、現代のムラのような集合形式のように感じられる提案です。
（針谷將史 非常勤講師）

植田賞 ― 日本女子大学 家政学部 住居学科 居住環境デザイン専攻・建築デザイン専攻 ― 岩城 瑛里加

住戸の間に個人の生活を感じる「都心」の要素を取り入れ、路地のように「入り込む」空間をつくる

住戸の境界に生活が見出される「郊外」の要素を取り込んだ、庭のような「はみ出す」空間

敷地内に人々の往来を取り入れ、家と目的地の間に、他者の生活とのつながりを生む。集合住宅の合間にはカフェやステージが置かれ、人々は日常的に外部環境への意識の広がりが生じる。これらの商業的空間は床面積を抑えることで、より外部環境へと活動がはみ出すよう計画した。

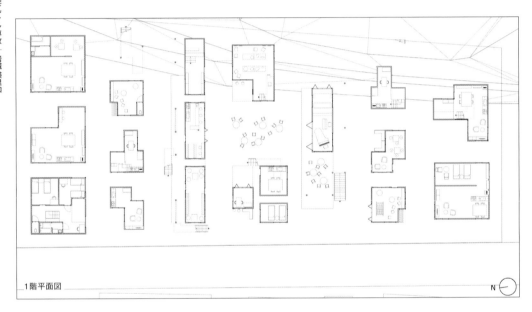

1階平面図　　　　　　　　　　　　　　　　　　　　N

審査員コメント　敷地は多摩で、都市と郊外の両方の特性を持っている場所。その課題に対する回答として、並べ方に不思議な魅力を感じました。適度にスペースがあり少し勾配によって開きつつ、都市的にはプライバシー性が高くなっている。切妻とフラットな屋根に細長い形状の雰囲気も非常によい。ただ、部分を見ると説得力があるけれど、図面での説明が足りません。模型写真を見ると図面と少し違うような気もします。とてもいい案ではあるので、もう少し完成させてほしいです。（妹島和世）

2階平面図

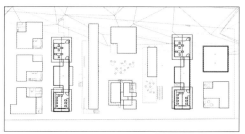

3階平面図

課題

日本女子大学 家政学部 住居学科 居住環境デザイン専攻・建築デザイン専攻
2年／建築設計Ⅰ・第2課題／2020年度課題

新しい都市居住のための集合を考える

出題教員：	片山伸也、定行まり子、江尻憲泰、東利恵、稲垣淳哉、 武田清明、針谷將史
指導教員：	針谷將史

高度経済成長期には東京区部における深刻な住宅難が顕在化し、近郊市部では多くの宅地開発が行われました。無秩序な乱開発を避けるべく、良好な居住環境を整備しながら大量の住宅を供給するニュータウンが各地に計画されました。それから50年余を経て、ベッドタウンから都心部へと通勤するステレオタイプなライフスタイルは過去のものとなり、都心部と郊外の関係も二拠点居住やリモートワークの普及にともなって新たな枠組みへと変わりつつあります。一方で、ニュータウンそのものに目を向けると、団地の建物の老朽化などの課題もある一方で、開発当初からの住民の世代交代も進み、成熟した街へと生まれ変わりつつあります。

敷地である多摩市永山2丁目は、永山駅にも近く都心部へのアクセスがよい一方で豊かな自然環境も享受できる恵まれた立地です。そこに、「都市居住」という概念を新たに定義するような拠点としての「集合住宅」を計画してください。周辺の団地や既存市街地に対して、「住人」がコミュニティの一員としてどのように貢献できるか、東京都心部とのつながり（生活の連続性）を保ちながらも従属的ではない新しい都市居住のための集合住宅の可能性を考え、建築的に提案してください。

- 集合住宅の規模は、住戸数12〜15もしくは「住人」の数36名前後を想定して計画する。
- この集合住宅の「住人」は、居住者・就労者・利用者（近隣および交通機関を利用しての来訪者を想定）からなる。
- 居住者は専用住戸を持つ常住の居住者、専用の住戸を持つが常住しない居住者、住空間をシェアする居住者など自由に想定してよい。
- 想定する住戸は住居だけではなく、シェアオフィス的なスペース、近隣住民を含む地域施設的スペースなど、「居住」を広義に捉えて提案してよい。
- 近隣市街地や団地にも新たな都市居住のためのさまざまな機能が分散配置されることを想定してよい。
- 敷地面積の内の800㎡程度（現行の法面緑地部分と同程度）は公開空地的に扱うこと。

1、設計条件
○場所：東京都多摩市永山
○用途：集合住宅＋α（シェアオフィスなど）
○敷地面積：約2,270㎡
○用途地域：第二種中高層住居専用地域
○建ぺい率：60%（法定）
○容積率：200%（法定）
○高度地区：23m、第2種高度地区
○構造：自由

※日本女子大学の課題出題教員インタビューは本書バックナンバー「JUTAKUKADAI07」
P.276を参照（宮晶子「街とくらす集合住宅」）

作品PR 路地とも庭とも言えない新しい「共」の空間で建築を満たす。それは、住人同士のつながりを築くと同時に周辺の人々を受け入れる寛容さを持ち合わせる。多摩市永山を都心でも郊外でもない場所と捉え、人々と建築とが混ざり合い地域の動きが変化するような建築を提案する。

文化学園大学
Bunka Gakuen University
造形学部 建築・インテリア学科

2年／住まいの設計／2021年度課題

都市部に建つ戸建住宅

出題教員コメント 大学近くの住宅地に木造戸建住宅を設計する課題です。空間に大きく影響を及ぼすKeyword を持つ6タイプ（2世帯住宅・蔵書1500冊以上・車椅子・畑・SOHO・子ども食堂）のクライアントを設定し、それぞれに居住者人数・大まかな居住者像・最低限の条件のみが与えられています。各自のクライアントの具体的な生活像や住要求をイメージした上で、設計条件・構造・素材・周辺環境等を読み解きながらデザインを進めていく授業です。（渡邉裕子 准教授）

渡部 怜
Watanabe Rei

2年（当年度課題）

街の通り道

設計趣旨 2階建ての建物を2分割して生まれた4つの空間に、生活と仕事の場をバラバラに配置した。建物間には、敷地に対して斜めに通り庭を設け、隣接する公園や道路と緩やかにつながる。それぞれの棟を行き来することで、外の気配を感じ気持ちの切り替えができるようにした。コロナ禍で外出が減り在宅ワークが増えた現在、住宅内での公私の使い分けや街とのつながりを意識する住まいを目指した。

指導教員コメント 学生時代の初めての住宅設計はハードとしての建築デザインにのみ志向が偏りがちですが、住宅内に会社や学校等の社会的要素が介在する現代に、地域や社会との関係性にも着目して設計している点が評価されます。また、木造在来工法の一般的な910グリッドからくる矩形に縛られない平面計画が、空間に伸びやかな動きと方向性をもたらし、街とのつながり方や住宅内で過ごすことの多くなった暮らしに躍動感と楽しさをもたらしています。（渡邉裕子 准教授）

文化学園大学 造形学部 建築・インテリア学科｜渡部 怜

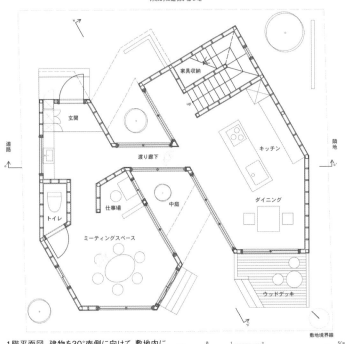

将来的に建物が立つ場

道路

陰地

敷地境界線

0 1 2   5(m)

公園

1階平面図。建物を30°南側に向けて、敷地内に太陽の光がたくさん入るようにし、公園や街の要素を建物の奥まで引き込むような設計にした。公園側から見た時に、公園、庭、ウッドデッキ、建物と段階的な高さの設計をして街とのつながりを意識した

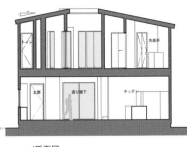

a-a'断面図

b-b'断面図

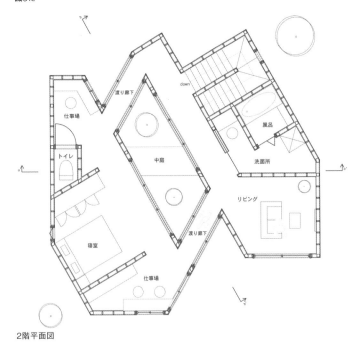

2階平面図

カーテンと渡り廊下で部屋を仕切ることで、開放感がありつつも部屋ごとに切り替えのできる空間になっている。公園からの心地よい風が建物の中を通り抜け、換気の面でもコロナ対策になる

斜めの建物によって分割されたそれぞれの庭で、建物の中からも外からも異なる植栽を楽しむことができる

審査員コメント 2階建ての建物を2分割してできた家の中の「通り」は魅力的だと思いました。ただ、建物の横にも小道があり、自分の中に道を取り込むだけでなく、隣や周りの道なども取り込むなど、もう少し考えてもよかったと思います。そうすると、建物だけでなく周辺の表情も変わってくると思います。（妹島和世）

コロナ禍以前は、住まいと仕事や学校は離れた場所にあり、街に触れることによって気持ちの切り替えをしていた。コロナ禍になってからは住まいの中で仕事や学校での作業をすることが増え、以前は気持ちの切り替えの場であった「街」という要素が生活の中から少なくなっていった

▼

住まいの中に「街」を感じられるような中庭をつくり、街の要素を中庭に取り込んだ。中庭を渡ることで、住宅にいてもコロナ禍以前のように気持ちの切り替えができるようにした

1階。夫婦2人暮らしで妻はインテリアデザインの仕事をしており、自宅にあるアトリエでは仕事仲間と日々アイデアを出し合っている。夫は建築設計の仕事をしており、コロナ禍に在宅勤務が増えた。玄関からまっすぐ進めば妻のアトリエがある開放的な空間へ、渡り廊下を渡れば夫婦の生活の場となっている。妻の仕事場とミーティングルームは緩やかにつながり、孤立しない仕事場になっている

2階。2箇所ある仕事場は主に夫が使用している。開放的な気持ちで仕事したい時は公園側、集中したい時は空き地側と、気分によって居場所を変えられる

課題

文化学園大学 造形学部 建築・インテリア学科
2年／住まいの設計／ 2021年度課題

都市部に建つ戸建住宅

出題教員：谷口久美子、高橋正樹、久木章江、渡邉裕子、
　　　　　種田元晴、井上搖子

指導教員：渡邉裕子

東京の中心に近い住宅地に建つ戸建住宅を設計する。
居住者の家族構成やライフスタイルなど、具体的な住要求を考慮して、それに応える提案とすること。
また、周辺環境（隣接地や街並み）にも配慮した計画とすること。
現在の社会情勢を意識した提案や各自の作品テーマを設けた提案を期待する。

1、設計条件

○住人・住要求：「クライアント一覧」のいずれか一家族。
　家族構成やライフスタイルなど住要求に配慮すること（設定されていない詳細については各自自由に設定してよい）。
○主用途：専用住宅
○所在地：東京都渋谷区代々木
○最寄駅：小田急線「参宮橋駅」
○敷地条件：建ぺい率60％、容積率120％、高さ制限12m、第2種低層住居専用地域、準防火地域。
○面積：建築面積78㎡以下。
○延べ面積：100㎡以上156㎡以下。
○構造構法：木造2階建て、傾斜屋根とする。
○庭の計画：公園に隣接していることを念頭に置いて計画すること。
○環境計画：できるだけ自然の熱・光・空気を取り入れること。

2、クライアント一覧

○クライアントタイプは6種類。
○それぞれ、住まいの軸となるKeyword・居住者人数・居住者像および最低限の条件のみを設定。
　・居住者の構成（必ずしも家族に限らなくてよい）、年齢、性別、職業、趣味、ライフスタイル等については各自で細かく設定。
　・暮らしに合わせて、保有する家具や車、趣味の物なども想定し、その置き場所も検討する。
　・住宅なので経年変化に対応できるようにデザインすること。
○自分の作品のテーマを見出すとよい（上記の内容は条件とそれに伴う現象でしかない）。
　・テーマとは、この作品において設計者が伝えようとしていること（主題）。
　・単に必要空間をつぎ足し、合理的に設計・デザインすることだけが建築ではない。
　・例えば、現在世界中が直面しているこれからの働き方など、社会背景を意識することは建築において必要。

Type	Keyword	居住者数	居住者像・最低条件
A	2世帯住宅	3名以上	・各世帯・各個人の生活を守りながら、共に暮らすことの楽しみがある住まい ・空間や時間などの繋がり方/分け方や関係性を意識
B	蔵書 1500冊以上	3名以上	・蔵書のジャンルは居住者の趣味や仕事に深く関連 ・具体的な蔵書ジャンルを設定
C	車椅子	2名以上	・居住者の1名が車椅子での生活 ・ユニバーサルデザイン（身体の障害を極力意識せずに生活できる配慮が必要）
D	畑	3名以上	・有機野菜を栽培する畑が 30 ㎡以上（壁面や屋上利用も可能） ・小さくてよいので販売コーナーがある
E	SOHO (small office/home office)	2名以上	・居住者各人が在宅勤務（うち1名以上はクリエイティブ系の仕事に従事） ・仕事場 orアトリエ部分が 30 ㎡以上（住宅部分と共有部分があっても良い）
F	子供食堂	2名以上	・地域に開放された子供食堂がある ・10 名程度が食事のできる場がある

作品PR コロナ禍以前の住まいと仕事はかけ離れた場所にあり、人々は通勤時に街に触れることで気持ちの切り替えをしていた。しかし現在は、住宅の中で仕事をすることが多くなり、街と触れる時間が減って仕事と暮らしの分別をすることが難しくなってきた。そこで建物を南側に向けて中心に通り庭をつくり、穏やかに街の要素を住宅の中に引き込むことで、室内にいても街とのつながりを感じながら気分転換ができるような住宅を考えた。

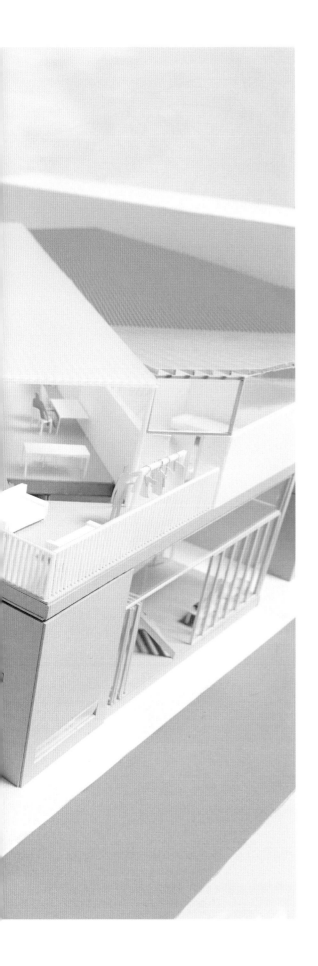

法政大学
Hosei University
デザイン工学部 建築学科

3年／デザインスタジオ5・第1課題／ 2021年度課題

銭湯付きアパートメント

出題教員コメント 銭湯が築き上げてきた地域コミュニティの在り方は、共に暮らす社会を考える上でさまざまな気付きをもたらしてくれます。ただ、今日は銭湯を続ける難しさがあるのも事実です。そこで銭湯を通して集合住宅を考えることで、新しい時代の新しい暮らしの在り方を形にしてもらいたいと考えました。また実在する銭湯を対象として直にお話を伺うことで、設計課題でありながらも、リアルな実感を持って建築に取り組むことを期待しています。
（御手洗龍 非常勤講師）

小林 日向子
Kobayashi Hinako

3年（当年度課題）

風呂ふるまいの家

設計趣旨 東急池上線池上駅から歩いて5分ほどのところにある久松温泉は、昭和30年の開業以来地域の人に愛されてきた。その久松温泉にも受け継がれていた、鎌倉・室町時代から見られる「風呂ふるまい」という文化を継承する集合住宅を提案する。この集合住宅を拠点にして風呂ふるまいが街全体に広がり、地域コミュニティが活性化することを期待する。

指導教員コメント 室町時代から存在する風呂ふるまいに着目し、地域の顔になるような集合住宅をつくろうとしています。この建築は地域の社会課題を解決し、街角をあたたかくする。そういったことを素直に汲み上げている点がまず評価されました。また、集合住宅の設計はスペックやコスト、空間構成の競争になりがちですが、そこに「風呂」という日々の休息の空間を、建築的に昇華しようとしている点も、学年で唯一の提案であったことから評価したいです。
（山道拓人 専任講師）

法政大学 デザイン工学部 建築学科 ｜ 小林 日向子

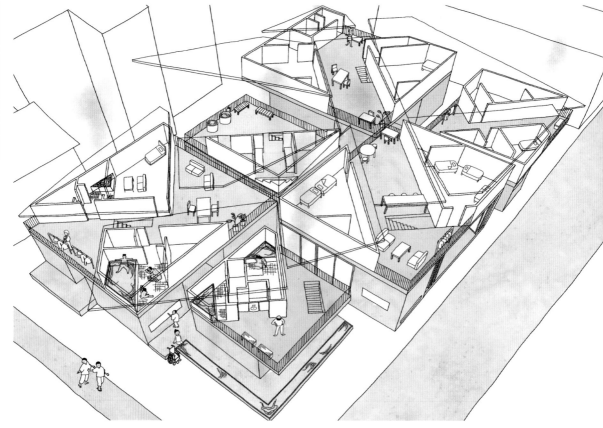

配置図兼1階平面図

2階平面図

審査員コメント 風呂を巡って建物内を上ったり下りしして楽しそうだけれど、容積はどのように解いているのか。風呂やフリースペースに大きく取られているので、住戸の広さに問題がないかチェックしたほうがいい。気持ちのいい場所がたくさんつくられているけれど、住宅をどの程度混ぜるとリアリティがあるのかを考えましょう。また、屋根を好きなように架けているように見えますが、動線と絡めてさまざまな展開ができるので、もう少し関連付けられるといいと思います。（妹島和世）

「風呂ふるまい」として、風呂のある家では、人を招いて風呂をふるまい浴後に茶の湯や酒宴を開くなどしていた

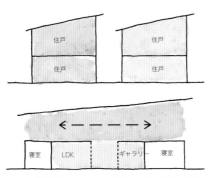

寝室など最低限のもののみ壁で仕切り、他は建具で分けて外との境界を曖昧にする。隣り合う棟は屋根と視線でつながる

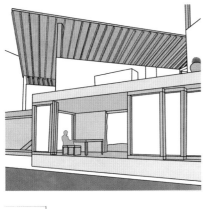

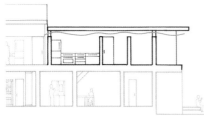

銭湯の男湯と女湯を仕切る壁は上が開いており、天井を共有している。この空間構成を集合住宅に落とし込むことで、仕切られていながらもつながりを持った住宅にした。外から室内の天井が見えたり、住戸内でも空間のつながりを感じられたりする

課題

法政大学 デザイン工学部 建築学科
3年／デザインスタジオ5・第1課題／ 2021年度課題

銭湯付きアパートメント

出題教員：御手洗龍、下吹越武人、山道拓人、津野恵美子

指導教員：御手洗龍、山道拓人

[共通テーマ]
建築や都市について言及した重要な論考は1960〜70年代を中心に数多く発表されている。それらの建築理論によって建築デザインは大きく展開した。言説とデザインが対となった批評的思考が、新しい建築創造の推進力となっていたと言えるだろう。
1962年に執筆された「建築の多様性と対立性」（ロバート・ヴェンチューリ著, 伊藤公文訳, 鹿島出版会）は建築デザインの潮流に多大な影響を与えた書物のひとつである。ポストモダニズムの終焉とともに歴史書のひとつとして位置づけられてしまったような感があるが、ヴェンチューリが本書で示した思想は、半世紀以上経った現代においても、多くの示唆を与えてくれる。
本課題では、ヴェンチューリが同書で提示したキーワードや概念をベースとし、「居住」をテーマとした課題をスタジオ毎に展開する。

[御手洗ユニット]
東急池上線池上駅から歩いて5分ほどのところに「久松温泉」という銭湯がある。昭和30年の開業以来地域の人に愛され、地域のコミュニティを形成し、地域の文化を築く核としての役割を担ってきた。しかし住宅の形式やライフスタイルの変化によって銭湯の需要が減ってきたこともあり、2019年5月より現在は休館中となっている。
そこで現代における銭湯の意義と、それによって変わる住まいのかたちを再考し、まったく新しい集合住宅を立ち上げる。この「銭湯付きアパートメント」がここに生きる豊かさを描き、池上の街全体を動かすエンジンとなることを期待している。

1、敷地
○敷地①（更地として想定）と敷地②（現久松温泉）を合わせた土地1,143.87㎡を対象敷地とする。設計にあたっては以下のいずれかを選択すること。
　A：すべてを新築として計画する。
　B：3階建てRC造の現久松温泉建物を構造に配慮しながら改修し、敷地①に増築を行う。

2、用途・規模
　延べ床面積1,600〜2,500㎡ほどの建築とする。現久松温泉1、2階平面図を参考に、同等規模の銭湯及びその付随施設を計画する。銭湯は住民だけでなく、地域に開かれた一般公衆浴場として機能させ、集合住宅の形式については、長屋、共同住宅、シェアハウス、寄宿舎、もしくはその複合など、住まい方や銭湯との関わり方に合わせて自由に考えるものとする。また設定規模から入居者数を想定し、それぞれの住人のイメージを具体的に描くこと。

3、設計要件
　光が入り、風が抜ける快適な住まいを計画すること。銭湯においても現在の久松温泉と同様にたっぷりと自然光の入る浴室環境を提供するものとする。
　また、ロバート・ヴェンチューリ著「建築の多様性と対立性」を通して1970年代以降も含めた建築の歴史の流れを考察し、「新しい抽象」、「複雑な統一性」といったキーワードを軸に、新しい時代にふさわしい新たな建築概念を提示して建築を立ち上げることを試みる。

※法政大学の課題出題教員インタビューは本書バックナンバー「JUTAKUKADAI06」P.244を参照（下吹越武人「Tokyo Guest House」）

作品PR 東急池上線池上駅から歩いて5分ほどのところにある久松温泉の敷地に、鎌倉・室町時代から見られる「風呂ふるまい」という文化を継承する集合住宅を提案する。この集合住宅を拠点にして風呂ふるまいが街全体に広がり、地域コミュニティが活性化することを期待し、設計した。銭湯の空間構成に学び、現代における風呂ふるまいを再構築した建築が池上の街に豊かな場を生み出す。

前橋工科大学
Maebashi Institute of Technology
工学部 建築学科

［ポストコロナ］の
前橋中心市街地に建つ集合住宅

出題教員コメント 前橋の商店街を象徴する中央通り商店街の入り口に、［ポストコロナ］を考慮した機能を複合した、新たな生活拠点となる居住空間を設計してください。三密回避、離隔距離の確保、換気、通風の配慮など物理的なことだけではなく、感染予防による経済活動の停滞、濃厚接触と個人情報の問題、東日本大震災復興からの「シェア」や「コミュニティ」など、今後大きく変化する日常生活を取り巻く環境に想像力を働かせて、新しい空間の提案を期待しています。（石黒由紀 准教授）

島 かのん
Shima Kanon
4年（課題時は3年）

離れて集まる

設計趣旨 計画地が位置する商店街は、南傾斜の坂にかかる勾配に沿った断続的なアーケードが特徴である。その構成によって中は薄暗くなり、今では賑わいのない地方の典型的なシャッター商店街となっている。提案する集合住宅は、都市的なスキマを建築的に表現しているが、総体として複合的な長屋のようになる。コロナによって見出された「離れていてもつながっている」という可能性の可視化を目指す。

指導教員コメント 「ポストコロナの新たな環境」という喫緊のテーマに真摯に向き合った結果、「ごちゃごちゃ」とした建築に行き着きました。傾斜のあるアーケードが特徴的な「シャッター商店街」の場に、勾配のある屋根形状の「通り」が縦横無尽に巡ります。小さなスケールと固有のサイズ感のとても風通しのよい生活拠点が提示されました。（若松均 教授）

1階平面図兼配置図

◀1階屋根ダイアグラム

1階は敷地の中にも通りが発生するように店舗を配置し、土地の傾斜に対して人々を迎え入れるような屋根勾配を考えた。2階も主に店舗を入れ、若い人も気軽に立ち寄れるようにし、商店街に出向くきっかけづくりとしている。3・4階は住居、5階は自由スペースとすることで、リモートワークによる個室不足解消や感染後の隔離などコロナによる暮らし方の変化に役立てる。上階へのアプローチの仕方として、部分的に屋根に登ったり屋根に沿って移動したりと、非日常的な使い方もできる

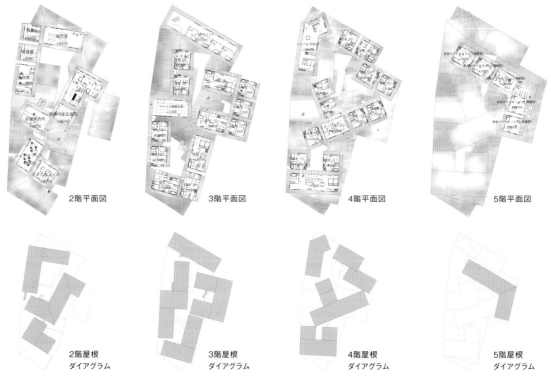

2階平面図　　3階平面図　　4階平面図　　5階平面図

2階屋根
ダイアグラム　　3階屋根
ダイアグラム　　4階屋根
ダイアグラム　　5階屋根
ダイアグラム

審査員コメント　「離れて集まる」というチャレンジングな作品タイトル。魅力的な場所がたくさん生まれていますが、魅力的ではない場所もたくさんある気がします。このような挑戦的なことをする時は、より気を付けなくてはいけないと思います。また、構造が少しうまくいっていないところはもう一度考えてみてください。（妹島和世）

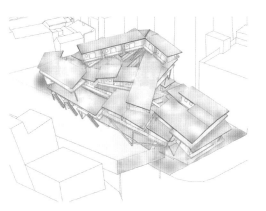

課題

前橋工科大学 工学部 建築学科
3年／建築設計III・第2課題／2020年度課題

［ポストコロナ］の
前橋中心市街地に建つ集合住宅

出題教員：若松均、石黒由紀、高塚章夫、青木弘司

指導教員：若松均、石黒由紀、高塚章夫、青木弘司

前橋の商店街を象徴する中央通り商店街の入り口に、［ポストコロナ］を考慮した機能を複合した、新たな生活拠点となる居住空間を設計してください。

みなさんは、2011年の東日本大震災後とその復興、そして、2020年明けから世界に広まった新型コロナウイルス感染症によって、外出や集会の自粛、移動や登校、店舗の営業の制限など、非常事態宣言下の世界の経験を共有しています。今後、都市間移動、行動や居場所などの個人情報の管理、三密回避、離隔距離の確保、換気、通風の配慮、などによって、居住空間やコミュニティ空間はどのように変化していくでしょうか？ コロナ対策が及ぼす教育空間への影響や、中止、延期が相次いだ展覧会、コンサート、演劇などの芸術を享受できる場所は、これからどうなるのでしょうか？

例えば、建築家レム・コールハース氏は「新型コロナウイルス以前に公共空間をリデザインすべきだった」（TIME誌によるインタビュー）と指摘しています。都市に比較的裕福な人々や観光客が集中し、世界中で2%の面積の主要都市に50%以上の人口が集中していることに警鐘を鳴らし、GAFAなどのIT企業による、広大な工場やデジタルセンターなどの地方や郊外の公共空間の可能性にも注目しています。また、伊東豊雄氏は、リモートによるコミュニケーションが発達するのを認める一方で、人間が活き活きと生活していく上で、人と人とがリアルに会ってコミュニケーションをすることの重要さを主張しています。

身近なわかりやすい例では、建物の風通しを良くする工夫、住宅では罹患した家族を隔離する小部屋を玄関付近に用意する、集客施設では客席を間引く、飲食店ではデリバリー対応の部分をつくる、などの対策が既に見られました。

今回の課題では広い視野をもって、経済活動としても1929年の世界恐慌なみの変化がこれから起こることにも、想像力を働かせてください。東日本大震災後に盛り上がった「シェア」や「コミュニティ」、「SNS」などの情報発信の裾野の広がり、また監視カメラやGPSの発達と「プライバシーの保護」などによる、価値観の今後の変化によって、日常生活を取り巻く環境も大きく変化することが予想されます。「それでも人類は状況に柔軟に対応できる」、という前提にたち、首都圏周辺の地方都市である前橋市、その中心市街地に居住する空間を提案してください。

1、設計条件
○敷地：前橋市街地中央商店街と50号交差点の北東エリア(群馬県前橋市千代田町付近)
○敷地面積：約1,400㎡
○用途地域：商業地域。許容建ぺい率80%、許容容積率600%、建物高さ制限12m以下。
○構造と規模：各自の主旨に適合する形式を選択。4階建て以上。
○延床面積：3,500〜5,000㎡程度

計画地である商店街は、新しい建物と古い建物、日本的なものと西洋的なものとが入り混じった土地で、「ごちゃごちゃ」という言葉が似合う。その商店街の入り口に商店街の建物的な要素を詰め込んだ建築をつくる。さまざまな形のスラブが上下左右に並ぶことでごちゃごちゃした外観を見せる、スラブが重なり合うことで屋根が出現しアーケードのような雰囲気をつくる、都市的なスキマを建築的に表現する、これらの操作によってそれぞれの個室は独立し、それぞれの役割を果たし、総体として複合的な長屋のようになり、この商店街のアイコンとなる

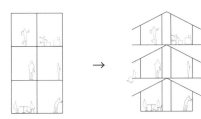

集合住宅であってもそれぞれが独立した住まいとなれば自由な暮らしができるのではないかと考え、全ての住居・店舗に壁や床、天井、屋根を与えた建築を提案する

A-A'断面図。「人との接触を減らす」という経験を通して「離れていてもつながっている」ことを生み出せる可能性に期待が高まってきた。新たに見出された可能性の建築化を提案する。このことにより、距離を保つことを可視化するだけでなく、建物の間を風が通り抜けるため、衛生的な環境保持も期待できる

作品PR この作品はコロナ禍の中で生まれた。未曾有の事態によって外出自粛を余儀なくされ、今まで当たり前だったことが難しい世界に変わってしまった。その中で、実際に会って話せることの重要性を痛感するとともに新たな可能性も見えてきた。この経験をこれからの建築に生かすにはどうしたらいいのか。さらに、敷地となる商店街の過疎化にどう対応すればいいのか。完璧な正解はまだ見つからない。このカタチも答えの1つとなるだろう。

前橋工科大学
Maebashi Institute of Technology
工学部 総合デザイン工学科

2年／デザイン演習Ⅱ・第一課題／2020年度課題

仕事場のある住まい

出題教員コメント 各自が設定した住人が暮らす住宅がどうあるべきかという問いに対し、①地域に開かれた場である仕事場が住まいの中にあることや建築のカタチや配置の仕方が生み出す周辺環境との関係性、その建築が発するメッセージなど建築の持つ社会性について、②住人2人の距離感や生活と仕事の距離感などさまざまな距離を考える、という2つの観点からアプローチし、それぞれの関係性を成立させる、これまでにない住宅の姿が提案されることを期待しました。（進士茶織 非常勤講師）

齋藤 樹李
Saito Juri

3年（課題時は2年）

ひらくいえ
～2人の絵本作家のためのいえ～

設計趣旨 ここに暮らすのは絵本作家である。絵本作家は、絵本の読み聞かせや絵画教室を開き地域とつながる。そのため、住宅は地域の人が立ち寄りやすい空間であるべきだと考えた。イベントを開くことで地域との関係が生まれていき、絆が結ばれる。半層下がったリビングから庭が広がって見える空間となっており、室内で交流した時に広く感じる空間となっている。

指導教員コメント 前橋市郊外の新興住宅地に建つ2人の絵本作家のための住宅です。出題時に問われた「建築のカタチや配置の仕方が生み出す周辺環境との関係性や社会性」「住人2人の距離感、生活と仕事の距離感」を、鮮やかに、そして手数をかけずシンプルに実現していることを評価しました。L型の切妻屋根、軒下、大屋根、ロフト、庭、というコンベンショナルな要素が、一見さりげなく組み合わさった結果、街と共に生活する2人の作家の姿と、今は殺風景な郊外新興住宅が、生き生きとした風景を獲得する様をリアルに感じ取ることができました。（駒田剛司 教授）

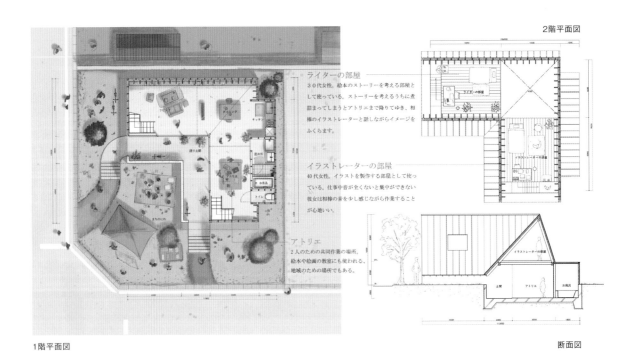

2階平面図

ライターの部屋
30代女性。絵本のストーリーを考える部屋として使っている。ストーリーを考えるうちに煮詰まってしまうとアトリエまで降りてゆき、相棒のイラストレーターと話しながらイメージをふくらます。

イラストレーターの部屋
40代女性。イラストを製作する部屋として使っている。仕事中音が全くないと集中ができない彼女は相棒の音を少し感じながら作業することが心地いい。

アトリエ
2人のための共同作業の場所。絵本や絵画の教室にも使われる、地域のための場所でもある。

1階平面図

断面図

審査員コメント　角に対する建ち方が面白い。開いているような、閉じているようなよい建ち方で、中がどうなっているか興味を持たされる作品です。仕事場と住まいもうまく両立させています。断面も魅力的ですが、角だけ吹き抜けにして屋根の断面が見えるような建ち方をしているので、2階の床をただ一面に張るのではなく、もっと設計するとよかったと思います。（妹島和世）

課題

前橋工科大学 工学部 総合デザイン工学科
2年／デザイン演習Ⅱ・第一課題／2020年度課題

仕事場のある住まい

出題教員：進士茶織

指導教員：駒田剛司

住宅をデザインする時、そこにある暮らしを想像し、そこに暮らす人々にとって「家」とはどうあるべきか？について考える必要があるでしょう。また、その住宅がその地域に建つことで巻き起こる出来事についても注目する必要があるでしょう。人が豊かに生きるための拠点として住宅を位置付け、暮らしを支える「仕事」をする場を持つ住宅をデザインしてください。ここに暮らす人は2人です。この2人の関係については、夫婦、親子、兄弟、仕事の相棒など自由に設定してください。仕事については、主に地域の人を対象にしたもので、仕事場に来客があることを条件とします。例えば、地域の人のために靴や洋服をつくる仕事や少人数での料理教室などです。自らが製作した物を扱うギャラリーや店舗などでも構いません。住宅の中に入り込む私的でない場と、住人が生きるための拠点として必要な場の両方を具体的に想像することで、この住宅のあるべき姿を導いてください。

ダイニングから庭の方向を見ると、空間がすっと抜けて気持ちがいい。2階にいる人の気配から温かみを感じつつ安心感も生まれる

街の庭では地域の子どもを交えて絵本の絵を描くワークショップを開いている。子どもの上手に描けたという声が聞こえてきて微笑ましい

少し下がったリビングによって、外と1・2階に気持ちのよい距離感が生まれる

作品PR この住宅の特徴は、三角の屋根が壁と屋根の役割を担っている形をしていることである。リビングは地面から少し下がっているところにあり、リビングから外にある庭がすっと抜けて見えるようになっている。また、リビングが吹き抜けになっているため2階にある部屋とシームレスにつながる。2階にある個人の部屋がリビングと滑らかにつながることでただの個室空間ではなく、人と関わりを持つことができる空間となっている。

武蔵野大学
Musashino University
工学部 建築デザイン学科

3年／設計製図3・第2課題／2021年度課題

個人と社会の接点としての住まい

出題教員コメント 課題文の吉阪隆正の言葉は、社会に向けた提言であるとともに内なる覚悟とも思えます。これまで、暮らしについて議論する機会は多々ありましたが、コロナ禍は強制的に社会全体で暮らし方・住まい方を再考する契機となりました。教員間でそんな会話をした末に、吉阪の個人と集団の関係を、現代的な課題や教員それぞれの活動に置き換えながら伝えることにしました。学生たちに、暮らし方・住まい方についての独自の提言を期待しています。（伊藤泰彦 教授）

中島 詩歩
Nakajima Shiho

3年（当年度課題）

都市に住む

設計趣旨 1つの大きな住宅を用途ごとの小さな部屋に分解し、社会・住宅・人々に新しいつながりが生まれるような集合住宅を提案。住宅を分解することで境界が壁1枚だけでなく外部空間も設けられ、空間や人々がより緩やかにつながる。また街なかのレストランなどの施設が住まいの延長となる。住宅が敷地内だけで完結するのではなく、都市を巻き込む大きな家となる。

指導教員コメント 個人と社会の接点としての住まいをテーマに出題した課題です。中島案は家族を個人に分解し、住宅を機能空間ごとの小さな部屋に分解して敷地に分棟配置させることで、新しい風景をつくるとともに外部環境や他者との関係の中で住まいや社会が形づくられる提案をしています。部屋同士をつなぐ外部空間は自宅の廊下となり、敷地周辺の飲食店等も自身の部屋の一部と捉えると「都市は大きな家である」と言える視点の広さが評価されました。（岡田雅人 非常勤講師）

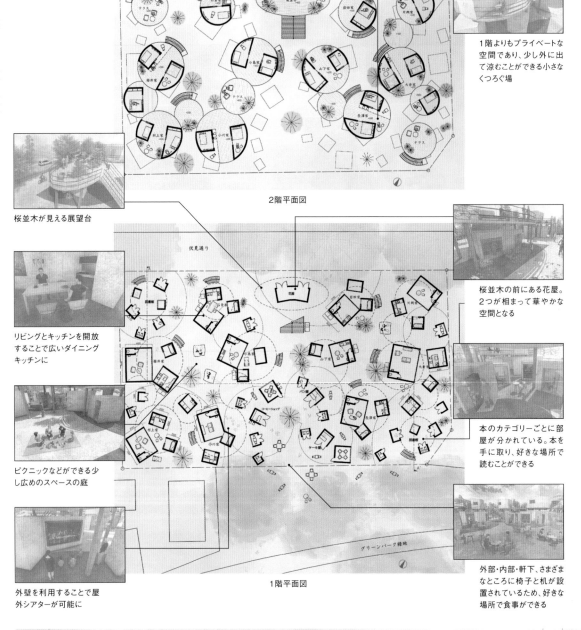

2階平面図

1階よりもプライベートな
空間であり、少し外に出
て涼むことができる小さな
くつろぐ場

桜並木が見える展望台

桜並木の前にある花屋。
2つが相まって華やかな
空間となる

リビングとキッチンを開放
することで広いダイニング
キッチンに

本のカテゴリーごとに部
屋が分かれている。本を
手に取り、好きな場所で
読むことができる

ピクニックなどができる少
し広めのスペースの庭

外壁を利用することで屋
外シアターが可能に

1階平面図

外部・内部・軒下、さまざ
まなところに椅子と机が設
置されているため、好きな
場所で食事ができる

東立面図

審査員
コメント

1・2階に住戸が分散し、公園のような魅力的な空間を
つくり出しています。ただ、敷地は都市にあるようなの
で、これだけ緩やかに建てられないと思います。容積率
から考えて判断するとよいと思います。敷地の周りが都市だとする

と、少し投げ出され過ぎている感じがします。もう少し距離を取りた
いと思うような場所がいくつかありました。(妹島和世)

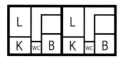

壁1枚の
境界

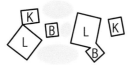

外部空間を
挟んだ境界

住宅という大きな壁をなくし、
境界に外部空間が含まれることにより、
空間や人々のつながりが緩やかに

1階は主にパブリック、2階は主にプライベートとし、
上下で空間に違いをつくる

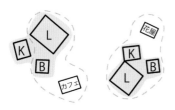

住宅から飛び出し、時にはカフェを自分のキッチンにしたり、
花屋を自分の庭にできたりと、プランを自由につくれる

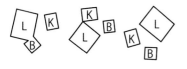

プランにバリエーションがあり、
自分に合った住まいを見つけられる

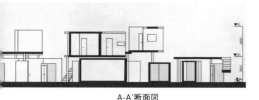

A-A'断面図

課題

武蔵野大学 工学部 建築デザイン学科
3年／設計製図3・第2課題／ 2021年度課題

個人と社会の接点としての住まい

出題教員：伊藤泰彦、大塚聡、岡田雅人、松尾宙、市川竜吾

指導教員：伊藤泰彦、大塚聡、岡田雅人、松尾宙、市川竜吾

建築家吉阪隆正は、以下の言葉を記しました。
"住宅は個人の自由と集団の利益との境界線の存在であらねばならない"
（「国際建築」国際建築協会・編, 1954年1月号）
この「境界線」は、個人と集団を隔てるだけでなく、つなぎとめる「接点」なのでしょう。その可能性を考えながら、住人と住人以外の人との接点・出会いの場、いろいろな人が集まる仕掛けをもつ住まいの提案を、この課題のテーマにします。
敷地は、武蔵野キャンパスの近くに位置します。桜並木のある伏見通りと、畑に面した遊歩道との間に挟まれた、1,800㎡ほどの敷地です。ここに、5世帯もしくは10世帯のための住まいを計画してください。住人の設定は、計画の主旨に応じて各自行ってください。また、住人が住人以外の人と関わる＋αの場を、併せて計画してください。

1、敷地について
○所在地：東京都武蔵野市八幡町（1,811.67㎡、548.03坪）
○用途地域 ：第1種住居地域（建ぺい率60%、容積率200%）、第2種高度地区（最低限度23m）、準防火地域。
※建築関連法規の中で、さまざまな規定があります。本課題においては建ぺい率・容積率のみ守ることとし、その他の規程は考慮する必要はありません。

作品PR この住まいでは敷地に点在した個室同士をつなぐ外部空間は自宅の廊下として認識され、室内要素がにじみ出るように外部が内部化されていく。ここでは他者の領域と緩やかに交差しながら個人の領域が形成され、住まいに新たな体験が取り込まれる。そしてこの領域はやがて敷地を飛び出し都市に広がり、例えば寝室とレストランをつなぐ歩道も住まいの廊下として認識されることで、都市そのものが住まいとなるのである。

武蔵野美術大学
Musashino Art University

造形学部 建築学科

3年／設計計画III（布施スタジオ）・
第一課題／2020年度課題

敷地選択型 住宅プロジェクト
―住宅＋αの新しい可能性を提案する―

出題教員コメント　布施スタジオは、建築が成立している現実社会について問題意識をもって設計に取り組みます。「敷地選択型住宅プロジェクト」は、自分が事業主となり、計画する建築に最適な敷地選定を条件とした課題です。不動産サイトから敷地を探し、住宅＋αの用途を契機にして今までの常識をシフトする建築の新しい可能性を探ります。各自のテーマにしたがって選択した敷地に計画・設計した提案のプレゼンテーションまでを4週間で行います。（布施茂 教授）

高嶋 佳樹
Takashima Yoshiki

4年（課題時は3年）

光芒のイエ

街並みが孕む多様な文脈の観察から、潜在的な界隈性を建築する。敷地は東京都で唯一消滅可能性都市に選定されている豊島区。東長崎駅前に蔓延する木密地域の一角を選定し、各住戸が纏うさまざまなスケールの隙間を中心にトリミングを行う。街並みに溢れる環境がそうであるように、それぞれのボリュームが隙間や通路を奪い合うように空間をせめぎ合いながら複雑に絡まり、居場所を創生する。

指導教員コメント　既存の都市空間に見られる、さまざまなプロポーションの隙間に注目し、その輪郭を抽出して立体的に組み合わせることで、新たな住空間を提案しています。コンクリートのボリュームは、木造密集地域のコンテクストとは相反するように思われますが、むしろ持続可能性を期待できないコンテクストに対して、生きるための砦のように立ち現われ、やがて失われてしまうであろう土地の記憶を、隙間に表象させながら場に定着させる試みとして捉えられます。（青木弘司 非常勤講師）

武蔵野美術大学 造形学部 建築学科 — 高嶋 佳樹

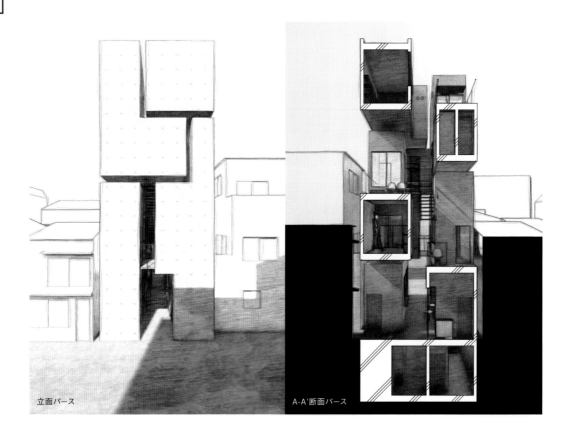

立面パース

A-A'断面パース

4階平面図

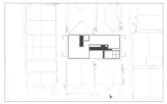

配置図兼屋根伏せ図

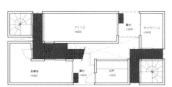

2階平面図

3階平面図

地階平面図

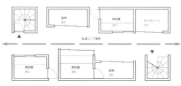

1階平面図

審査員コメント 家の中につくるという着眼点が面白いです。断面図や模型はプロポーションが大変よくて目を引きました。このような木密地域に対して、このボリュームが与えるインパクトについては、再考の余地があるように思います。（中村晃子）

豊島区西部に蔓延する木造住宅密集地域の一角を選定し、各住戸が纏うさまざまなスケールの隙間を中心にトリミングする。多様なスケールの隙間を包括する数棟のボリュームからゾーニングを行う

6つの直方体のボリュームは街並みに溢れる環境同様に、住宅間の隙間や路を取り合うように空間をせめぎ合う。かつて孕んでいた雑多な隙間が新たにボイドを発生させつつ複雑に絡まる

ピロティが、東西に接道する道路を路地的なスケール感でつなぎ、商業を展開する。2階以上に構築された住居には最小限の通路やスリット状の隙間が内包され、ボイドや室を取り持ち、豊かな関係性を創生しながら住空間を生み出す

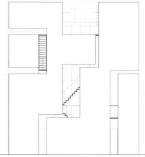

南側立面図

B-B'断面図

敷地選択型 住宅プロジェクト
—住宅+αの新しい可能性を提案する—

出題教員：布施茂

指導教員：布施茂、三幣順一、青木弘司

第一課題は、敷地選択型の住宅+αのプロジェクトです。自分が事業主となり、土地を選定して住宅+αを設計してください。事業主である自分の自邸+αでもよいし、クライアントを設定した住宅+αでもよいです。決められた敷地ではなく、イメージする建築に最適な敷地を選定するプロジェクトだからできる住宅+αを設計してください。自ら設定した敷地と建築的テーマに基づいて、住宅+αの用途を併設することでできる住宅の新しい可能性を提案してください。

1、敷地条件
○不動産WEBサイトから下記の条件を満たす敷地を選定すること
 1）地域：各自の生活圏内。
 2）価格：8,000万円以内。
 3）延床面積100㎡以上が可能であること。

2、設計条件
 1）選択した敷地の建ぺい率、容積率の範囲で計画すること。
 2）延床面積は、100〜300㎡の範囲内で計画すること。
 3）+αの用途は、それぞれの敷地環境を読み取り、自由に提案して設計すること。
 4）+αの用途面積は、延床面積の30〜50%の範囲で計画すること。

※武蔵野美術大学の課題出題教員インタビューは本書バックナンバー「JUTAKUKADAI09」P.238を参照（布施茂「敷地選択型 住宅プロジェクト―住宅+αの新しい可能性を提案する―」）

作品PR 木密地域が孕んでいる隙間は我々に、窓辺に腰を掛け、そよぐ風の先へと思いを馳せる喜びを忘れさせた。住宅間におけるプライバシーを粗雑に喪失する装置として存在し、切迫した隣地や街並みから窓を閉め切らせるネガティブな隙間である。その

ような隙間を1つの住宅が内包した時、適度な距離を保存しつつ家族をつなぎとめるポジティブな隙間として新たな住まい方を創生した。多様な隙間と共にあるこの街の暮らしの潜在的な界隈性の建築である。

明海大学
Meikai University
不動産学部 不動産学科 デザインコース

3年／設計・製図A・課題2／ 2021年度課題

今日的な共用住宅（シェア住居）

出題教員コメント 今日的な社会問題に貢献できる共同住宅を企画・設計する課題です。敷地は大学近くの住宅街にあります。内部プランの計画だけではなく、敷地内に住民たちが集うことのできるコモンスペースを計画することも、課題の条件としています。コモンスペースが共同住宅の住民だけでなく、近隣住民にとっても、どのような場所になるか、ということもテーマの一つです。不動産学部ならではのアイデアにも、期待しています。
（塚原光顕 特任准教授）

中村 咲貴
Nakamura Saki

3年（当年度課題）

つながり

設計趣旨 年齢や性別、暮らし方も違う高齢者、シングルマザー、単身者、4人家族の4世帯を対象者とした集合住宅の提案。この4世帯にはそれぞれが持つ課題があり、その課題を4世帯で補い合うことはもちろん近年薄れつつある近所付き合いなどを積極的に行えるよう計画。それぞれが密接につながるのではなく、「ちょうどいい距離」を目指し、さまざまなつながりを感じながら生活できる空間にした。

指導教員コメント 高齢者・シングルマザー・単身者などが住む共同住宅の計画です。住民同士が助け合いながら、よりよい生活を送ってもらうことがこの作品のコンセプトです。敷地の中心に計画された「コモンスペース」は、住民たちが集い、語らい、助け合うきっかけが生まれる場所になります。各住戸のリビングはこの「コモンスペース」に面して計画されていることで一体的な利用もできます。また、敷地内に建つ4棟は程よいバランスで隣棟間隔を空けているため、つかず離れずの関係ができているのも、この作品のよいところだと思います。（塚原光顕 特任准教授）

明海大学 不動産学部 不動産学科 デザインコース｜中村咲貴

1階平面図

2階平面図

3階平面図

断面図

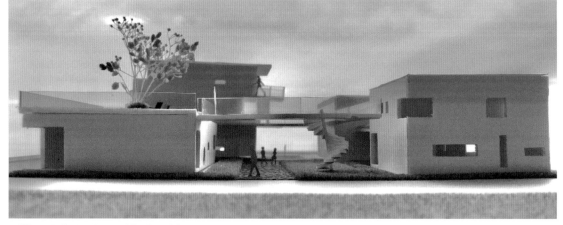

4世帯それぞれ住む人に合わせた建物の高さに設定したほか、居住者同士はもちろんそれ以外の人も利用しやすいよう、4つの建物をつなぐデッキをガラスにして人の流れや反対側を見やすくした。また、公園側の高齢者住宅の上にテラスを計画し、子どもが遊んでいる間に保護者が子どもを見守りつつおしゃべりしたり、ちょっとした休憩スペースなどに利用したりできる

審査員コメント 木造の住宅が密集している地域の隙間に着目し、その隙間を一軒の性格が違う4つの家族がつながりを持ちながら住まう集合住宅です。中庭を介して4つの住宅が建ち、その中庭に面する場所がオープンとなっており、それぞれが渡り廊下でつながっているという構成です。それぞれの住宅が住人のニーズを考えてつくられているところはよいのですが、中庭のつくりが少し硬いと感じました。もうひと工夫、少し柔らかさを出すとよかったと思います。（中村晃子）

建築概要

構造	RC造
敷地面積	754㎡
建築面積	497㎡
延べ床面積	503㎡
建蔽率	54%
容積率	67%
住戸数	6戸（52㎡～100㎡）

単身者世帯（3戸）
①OL：自宅での仕事多め
②サラリーマン：
　帰宅時間が不規則
③学生：
　時間に余裕がある

4人家族世帯
○共働き
○女の子2人姉妹
　（小学生）

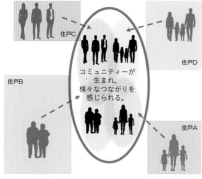

コミュニティーが
生まれ、
様々なつながりを
感じられる。

住戸C　住戸D　住戸B　住戸A

高齢者世帯
○70代の老夫婦
○子どもが好き
○時間に余裕がある

シングルマザー世帯
○母子家庭
○男の子と女の子の
　兄弟（小学生）
○母親は働いているため
　仕事で遅くなることが
　ある

課題

明海大学 不動産学部 不動産学科 デザインコース
3年／設計・製図A・課題2／2021年度課題

今日的な共用住宅（シェア住居）

出題教員：鈴木陽子、塚原光顕

指導教員：鈴木陽子、塚原光顕

計画地に「今日的な役割を持つ共用住宅（シェアハウス）」を企画、設計、プレゼンテーションしてください。

1、企画のポイント・条件

○居住者の想定：どんな居住者にするかを想定し、企画を立ててください。ただし、「20代の単身者」「シングルマザー世帯」「高齢者世帯」を必ず入れてください。
○住戸タイプの構想：住戸は2種類以上のタイプ・大きさのものを組合せて計画してください。住まい手に合わせた計画を提案してください。
○周辺環境の活用：外部空間を取り込んでください。また、北側の公園とどのように連続するか提案してください。
○独自性や問題提議：住居以外の用途・施設を加えることで、使われ方の提案をしてください。「こんな工夫が世の中に受け入れられそう」「こんな機能が今まで足りなかった」。

2、計画地

○敷地：千葉県浦安市入船
○敷地面積：26.00m×29.00m（＝754.00㎡）の大きさとする。
○接道：平行する6m道路2面、4m道路1面に接道する。
○建ぺい率：50%
○容積率：100%
○用途地域：第1種低層住居専用地域

3、建物の規模

○階数：2階または3階建て。
○床面積：500㎡程度（共用廊下、階段を除く）。
○住戸数：6～8戸程度。
○各住戸の面積：各自、企画に合わせて想定。
○構造形式：鉄筋コンクリート（RC）、ラーメン構造または壁式構造。

作品PR 高齢者、シングルマザー、単身者が助け合いながら、擬似家族のようなつながりを持ち生活できる集合住宅を計画した。各住戸の中心が、外にありながらもみんなが集い、助け合えるいわゆるリビング的空間を目指し、各住戸の中心に接する開口部は大きくとり、常に誰かが見えるようにすることで1人を感じさせないようにした。あえてオープンな住戸にすることでいつも誰かの目に触れ、時にはコミュニティに、時には監視につながり、それらのつながりからそれぞれの課題を補い合える関係を築ける計画にした。

明治大学
Meiji University
理工学部 建築学科

3年／計画・設計スタジオ1・第1課題／2021年度課題

多様な国籍の学生が混住する
学生寮

出題教員コメント 明治大学の国際化の取り組みを背景に、出身や文化を異にする留学生と日本人学生とがともに生活する国際学生寮の設計を出題しました。単身の大学院生向け36室という比較的小規模の寮をキャンパス近隣の街に埋め込む設定で、地域に開きつつ、共用部と個室の関係を含む多層的な構成の集住体を提案するよう求めています。服部案は、多様な出自をもつ大学院生たちの距離と関係を、強い形式と繊細な配慮によってつくり出しています。（青井哲人 教授）

服部 友香
Hattori Tomoka

3年（当年度課題）

小さな居場所の連なり

設計趣旨 寮に住みたくない私が住むとしたら、という想いで設計をした。多様な国籍の大学院生が、適度な距離感で過ごす。個人と大人数のための居場所ではなく、個人と少人数のための居場所を単純なグリッドで構成された壁で多様に生み出す。視線は緩く遮られているが、どこか気配は感じられるような居心地のいい空間とし、使用用途を定めず、ここに住まう院生が自ら空間を色付けていくことを想定する。

指導教員コメント 服部案は、段階的発展を促す毎週の共通小課題を経て、全体講評会で選出された最優秀案です。本案の中庭は全体性の象徴ではなく個室間に距離をつくる装置です。そのうえでグリッド上の腰壁や垂れ壁、片持ち壁が緩やかに空間を分節します。中庭やグリッド形式が持つ構成原理を単純な操作で拡張し、集団生活の場に多様で小さな居場所を創出している点が評価されました。孤立させず、かつ共同性を押付けない新しい集住形式の提案です。（高橋潤 兼任講師）

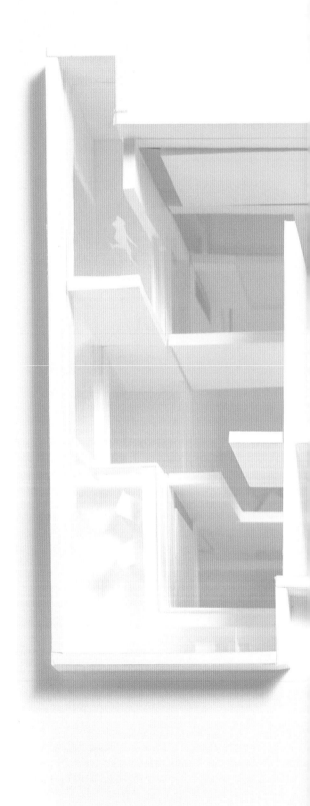

明治大学 理工学部 建築学科 ｜ 服部 友香

1ユニット6人（合計36人）、1部屋2.7×2.7＝7.29㎡。1階は地域の人も利用可能で、小さな集まりが点在するセミパブリックな空間。2〜4階は居住者だけが利用可能なプライベートな空間

垂れ壁や腰壁で緩やかに分節された小さな空間が連続し、シークエンスを感じるラウンジ空間。小さな集団や個人が偶発的に交わる可能性を持つ

さまざまな高さで構成された壁が視線の制御をしつつ、居心地のよい場所を生む。中庭にも小さな居場所が点在することで、過ごしやすい空間をつくりだす

みんなが気軽に通うことで、学びの偶発性を生み出すラーニングスペース

中庭が求心性ではなく適度な距離感を生み出す

小さな居場所が点在し、充実した時間を過ごすことができる

個室　　　　外の居場所

中の居場所　　廊下

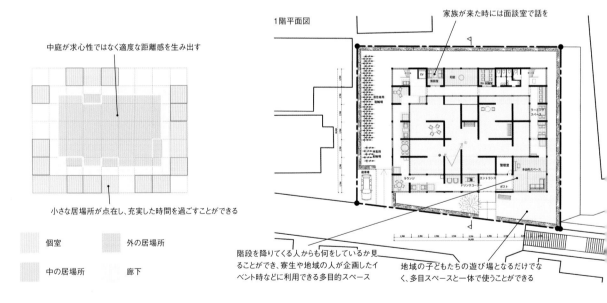

1階平面図

家族が来た時には面談室で話を

階段を降りてくる人からも何をしているか見ることができ、寮生や地域の人が企画したイベント時などに利用できる多目的スペース

地域の子どもたちの遊び場となるだけでなく、多目スペースと一体で使うことができる

審査員コメント　さまざまな国の学生が滞在する学生寮ということで、中央の吹き抜けの周りに小さな部屋が集まっています。吹き抜けのところに壁が突出しており、それぞれの空間のつながりや距離を調整しているのが面白い考え方だと思いました。

ただ、吹き抜けの中央が暗くなってしまわないかが少し心配です。（中村晃子）

ダイニングだけでなく、ラウンジで食事をすることもできる

キッチンが2つとテーブルが3つあるうえ、緩やかに壁に分節されており、食事のスタイルを固定せず、その日の都合、気分に合わせた食事の時間を過ごせる

南東側階段側からの俯瞰パース

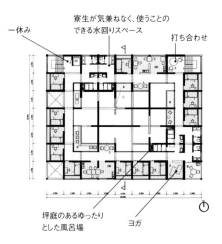

4階平面図。DK、L、F、Bでは、学生が自由に家具を置いたり、動かしたりして過ごすなかで空間を色づけていく

（図中の注記）
一休み
寮生が気兼ねなく、使うことのできる水回りスペース
打ち合わせ
坪庭のあるゆったりとした風呂場
ヨガ

課題

明治大学 理工学部 建築学科
3年／計画・設計スタジオ1・第1課題／2021年度課題

多様な国籍の学生が混住する学生寮

出題教員：青井哲人

指導教員：青井哲人、山本俊哉、田中友章、高橋潤、大村洋平、
　　　　　土屋辰之助、菅原大輔、萬玉直子、湊景亮

2019年4月、明治大学和泉キャンパス内に留学生と日本人学生が混住する学生寮・明治大学グローバル・ヴィレッジ（MGV）が誕生した。この課題は、明治大学が今から3年後に、生田キャンパスの近隣に、生田キャンパス（理工学部・農学部）で学ぶ多様な国籍の学生（主に大学院生）が混住する学生寮を開設することを仮想して出題する。この学生寮の計画では、新たな時代を切り拓く多様な人材を集め、共同生活での交流を通して国際人としての成長を促す、魅力ある空間環境を目指す。施設計画・運営の基本的な考え方をまず十分理解してほしい。

（1）MGVと同様に、ユニットタイプの居住空間を基本とする。プライベートな時間を確保しつつ、自然な交流ができるコミュニティスペースを充実させ、それらが両立する環境をつくりたい。

（2）一方でMGVよりかなり小規模（1/5程度）であることを踏まえ、寮長・寮母が住み込むのではなく、寮生として住みながら他の寮生を支援するレジデント・アシスタント（RA）を配置する。RAは、数名のユニット、同じフロア、寮全体の3段階の空間的なまとまりに対応して住み、各々のレベルのコミュニティが適切に形成・運営されるよう、日々の生活の支援を含めたさまざまなサポートを行う。

（3）住棟によって国籍や性別を区別する運営方針はとらない。さまざまなバックグラウンドをもつ多様な学生が暮らすことが、すなわち広い意味での人間性理解の学習ともなるような運営を目指したい。

（4）あわせて、基本的には接地階に設けられる公共領域は、寮生以外の学生や教職員、また時には地域住民が気軽に訪れ、寮生との交流をはかることのできる空間とし、これと寮の内部的な領域との間にコンフリクトを生じないよう配慮された計画とする。

（5）この施設の運営実績を踏まえながら、今後も生田周辺に中小規模の国際学生混住寮が整備され、キャンパスが拡張されていくイメージも想定する。

1、計画敷地
○生田キャンパス近隣の敷地
○敷地面積：829㎡
○所在地：神奈川県川崎市多摩区三田
○用途地域：第一種中高層住居専用地域・第二種高度地区。
○建ぺい率60%、容積率200%、最高高さ15m。

2、設計条件（建築物の規模）
○階数：地上5階建て以下
○最高高さ：15m以下
○延べ床面積：1,200㎡以内

※明治大学の課題出題教員インタビューは本書バックナンバー「JUTAKUKADAI05」P.254を参照（門脇耕三「目黒川沿いの集合住宅」）

作品PR 従来の寮の在り方とは全く異なる新たな寮のカタチである。ニュートラルな構成のなかで、個人や少数のための小さな居場所が点在する。学生が自ら空間に色付けていく寮であり、誰もが住んでいて居心地が良いと思えるだろう。そのため、中庭に突き出した壁が小さな居場所に、開いた感じ、閉じた感じ、両方の空間の質を展開させている。さらに、格子状の立面では、各居場所に呼応するように開口部や壁面の凹凸をデザインしている。

ものつくり大学
Monotsukuri Institute of Technologists

技能工芸学部 建設学科 建築デザインコース

3年／建設総合設計Ⅳ／2020年度課題

更新する学生寮

出題教員コメント 自分たちの住む場所を、自分たちの手で協働して更新していくことにより、人が集まって住むことの意義、これからの時代における可能性、を探っていく課題です。大学では設計のみならず木造、鋼構造、RC造、各種仕上げなどさまざまな実習を行っていますが、それらが実際の建築のなかでどのように総合的に使われるか、そのつながりを考えてもらうことも意図しています。（岡田公彦 准教授）

浦上 龍兵
Urakami Ryuhei

4年（課題時は3年）

Tic tac toe
〜自然と住空間の掛け合い〜

設計趣旨 学生寮とは学生生活の基盤となり、多くの経験を積む場である。そこで建築を通して学生の発想力を助長する寮を計画する。ものつくり大学は木造実習に力を入れているが、学生が扱うのは、加工された木材で、樹木に触れる機会が少ない。そこで学内の森林を計画地とし、自然を取り込むのと同時に、室内空間を外に開放することにより、自然との調和を図り、学生の環境への理解を深める。

指導教員コメント 迷彩模様によるカモフラージュのように、屋内、半屋外、屋外が入り混じって感じられる構成をもつ住まい。植栽などの自然や、住人が住みながら加えていく造作などがこれに加わり、ポジとネガの認識をさらに曖昧にしていく。長く続く壁面による、深い森のなかに隠れて住まうような複雑で奥行きのある豊かさと、フラットな平面による、広葉樹の林の中に住まうような明るさと明晰さをあわせ持つ、新しい生活がイメージされます。（岡田公彦 准教授）

高層化された建物を地面にならす

森林を間伐したことにより
できた空間を箱から切り取る

＋

2,500×2,500mmのグリッドで
個室を形成していく

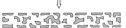
不規則な形からなる個室が樹を包むことで、
寮生は生活の中で樹を感じる

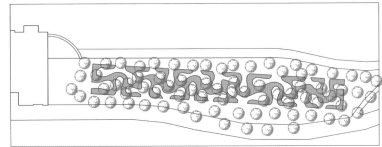

敷地図。埼玉県の北部に位置する
ものつくり大学内の調整池と遊歩
道に挟まれた森林を計画地とする

屋上テラスは人を集める

屋上庭園を設けることで人の
動きをより引き出す

住戸間に設けられたピロティ

一棟ずつ分かれた住戸

外部からの目線を切りながら採光が
取れるように低い開口を設ける

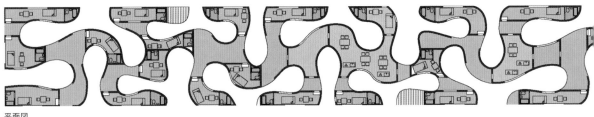
平面図

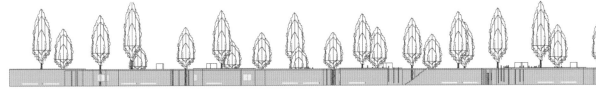

南側立面図。学生寮を林に建て、屋上庭園を設けることで夏の冷房や冬の暖房に必要なエネルギーを削減し、サステナブルに対応した建築とする。
タイトルである「Tic tac toe」とは〇×ゲームであり、森林と住居空間が互いに干渉し合い領域を広げていく様子を表している

審査員コメント とても特徴的なプランで面白いと思いました。木を残して、残ったところに建物をつくる。外に面したところが壁面になっているのが少し残念なのと、プランを見ると、建築の平面がユニークなのに対して家具やユニットバスが一般的な表現になっている点が残念でした。そこをもう少し工夫するとよりユニークな案になると思います。（中村晃子）

室内で樹木を眺めながら読書をする様子

共用スペースで学生が集まる様子

屋上スラブ

室内から樹木を
眺める学生

壁で囲われた
コミュニティスペース

断面図。樹木を避けるように伸びる壁と、グリッドによりつくられた直線の壁は、見通しやすさと見通しづらさを共存させ、人の流動と滞留を促す。樹木は壁に覆われることで一つのオブジェクトになり人を集める。また住戸との距離が近いため生活の一部となり、長く愛される存在になる

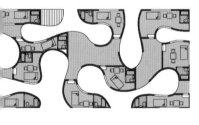

N

2500
2500

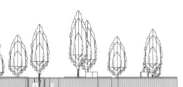

課題

ものつくり大学 技能工芸学部 建設学科 建築デザインコース
3年／建設総合設計Ⅳ／ 2020年度課題

更新する学生寮

出題教員：岡田公彦

指導教員：岡田公彦、朽木宏、今井弘

ものつくり大学の敷地内において各自が自由に建設場所を選択し、学生寮（ドミトリー）を計画する。昨今増加傾向にある入学生への対応や、2年次以降の入寮希望者にも対応するものである。

この学生寮は個人の専有のスペースと共に豊かな共用スペースを持ち、集まって生活することのメリットや意義が感じられる施設である。また、時代の変化への対応や使い勝手の向上、建築の実習も兼ねて学生の手で更新していける施設とする。

そのため、当初より学生たちが自身の手で改修、増築、減築などがしやすい計画となるよう留意する。

また、ものつくり大の学生（もしくは地域の住民等も含めてもよい）みんなが集まって使う交流スペースを、使われ方を想定しつつ積極的に併設すること。

みなさんの今までの実習での経験や、寮生活で感じた体験を生かした、多様な住まい方を許容する施設となることを期待する。

1、面積概要（参考値）
○個室：10〜20㎡程度×30室（計300〜600㎡）。
○各自必要と考える交流施設：200㎡程度、使途は各自設定のこと。
○受付、管理人室、下足室、ランドリー室、リネン室、ゴミ置場：面積適宜（計100㎡程度）。
○浴室・調理室・食事室：計200㎡程度
○その他（エントランスホール、廊下、階段等）：適宜
○延床面積：1,100㎡程度

※ものつくり大学の課題出題教員インタビューは本書バックナンバー「JUTAKUKADAI08」P.248を参照（岡田公彦「更新する共同住宅」）

作品PR グラウンドゼロ―街を歩くと重くずっしりとした直線的で無機質な建物が並んでいる。敷地の効率化による高層化が進む現代において、効率化した箱に人を詰めているように感じた。内部と外部を切り離したその空間は不変的であり、どこかつまらない。

そこで、積まれた箱をならし森林を間伐したことによってできた空間を箱から切り出し、グラウンドゼロの樹々から流動的な時間を感じることのできるよう、樹々を囲む壁で住空間をつくる。

横浜国立大学
Yokohama National University
都市科学部 建築学科

2年／デザインスタジオ II・第二課題／ 2020年度課題

自然のなかの居住単位

出題教員コメント 本課題は、単なる住宅設計ではなく、住居を「環境の中での人間の活動の場」として捉え直すことを目的にしています。まず参加者は、自然環境を定量的あるいは定性的に捉え、隠れた秩序を探していきます。発見された秩序に対して、住居を環境のなかに再発見する。あるいは環境のなかに建築的要素を介入させることで住居を生み出していきます。（藤原徹平 准教授）

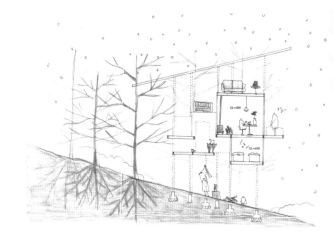

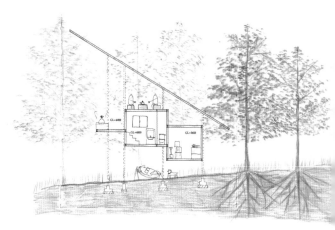

優秀賞3等

柳澤 美佳
Yanagisawa Mika

3年（課題時は2年）

森の巣家
―新潟の森と呼応し、森と共に生きる住宅―

設計趣旨 新潟県の森のなかにある斜面。動物たちが巣をつくるように、人間たちも森のなかで森の木々を使って自分たちが生活するための場所をつくり出していく。北側の一点を地に接した、めくれ上がったような一枚の大屋根と地面の間で、柱に絡み合う室を少しずつずらしながら連続させる。ここに住まう家族が新潟の森の美しさ、優しさ、難しさ、強さを感じながら森と共に豊かに暮らせる場を考えた。

指導教員コメント 柳澤さんの作品「森の巣家」は、片勾配の大屋根を森の縁に架け、その屋根の下を住居にしていくアイデアです。鳥の巣のように、構造体に室が絡みついていく在り様は原初的で力強い。一方で、断面や平面を少しずつずらしながら連続させることで、住居としての豊かさを獲得しはじめています。繊細さと大胆さが入り交じり、粗削りながら不思議な魅力を発している建築になっています。（藤原徹平 准教授）

優秀賞3等｜横浜国立大学 都市科学部 建築学科｜柳澤 美佳

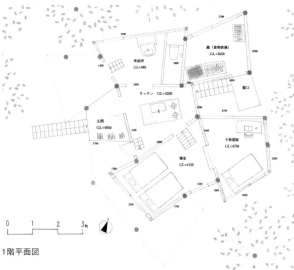

1階平面図

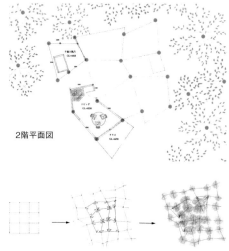

2階平面図

森の木々に溶け込むように、9グリッドの16本の柱に72°、96°、120°の3つの角度を用いてゆがみを加えて梁を架けた

さらに片持ち梁をつけることで、木の幹を中心に枝葉が広がる樹木のように、柱を中心に空間が広がるようにした

建築基準法に則り、屋根の角度を60°以上にした。雪が積もらないため、構造計算上屋根に積もる雪荷重を無視することができる

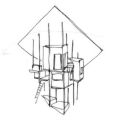

北、東、西の三方を森に囲まれているが、南は拓けているので山風、谷風を感じることができる。また、1日を通して東から西への太陽の動きとともに生活ができる

審査員コメント｜傾斜地を生かしてボリュームを重ねて空間をつくり、それに大きな屋根を架けている。模型でも、周りの緑が大きくて、とても居心地のよい空間となっています。プリミティブな住宅の姿というか、巣のような感じがして非常に好感が持てました。（中村晃子）

屋根下と天井の空間はまるで木の上に登ったようで、お茶をしたり朝食をとったりする

床下を地面から離すことで積雪の影響を受けない

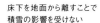

地面と床下に囲まれ、森の木々が壁となった空間では家族みんなで農作業や畑仕事をする

谷の向こう側が見えるテラス

壁に開口を開けたひとつながりの内部空間は薪ストーブの暖かさがじんわり広がる

森の木々を見ながらの露天風呂

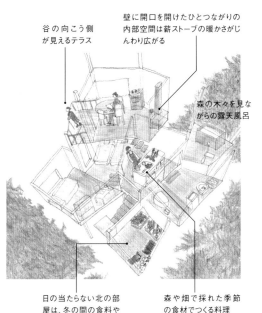

日の当たらない北の部屋は、冬の間の食料や薪を蓄えておく蔵

森や畑で採れた季節の食材でつくる料理

ひとつながりの部屋も、部屋ごとにレベルを変えることで多様な居場所に

課題

横浜国立大学 都市科学部 建築学科
2年／デザインスタジオⅡ・第二課題／ 2020年度課題

自然のなかの居住単位

出題教員：藤原徹平、南俊允

指導教員：藤原徹平、南俊允、萬代基介、冨永美保

地球上の一点に、人間の生活する場を構想します。計画地は北緯37度7分36秒、東経138度25分14秒、標高49m。敷地は十分に広く、豊かな自然に囲まれた場所です（環境データは理科年表等で調べること。敷地形状や周りの樹木等自然条件はできる限り細かく設定し、模型や図面に反映させること。必ずしも観に行かなくてよい）。

建築とは物理的な構造物ですから、さまざまな自然条件に対応していなくてはなりません。まずは、重力に抗して起き上がる必要があります。また地震時の水平方向の力や、台風の風雨に対しても対応している必要があります。そしてその空間の内部には、人が豊かに過ごせるように、光が適度に射し込み、風が通り、快適に生活ができるように考えていく必要があります。夏の暑さ、冬の寒さ、春夏の快適な状態をどう生かすのか、も考える必要があります。

1、設計条件
○自然の中での豊かな暮らしの場が提案されていること。
○雨、風、雪、四季の変化に創造的に応答する建築であること（快適な温熱環境が建築の全体で実現されている必要はないが、快適な場はないとだめ）。
○閉鎖的な箱ではないこと（環境の豊かさを建築がどう生かすのか、建築によって環境が豊かに感じられることが重要）。
○大きさや高さの制限は定めないが、自重と水平力に対して構造的に成立しているものとする（構造要素をきちんと大きな模型でつくって自立することを確かめるのもよい方法）。

※横浜国立大学の課題出題教員インタビューはP.272を参照（南俊允「自然のなかの居住単位」）

作品PR 夏は緑が生い茂り、冬は雪が降り積もる新潟の森。敷地は標高100mの斜面地にあり、川や谷を挟んだ住宅地を約1km先まで見渡すことができる。夫婦と子どもとヤギ1匹が春夏秋冬移ろいゆく新潟の森の美しさ、優しさ、難しさ、強さを感じながら豊かに暮らしている。

早稲田大学
Waseda University
創造理工学部 建築学科

2年／設計製図Ⅰ・第二課題／2020年度課題

早稲田のまちに染み出す
キャンパスと住まい
─Activate Waseda─

出題教員コメント 街に住まうことの本質を考え、建築として提案する総合的な課題です。敷地は早稲田大学周辺に設定していますが、具体的にどこを選ぶかは学生に任せています。2つの課題で構成され、第一課題は3人一組で街のポテンシャルの開拓をし、第二課題は単なる住宅設計ではなく、地域調査からテーマ構想、計画、意匠、デザインまで通して行います。自らのアイデアを社会に提案する実施のつもりで模型やCGの制作を位置づけさせています。（有賀隆 教授）

國松 六花
Kunimatsu Rikka

3年（課題時は2年）

六道輪廻

設計趣旨 同じ早稲田の街で異なる学問を学ぶ学生たちの1日が、家と学校との単純な往復に留まることなく、街全体を舞台に学びを深められるようでありたい。特徴的な六差路の形状を活用した、多様なセミパブリック空間を孕む学生寮の集合体を起点とし、交流の場を街全体へと広げていく。不特定多数の人が利用する交差点では、学生同士に限らない、幅広い年齢層の近隣住民も巻き込む交流も考慮する。

指導教員コメント 最小限の機能を持つ私的空間、近隣住民との交流の場となる多様な半公共空間、そして街路の公的空間が屋根と路地により緩やかに統合された、学生のための集住計画です。本課題では敷地選定も学生提案によるものですが、果敢に六差路によってつくられた不整形な敷地に挑戦し、これを敷地の可能性へと転化する構想力には目を見張るものがありました。加えて、2年生とは思えない造形力と豊かな表現力が講師陣から高く評価されました。（矢口哲也 教授）

早稲田大学 創造理工学部 建築学科 | 國松 六花

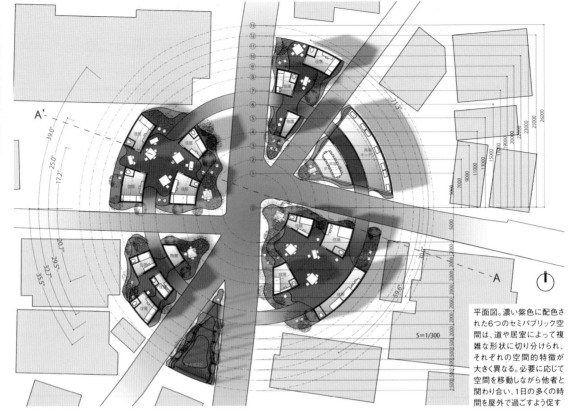

平面図。濃い紫色に配色された6つのセミパブリック空間は、道や居室によって複雑な形状に切り分けられ、それぞれの空間的特徴が大きく異なる。必要に応じて空間を移動しながら他者と関わり合い、1日の多くの時間を屋外で過ごすよう促す

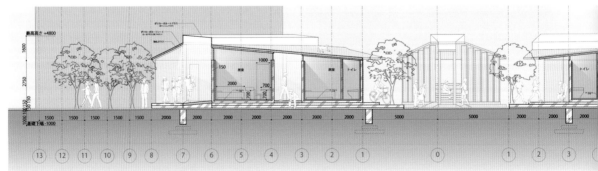

審査員コメント

交差点を囲んだこの敷地を選定したのが、まず着眼点として面白いと思いました。6つの敷地を1つの円形としてつくり、そこから発展させてスペースをつくっていくという手法は素晴らしい。そして、それらが街に染み出すという考えもとても興味深いです。（中村晃子）

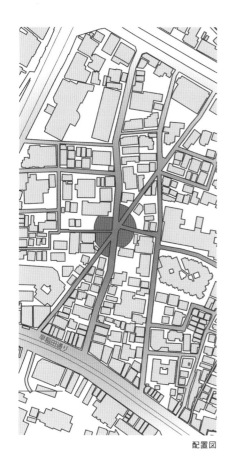

配置図

A-A'断面図。屋外で過ごす時間の増加に伴って積極的な交流が生まれることを優先的に考え、居住空間は必要最低限に抑える。各居室に浴室などは設置せず、街に点在する銭湯・ランドリーの活用を促し、生活の外部化を目指す

▼

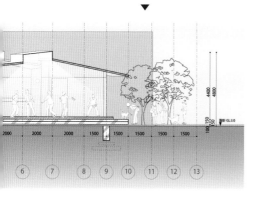

早稲田大学 創造理工学部 建築学科
2年／設計製図Ⅰ・第二課題／ 2020年度課題

早稲田のまちに染み出すキャンパスと住まい
─Activate Waseda─

出題教員：有賀隆

指導教員：矢口哲也

●早稲田のまちのキャンパス・プロポーザル
–早稲田のまちに学び、早稲田のまちに住む–
早稲田の街には、なぜ多くの人たちが集まって来るのだろうか？
約350haの早稲田のエリアには地域の人々と共に、約56,000人の学生、6,500人の教員、1,200人の職員が暮らしています。大学街として、大学と街が有機的に接続されていることは、おのずとそのポテンシャル（国際交流、知的財産の共有、自然環境、地域福祉・防災、商店街・学生街活性化、生涯学習社会など）を生み出しています。その中で、さらなる「早稲田ならでは」のポテンシャルを開拓してもらいたいと思います。そして、早稲田大学の4つのキャンパスを含めた地域全体を大きな意味でのキャンパスとみなし、建築をつくることでその魅力を高めていくような提案を望んでいます。
課題は、2つの段階を通じて進めます。第一課題では、計画の種となるような資源・テーマを敷地の中から博索して設計の構想を立て、第二課題では、その構想に基づいて具体的な建築の設計に落とし込んでもらいます。

●第一課題：早稲田のまちのポテンシャルを開拓する –What is Waseda?–
「早稲田ならではの複数の人が集合する可能性」を踏まえて、あなたが実際に街を歩いた領域で開拓したいポテンシャルについて図的表現をすると共に、設計提案の構想としてまとめなさい。

●第二課題：早稲田のまちに染み出すキャンパスと住まい –Activate Waseda –
第二課題では、各自が設計する建築を通して、大学街の魅力を高めることを目的とする。大学街であることには、学ぶことと住むことが共に含まれており、それらが相乗効果を及ぼして地域への寄与となるよう工夫する。計画は、大学が関係するものとし（直接的・間接的は問わない）、設計規模は学校の一教室分の人数と同程度以内として最大40名、または延べ床面積最大500㎡を目安とする。必ずこれらの人々が暮らす居住機能を含むこと。
例えば、核家族単位ではなく人間の集まりとして集合の形式を考えようとする場合、人が集まって住むモチベーションには食、学、宗教、介護、NPO、趣味、研究室などが挙げられる。このうち例えば次のような住まいの形式が考えられる。
「食」単身者や学生が共同キッチンをもつ住居形式
「宗教」祈りの場と寄宿舎が一体となった住居形式
「趣味」特殊倶楽部のための共同の場を所有しながら、銭湯や商店を利用し都市全体に散居する形式
「研究室」大学の研究室が街へと拡張し、生活の一部を共同する住居形式（サテライト研究）。
早稲田大学の4つのキャンパスを含めた地域全体を大きな意味でのキャンパスとみなし、建築をつくることでその魅力を高めていくような提案をすること。
本課題はこれまでの2年間の学習を総合した基礎製図の最終課題であり、「2年までの卒業計画」と捉えて臨むこと。

※早稲田大学の課題出題教員インタビューは本書バックナンバー「JUTAKUKADAI08」P.258を参照（有賀隆「早稲田のまちに染み出すキャンパスと住まい─Activate Waseda─」

作品PR 「部屋」に住まうのではなく、「街」に住まう。これらの部屋は狭く、風呂や台所など、生活に必須と思われているものが備わっていない。しかし、必要なものは既に街の中に点在している。街に出てそれらを利用することは、人との交流という、目的以上の価値を生む。使いづらい土地として放置された六差路を、円形を基準に切り分けることで学生寮を建てる。交差点が本来持つ魅力である、人々の往来や通気性のよさを生かしていく。

住宅課題賞アーカイブ

主　　催	一般社団法人 東京建築士会
公開審査	審査員長：植田 実（第1～21回） 司会：城戸崎和佐（第1～4・17・18・20・21回）、木下庸子（第5～13・15・16回）、佐々木龍郎（第14・19・21回）
会場構成	城戸崎和佐（第1～7回）、葭内博史（第8～13回）、澤田 勝（第14回）、 村山 圭（第11～17回インストール／プロジェクト・マネジメント）、濱野裕司（第18～21回）

［第1回］

会　　期	2001年7月2日（月）～13日（金） 〈土日休館、開場10日間〉
会　　場	ギャラリー・タイセイ（西新宿）
公開審査	7月6日（金） @新宿センタービル52階 大成建設小ホール
審　査　員	池田昌弘、佐藤光彦、西沢立衛、 中村好文、藤江和子
参加大学数 ／学科数	19大学／24学科

優秀賞（4作品選出）
- ●鈴木清巳｜多摩美術大学 美術学部 環境デザイン学科
- ●今井 圭｜東京理科大学 理工学部 建築学科
- ●宮澤里紗｜日本女子大学 家政学部 住居学科
- ●鬼木孝一郎｜早稲田大学 理工学部 建築学科

［第2回］

会　　期	2002年7月8日（月）～19日（金） 〈土日休館、開場10日間〉
会　　場	DIC COLOR SQUARE（日本橋）
公開審査	7月12日（金） @ディーアイシービル17階 DIC大会議室
審　査　員	東 利恵、岩岡竜夫、北山 恒、西沢大良
参加大学数 ／学科数	23大学／28学科

優秀賞（5作品選出）
- ●清水孝子｜神奈川大学 工学部 建築学科
- ●永尾達也｜東京大学 工学部 建築学科
- ●村瀬 聡｜東京大学 工学部 建築学科
- ●藤田美湖｜日本女子大学 家政学部 住居学科
- ●渡邉文隆｜横浜国立大学 工学部 建設学科

［第3回］

会　　期	2003年7月11日（金）～19日（土） 〈土日含む9日間開場〉
会　　場	DIC COLOR SQUARE（日本橋）
公開審査	7月19日（土） @ディーアイシービル17階 DIC大会議室
審　査　員	内村綾乃、木下庸子、手塚由比、長尾亜子
参加大学数 ／学科数	25大学／32学科

優秀賞（5作品選出）
- ●周防貴之｜慶應義塾大学 理工学部 システムデザイン工学科
- ●安田淑乃｜東海大学 工学部 建築学科
- ●秋山怜史｜東京都立大学 工学部 建築学科
- ●柏原知恵｜東京理科大学 理工学部 建築学科
- ●吉川美鈴｜日本大学 理工学部 建築学科

［第4回］

会　　期	2004年7月9日（金）～17日（土） 〈土日含む9日間開場〉
会　　場	DIC COLOR SQUARE（日本橋）
公開審査	7月17日（土） @ディーアイシービル17階 DIC大会議室
審　査　員	手塚貴晴、西田 司、藤本壮介
参加大学数 ／学科数	26大学／34学科

優秀賞（9作品選出）
- ●1等・斎藤洋介｜東京理科大学 工学部第二部 建築学科
- ●2等・原賀裕美｜日本女子大学 家政学部 住居学科
- ●2等・尾崎悠子｜早稲田大学 理工学部 建築学科
- ●3等・山野井靖｜明治大学 理工学部 建築学科
- ●吉田圭吾｜東海大学 工学部 建築学科
- ●佐々木隆允｜東京都立大学 工学部 建築学科
- ●中村芽久美｜武蔵工業大学 工学部 建築学科
- ●石川和樹｜神奈川大学 工学部 建築学科
- ●須磨哲生｜慶應義塾大学 理工学部 システムデザイン工学科

［第5回］

会　　期	2005年7月8日（金）～16日（土） 〈土日含む9日間開場〉
会　　場	DIC COLOR SQUARE（日本橋）
公開審査	7月16日（土） @ディーアイシービル17階 DIC大会議室
審　査　員	篠原聡子、玄・ベルトー・進来、 マニュエル・タルディッツ
参加大学数 ／学科数	27大学／34学科

優秀賞（10作品選出）
- ●1等・中西祐輔｜前橋工科大学 工学部 建築学科
- ●2等・印牧洋介｜早稲田大学 理工学部 建築学科
- ●3等・逸見 豪｜東京大学 工学部 建築学科
- ●3等・小坂 怜｜東京理科大学 工学部第二部 建築学科
- ●クナウブ絵里奈｜神奈川大学 工学部 建築学科
- ●上田将之｜慶應義塾大学 理工学部 システムデザイン工学科
- ●内海慎一｜慶應義塾大学 環境情報学部 環境情報学科
- ●野原 修｜芝浦工業大学 工学部 建築工学科
- ●金澤 愛｜日本大学 生産工学部 建築工学科
- ●北川美菜子｜横浜国立大学 工学部 建設学科

［第6回］

会　　期	2006年10月25日（水）〜11月10日（金）〈11/4・日・祝日休館、開場13日間〉
会　　場	ギャラリー エー クワッド（東陽町）
公開審査	10月28日（土）@竹中工務店東京本店2階 Aホール
審　査　員	石黒由紀、ヨコミゾマコト、佐藤 淳
参加大学数／学科数	28大学／38学科

優秀賞（9作品選出）
- ●1等・中山佳子｜法政大学 工学部 建築学科
- ●2等・當山晋也｜前橋工科大学 工学部 建築学科
- ●藤　友美｜神奈川大学 工学部 建築学科
- ●高畑　緑｜昭和女子大学 生活科学部 生活環境学科
- ●古山容子｜筑波大学 芸術専門学群 デザイン専攻
- ●行木慎一郎｜東京理科大学 工学部第一部 建築学科
- ●松本大輔｜東京理科大学 工学部第二部 建築学科
- ●川口智子｜日本女子大学 家政学部 住居学科
- ●又地裕也｜明治大学 理工学部 建築学科

06

［第7回］

会　　期	2007年10月24日（水）〜11月9日（金）〈日・祝日休館、開場14日間〉
会　　場	ギャラリー エー クワッド（東陽町）
公開審査	10月27日（土）@竹中工務店東京本店2階 Aホール
審　査　員	梅本洋一、西山浩平、吉村靖孝
参加大学数／学科数	28大学／37学科

優秀賞（7作品選出）
- ●1等・尾形模空｜前橋工科大学 工学部 建築学科
- ●2等・宇田川あやの｜東京理科大学 工学部第二部 建築学科
- ●3等・山口紗由｜日本女子大学 家政学部 住居学科
- ●藤原一世｜東京藝術大学 美術学部 建築科
- ●金光宏泰｜早稲田大学 理工学部 建築学科
- ●斉藤拓海｜東京大学 工学部 建築学科
- ●小倉万実｜昭和女子大学 生活科学部 生活環境学科

07

［第8回］

会　　期	2008年10月22日（水）〜11月7日（金）〈10/25・日・祝日休館、開場13日間〉
会　　場	ギャラリー エー クワッド（東陽町）
公開審査	11月1日（土）@竹中工務店東京本店2階 Aホール
審　査　員	佐々木龍郎、東海林弘靖、長谷川豪、三原 斉
参加大学数／学科数	28大学／38学科

優秀賞（7作品選出）
- ●1等・山内祥吾｜横浜国立大学 工学部 建設学科 建築学コース
- ●2等・湯浅絵里奈｜東京電機大学 工学部 建築学科
- ●3等・北野克弥｜東京藝術大学 美術学部 建築科
- ●3等・西郷朋子｜東京理科大学 工学部第二部 建築学科
- ●杉山聖昇｜神奈川大学 工学部 建築学科 デザインコース
- ●勢井彩華｜筑波大学 芸術専門学群 デザイン科 建築デザイン領域
- ●芝山雅子｜武蔵野美術大学 造形学部 建築学科

08

［第9回］

会　　期	2009年10月15日（木）〜11月6日（金）〈日・祝日休館、開場19日間〉
会　　場	ギャラリー エー クワッド（東陽町）
公開審査	10月31日（土）@竹中工務店東京本店2階 Aホール
審　査　員	乾久美子、城戸崎和佐、高井啓明、平田晃久
参加大学数／学科数	33大学／43学科

優秀賞（9作品選出）
- ●1等・鈴木智博｜慶應義塾大学 理工学部 システムデザイン工学科
- ●2等・野上晴香｜東京理科大学 理工学部 建築学科
- ●3等・平野有良｜首都大学東京 都市環境学部 都市環境学科 建築都市コース
- ●3等・徳山史典｜横浜国立大学 工学部 建設学科 建築学コース
- ●杉崎瑞穂｜神奈川大学 工学部 建築学科 デザインコース
- ●田口　慧｜東海大学 工学部 建築学科
- ●倉　雄介｜東京都市大学 工学部 建築学科
- ●田島綾菜｜前橋工科大学 工学部 建築学科
- ●堀　駿｜早稲田大学 理工学術院 創造理工学部 建築学科

09

［第10回］

会　　期	2010年10月25日（月）〜11月5日（金）〈日・祝日休館、開場10日間〉
会　　場	ギャラリー エー クワッド（東陽町）
公開審査	10月30日（土）@竹中工務店東京本店2階 Aホール
審　査　員	赤松佳珠子、冨永祥子、鍋島千恵、福屋粧子
参加大学数／学科数	34大学／44学科

優秀賞（7作品選出）
- ●1等・河内駿介｜千葉工業大学 工学部 建築都市環境学科
- ●2等・村松佑樹｜東京理科大学 理工学部 建築学科
- ●3等・佐久間純｜横浜国立大学 工学部 建設学科 建築学コース
- ●小林　誠｜東京藝術大学 美術学部 建築科
- ●日野顕一｜東京理科大学 工学部第二部 建築学科
- ●西川博美｜日本工業大学 工学部 建築学科
- ●瀬川　翠｜日本女子大学 家政学部 住居学科 建築環境デザイン専攻

10

［第11回］

会　　期	2011年10月17日（月）〜11月4日（金）〈日・祝日休館、開場16日間〉
会　　場	ギャラリー エー クワッド（東陽町）
公開審査	10月29日（土）@竹中工務店東京本店2階 Aホール
審　査　員	下吹越武人、高橋晶子、福島加津也、松下 督
参加大学数／学科数	35大学／44学科

優秀賞（3作品選出）／**審査員賞**（5作品選出）
- ●1等・ヤップ・ミンウェイ｜横浜国立大学 工学部 建設学科 建築学コース
- ●2等・堀　裕平｜日本大学 生産工学部 建築工学科 建築環境デザインコース
- ●3等・矢端孝平｜前橋工科大学 工学部 建築学科
- ●植田賞・大槻　茜｜東洋大学 理工学部 建築学科
- ●下吹越賞・清宮あやの｜東京理科大学 理工学部 建築学科
- ●高橋賞・塩谷歩波｜早稲田大学 理工学術院 創造理工学部 建築学科
- ●福島賞・蔵永むつみ｜工学院大学 工学部 建築学科 建築学コース
- ●松下賞・木村　和｜日本大学 芸術学部 デザイン学科 建築デザインコース

11

257

［第12回］

会　　　　期	2012年10月9日（火）〜11月9日（金）〈日・祝日休館、開場27日間〉
会　　　　場	ギャラリー エー クワッド（東陽町）
公　開　審　査	10月27日（土）＠竹中工務店東京本店2階 Aホール
審　査　員	大西麻貴、平瀬有人、藤原徹平、松岡恭子
参加大学数／学科数	34大学／44学科

優秀賞（3作品選出）／
審査員賞（5作品選出）
- ●1等・北城みどり｜東京藝術大学 美術学部 建築科
- ●2等・仲尾　梓｜東京理科大学 工学部第一部 建築学科
- ●3等・小出　杏｜日本大学 生産工学部 建築工学科 居住空間デザインコース
- ●植田賞・鈴木　陸｜筑波大学 芸術専門学群 デザイン専攻 建築デザインコース
- ●大西賞・袴田千晶｜武蔵野大学 環境学部 環境学科 都市環境専攻
- ●平瀬賞・田中裕太｜武蔵野美術大学 造形学部 建築学科
- ●藤原賞・嶋田　恵｜東京電機大学 未来科学部 建築学科
- ●松岡賞・渡辺知代｜昭和女子大学 生活科学部 環境デザイン学科 建築・インテリアデザインコース

［第13回］

会　　　　期	2013年10月7日（月）〜12月25日（金）〈土日・祝日休館、19日（土）は開館、開場15日間〉
会　　　　場	ギャラリー エー クワッド（東陽町）
公　開　審　査	10月19日（土）＠竹中工務店東京本店2階 Aホール
審　査　員	金田充弘、川辺直哉、坂下加代子、宮 晶子
参加大学数／学科数	35大学／44学科

優秀賞（3作品選出）／
審査員賞（5作品選出）
- ●1等・原　彩乃｜東京理科大学 理工学部 建築学科
- ●2等・上ノ内智貴｜東洋大学 理工学部 建築学科
- ●2等・井津利貴｜前橋工科大学 工学部 建築学科
- ●植田賞・伊藤万里｜日本工業大学 工学部 建築学科
- ●金田賞・川田　裕｜工学院大学 工学部 建築学科 建築学コース
- ●川辺賞・田村聖輝｜東京電機大学 未来科学部 建築学科
- ●坂下賞・千葉春波｜関東学院大学 工学部 建築学科 建築コース
- ●宮賞・中津川毬江｜東海大学 工学部 建築学科

［第14回］

会　　　　期	2014年11月4日（火）〜21日（金）〈土日休館、15日（土）は開館、開場15日間〉
会　　　　場	ギャラリー エー クワッド（東陽町）
公　開　審　査	11月15日（土）＠竹中工務店東京本店1階 食堂
審　査　員	貝島桃代、吉良森子、島田 陽、谷内田章夫
参加大学数／学科数	36大学／45学科

優秀賞（4作品選出）／
審査員賞（5作品選出）
- ●1等・松本寛司｜前橋工科大学 工学部 建築学科
- ●2等・小池萌子｜工学院大学 建築学部 建築デザイン学科
- ●3等・池川健太｜武蔵野美術大学 造形学部 建築学科
- ●3等・立原麿乃｜明海大学 不動産学部 不動産学科 デザインコース
- ●植田賞・鈴木智子｜東京理科大学 工学部第二部 建築学科
- ●貝島賞・横尾　周｜慶應義塾大学 総合政策学部 総合政策学科
- ●吉良賞・池上里佳子｜多摩美術大学 美術学部 環境デザイン学科 建築デザインコース
- ●島田賞・山岸龍弘｜法政大学 デザイン工学部 建築学科
- ●谷内田賞・白石矩子｜東京電機大学 未来科学部 建築学科

［第15回］

会　　　　期	2015年10月19日（月）〜11月6日（金）〈土日・祝休館、24日（土）は開館、開場15日間〉
会　　　　場	ギャラリー エー クワッド（東陽町）
公　開　審　査	10月24日（土）＠竹中工務店東京本店2階 Aホール
審　査　員	石田敏明、木島千嘉、濱野裕司、吉松秀樹
参加大学数／学科数	37大学／48学科

優秀賞（3作品選出）／
審査員賞（5作品選出）
- ●1等・間野知英｜法政大学 デザイン工学部 建築学科
- ●2等・牧戸倫子｜明治大学 理工学部 建築学科
- ●3等・伊藤優太｜日本大学 生産工学部 建築工学科 建築環境デザインコース
- ●植田賞・川口ほたる｜東京藝術大学 美術学部 建築科
- ●石田賞・斉藤有生｜芝浦工業大学 工学部 建築学科
- ●木島賞・伊勢萌乃｜日本大学 理工学部 建築学科
- ●濱野賞・岩田舞子｜武蔵野大学 環境学部 環境学科 都市環境専攻
- ●吉松賞・御園生美久｜東京理科大学 工学部第一部 建築学科

［第16回］

会　　　　期	2016年11月7日（月）〜11月22日（火）〈土日休館、12日（土）は開館、開場13日間〉
会　　　　場	ギャラリー エー クワッド（東陽町）
公　開　審　査	11月12日（土）＠竹中工務店東京本店2階 Aホール
審　査　員	大野博史、谷尻 誠、千葉 学、中山英之
参加大学数／学科数	37大学／48学科

優秀賞（3作品選出）／
審査員賞（5作品選出）
- ●1等・湊崎由香｜東京藝術大学 美術学部 建築科
- ●2等・羽根田雄仁｜武蔵野美術大学 造形学部 建築学科
- ●3等・羽田野美樹｜法政大学 デザイン工学部 建築学科
- ●植田賞・鶴田　叡｜東京都市大学 工学部 建築学科
- ●大野賞・坂本佳奈｜日本工業大学 生活環境デザイン学科
- ●谷尻賞・吉川新之佑｜慶應義塾大学 環境情報学部
- ●千葉賞・田丸文菜｜多摩美術大学 美術学部 環境デザイン学科 建築デザインコース
- ●中山賞・礒野小梅｜千葉大学 工学部 都市環境システム学科

[第17回]

会期	2017年11月21日（火）〜11月29日（水）〈日曜休館、開場8日間〉
会場	ギャラリー エー クワッド（東陽町）
公開審査	11月25日（土）@竹中工務店東京本店2階 Aホール
審査員	小西泰孝、中川エリカ、藤村龍至、前田圭介
参加大学数／学科数	37大学／48学科

優秀賞（3作品選出）／
審査員賞（5作品選出）

- ●1等・菅野　楓｜関東学院大学 建築・環境学部 建築・環境学科 すまいデザインコース
- ●2等・金　俊浩｜横浜国立大学 理工学部 建築都市・環境系学科 建築EP
- ●3等・日下あすか｜工学院大学 建築学部 建築デザイン学科
- ●植田賞・大方利希也｜明治大学 理工学部 建築学科
- ●小西賞・堀内那央｜日本大学 生産工学部 建築工学科 居住空間デザインコース
- ●中川賞・鳥山亜紗子｜日本大学 理工学部 建築学科
- ●藤村賞・渡邉　和｜武蔵野美術大学 造形学部 建築学科
- ●前田賞・工藤浩平｜東京都市大学 工学部 建築学科

[第18回]

会期	2018年11月2日（金）〜11月20日（水）〈土日休館、10日（土）は開館、開場14日間〉
会場	ギャラリー エー クワッド（東陽町）
公開審査	11月10日（土）@竹中工務店東京本店2階 Aホール
審査員	高橋 堅、長田直之、能作文徳、米田 明
参加大学数／学科数	39大学／51学科

優秀賞（3作品選出）／
審査員賞（5作品選出）

- ●1等・矢舗礼子｜武蔵野美術大学 造形学部 建築学科
- ●2等・光樂瑶子｜日本大学 生産工学部 建築工学科 建築デザインコース
- ●3等・佐塚将太｜神奈川大学 工学部 建築学科 建築デザインコース
- ●植田賞・森下かん奈｜工学院大学 建築学部 まちづくり学科
- ●高橋賞・染谷美也子｜筑波大学 芸術専門学群 デザイン専攻 建築デザイン領域
- ●長田賞・寺島瑞季｜東京都市大学 工学部 建築学科
- ●能作賞・西田 静｜東京大学 工学部 建築学科
- ●米田賞・八木このみ｜東京理科大学 工学部 建築学科

[第19回]

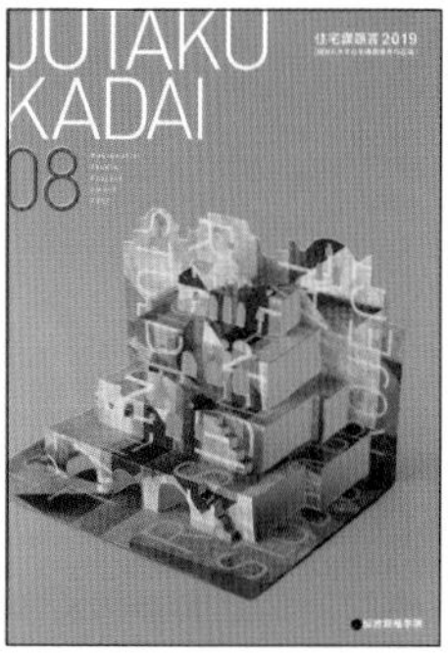

会期	2019年11月20日（水）〜12月2日（月）〈土日・祝日休館、23日（土）は開館、開場10日間〉
会場	ギャラリー エー クワッド（東陽町）
公開審査	11月23日（土）@竹中工務店東京本店2階 Aホール
審査員	加茂紀和子、田井幹夫、寳神尚史、吉野 弘
参加大学数／学科数	39大学／52学科

優秀賞（3作品選出）／
審査員賞（5作品選出）

- ●1等・佐藤日和｜早稲田大学 理工学術院 創造理工学部 建築学科
- ●2等・寺西遥夏｜横浜国立大学 都市科学部 建築学科
- ●3等・森野和泉｜日本大学 理工学部 建築学科
- ●植田賞・日向野秋穂｜東洋大学 ライフデザイン学部 人間環境デザイン学科
- ●加茂賞・渡邉大祐｜千葉大学 工学部 総合工学科 都市環境システムコース
- ●田井賞・鈴木彩花｜昭和女子大学 生活科学部 環境デザイン学科 建築・インテリアデザインコース
- ●寳神賞・髙橋一仁｜東京藝術大学 美術学部 建築科
- ●吉野賞・山本佑香｜ものつくり大学 技能工芸学部 建設学科 建築デザインコース

[第20回]

会期	2020年12月3日（木）〜12月10日（木）〈土日休館、開場6日間〉
会場	ギャラリー エー クワッド（東陽町）
公開審査	12月5日（土）@東京建築士会 会議室 ※オンライン審査にて実施
審査員	伊藤 暁、萩原 剛、原田麻魚、古澤大輔
参加大学数／学科数	41大学／53学科

優秀賞（3作品選出）／
審査員賞（5作品選出）

- ●1等・二又大瑚｜武蔵野美術大学 造形学部 建築学科
- ●2等・疋田大智｜静岡理工科大学 理工学部 建築学科
- ●3等・香川　唯｜関東学院大学 建築・環境学部 建築・環境学科 すまいデザインコース
- ●植田賞・堀之内ゆみ｜東京藝術大学 美術学部 建築科
- ●伊藤賞・藤堂真也｜東京大学 工学部 建築学科
- ●萩原賞・小林芽衣菜｜共立女子大学 家政学部 建築・デザイン学科 建築コース
- ●原田賞・伊藤茉奈｜日本大学 理工学部 建築学科
- ●古澤賞・渡邉優太｜東海大学 工学部 建築学科

[第21回]

会期	2021年10月28日（木）〜 11月10日（水）〈土日・祝日休館、開場9日間〉
会場	ギャラリー エー クワッド（東陽町）
公開審査	10月30日（土）@竹中工務店東京本店2階 Aホール
審査員	アストリッド クライン、駒田由香、妹島和世、中村晃子
参加大学数／学科数	40大学／54学科

優秀賞（4作品選出）／
審査員賞（5作品選出）

- ●1等・秋間悠希｜日本工業大学 建築学部 建築学科 建築コース
- ●2等・山木智絵｜駒沢女子大学 人間総合学群 住空間デザイン学類 建築デザインコース
- ●3等・後藤柚実香｜共立女子大学 家政学部 建築・デザイン学科 建築コース
- ●3等・柳澤美佳｜横浜国立大学 都市科学部 建築学科
- ●植田賞・岩城瑛里加｜日本女子大学 家政学部 住居学科 居住環境デザイン専攻・建築デザイン専攻
- ●アストリッド賞・鈴木晴香｜日本工業大学 建築学部 建築学科 生活環境デザインコース
- ●駒田賞・薄井実乃里｜東京都市大学 建築都市デザイン学部 建築学科
- ●妹島賞・森下空々｜静岡理工科大学 理工学部 建築学科
- ●中村賞・河村恵里｜工学院大学 建築学部 まちづくり学科

歴代参加大学・学科リスト
（第1回〜第11回）

※参加大学名と学科名は、出展時の最新データに基づく
※優秀賞1・2・3等は第4回より、審査員賞は第11回より実施

優秀賞	審査員賞	出展

審査員長	植田 実		
審査員	池田昌弘	東 利恵	内村綾乃
	佐藤光彦	岩岡竜夫	木下庸子
	西沢立衛	北山 恒	手塚由比
	中村好文	西沢大良	長尾亜子
	藤江和子		
司会	城戸崎和佐		

No.	大学	学部　学科　専攻／コース	第1回(2001年度)	第2回(2002年度)	第3回(2003年度)
1	足利大学	工学部 創生工学科 建築・土木分野 建築学コース			
2	茨城大学	工学部 都市システム工学科 建築デザインプログラム			
3	宇都宮大学	地域デザイン科学部 建築都市デザイン学科 (2016年度〜)			
4	大妻女子大学	社会情報学部 社会情報学科 環境情報学専攻			
5	神奈川大学	工学部 建築学科 建築デザインコース			
6	関東学院大学	建築・環境学部 建築・環境学科 すまいデザインコース (2013年度〜)			
7	関東学院大学	建築・環境学部 建築・環境学科 建築デザインコース			
8	共立女子大学	家政学部 建築・デザイン学科 建築コース			
9	慶應義塾大学	総合政策学部・環境情報学部			
10	慶應義塾大学	理工学部 システムデザイン工学科			
11	工学院大学	建築学部 建築学科			
12	工学院大学	建築学部 建築デザイン学科 (2011年度〜)			
13	工学院大学	建築学部 まちづくり学科			
14	工学院大学	工学部 建築学科・建築都市デザイン学科 (〜2010年度)			
15	国士舘大学	理工学部 理工学科 建築学系 (2007年度〜)			
16	駒沢女子大学	人間総合学群 住空間デザイン学類 建築デザインコース (2018年度〜)			
17	静岡理工科大学	理工学部 建築学科			
18	芝浦工業大学	建築学部 建築学科 APコース			
19	芝浦工業大学	建築学部 建築学科 SAコース (2017年度〜)			
20	芝浦工業大学	建築学部 建築学科 UAコース			
21	芝浦工業大学	工学部 建築学科 (〜2016年度)			
22	昭和女子大学	環境デザイン学部 環境デザイン学科 建築・インテリアデザインコース (2020年度〜)			
23	女子美術大学	芸術学部 デザイン・工芸学科 環境デザイン専攻			
24	多摩美術大学	美術学部 環境デザイン学科 建築・インテリアデザインコース			
25	千葉工業大学	創造工学部 建築学科 (2016年度〜)			
26	千葉大学	工学部 総合工学科 都市環境システムコース (2017年度〜)			
27	千葉大学	工学部 デザイン工学科 (2002年度時点)			
28	筑波大学	芸術専門学群 デザイン専攻 建築デザイン領域			
29	東海大学	工学部 建築学科			
30	東海大学	情報デザイン工学部 建築デザイン学科 (〜2009年度)			
31	東京大学	工学部 建築学科			
32	東京家政学院大学	現代生活学部 生活デザイン学科 (2012年度〜)			
33	東京藝術大学	美術学部 建築科			
34	東京工業大学	工学部 建築学科 (2003年度時点)			
35	東京電機大学	未来科学部 建築学科 (2008年度〜)			
36	東京都市大学	建築都市デザイン学部 建築学科 (2020年度〜)			
37	東京都立大学	都市環境学部 建築学科 (2020年度〜)			
38	東京理科大学	工学部 建築学科 (2016年度〜)			
39	東京理科大学	理工学部 建築学科			
40	東京理科大学	工学部第二部 建築学科 (〜2016年度)			
41	東洋大学	理工学部 建築学科 (2010年度〜)			
42	東洋大学	ライフデザイン学部 人間環境デザイン学科			
43	日本大学	芸術学部 デザイン学科 (2012年度〜)			
44	日本大学	生産工学部 建築工学科 建築総合コース (2011年度〜)			
45	日本大学	生産工学部 建築工学科 建築デザインコース (2013年度〜)			
46	日本大学	生産工学部 建築工学科 居住空間デザインコース			
47	日本大学	理工学部 建築学科			
48	日本大学	理工学部 海洋建築工学科			
49	日本工業大学	建築学部 建築学科 建築コース (2018年度〜)			
50	日本工業大学	建築学部 建築学科 生活環境デザインコース (2018年度〜)			
51	日本女子大学	家政学部 住居学科 居住環境デザイン専攻・建築デザイン専攻 (2010年度〜)			
52	文化学園大学	造形学部 建築・インテリア学科			
53	法政大学	デザイン工学部 建築学科 (2008年度〜)			
54	前橋工科大学	工学部 建築学科			
55	前橋工科大学	工学部 総合デザイン工学科			
56	武蔵野大学	工学部 建築デザイン学科 (2017年度〜)			
57	武蔵野美術大学	造形学部 建築学科			
58	明海大学	不動産学部 不動産学科 デザインコース (2011年度〜)			
59	明治大学	理工学部 建築学科			
60	ものつくり大学	技能工芸学部 建設学科 建築デザインコース			
61	横浜国立大学	都市科学部 建築学科 (2017年度〜)			
62	早稲田大学	理工学術院 創造理工学部 建築学科 (2007年度〜)			

	第1回	第2回	第3回
参加大学数	19	23	25
参加学科数	24	28	32

植田 実							
手塚貴晴	篠原聡子	石黒由紀	梅本洋一	佐々木龍郎	乾 久美子	赤松佳珠子	下吹越武人
西田 司	玄・ベルトー・進来	ヨコミゾマコト	西山浩平	東海林弘靖	城戸崎和佐	冨永祥子	高橋晶子
藤本壮介	マニュエル・タルディッツ	佐藤 淳	吉村靖孝	長谷川 豪	高井啓明	鍋島千恵	福島加津也
				三原 斉	平田晃久	福屋粧子	松下 督
城戸崎和佐	木下庸子						

第4回(2004年度)	第5回(2005年度)	第6回(2006年度)	第7回(2007年度)	第8回(2008年度)	第9回(2009年度)	第10回(2010年度)	第11回(2011年度)	No.
								1
								2
								3
								4
								5
								6
								7
								8
								9
					1等			10
								11
								12
								13
							福島賞	14
								15
								16
								17
								18
								19
								20
								21
								22
								23
								24
						1等		25
								26
								27
								28
								29
								30
	3等							31
								32
								33
								34
				2等				35
								36
					3等			37
								38
					2等	2等	下吹越賞	39
1等	3等		2等	3等				40
							植田賞	41
								42
							松下賞	43
								44
							2等	45
								46
								47
								48
								49
								50
2等			3等					51
								52
		1等						53
	1等	2等	1等				3等	54
								55
								56
								57
								58
3等								59
								60
				1等	3等	3等	1等	61
2等	2等						高橋賞	62

26	27	28	28	28	33	34	35
34	34	38	37	38	43	44	44

歴代参加大学・学科リスト

（第12回～第21回）

※参加大学名と学科名は、出展時の最新データに基づく
※優秀賞1・2・3等は第4回より、審査員賞は第11回より実施

優秀賞　審査員賞　出展

審査員長	植田 実		
審査員	大西麻貴	金田充弘	貝島桃代
	平瀬有人	川辺直哉	吉良森子
	藤原徹平	坂下加代子	島田 陽
	松岡恭子	宮 晶子	谷内田章夫
司会	木下庸子		佐々木龍郎

No.	大学	学部　学科　専攻／コース	第12回(2012年度)	第13回(2013年度)	第14回(2014年度)
1	足利大学	工学部 創生工学科 建築・土木分野 建築学コース			
2	茨城大学	工学部 都市システム工学科 建築デザインプログラム			
3	宇都宮大学	地域デザイン科学部 建築都市デザイン学科(2016年度～)			
4	大妻女子大学	社会情報学部 社会情報学科 環境情報学専攻			
5	神奈川大学	工学部 建築学科 建築デザインコース			
6	関東学院大学	建築・環境学部 建築・環境学科 すまいデザインコース(2013年度～)		坂下賞	
7	関東学院大学	建築・環境学部 建築・環境学科 建築デザインコース			
8	共立女子大学	家政学部 建築・デザイン学科 建築コース			
9	慶應義塾大学	総合政策学部・環境情報学部			貝島賞
10	慶應義塾大学	理工学部 システムデザイン工学科			
11	工学院大学	建築学部 建築学科			
12	工学院大学	建築学部 建築デザイン学科　(2011年度～)			2等
13	工学院大学	建築学部 まちづくり学科			
14	工学院大学	工学部・建築都市デザイン学科(～2010年度)		金田賞	
15	国士舘大学	理工学部 理工学科 建築学系(2007年度～)			
16	駒沢女子大学	人間総合学群 住空間デザイン学類 建築デザインコース(2018年度～)			
17	静岡理工科大学	理工学部 建築学科			
18	芝浦工業大学	建築学部 建築学科 APコース			
19	芝浦工業大学	建築学部 建築学科 SAコース　(2017年度～)			
20	芝浦工業大学	建築学部 建築学科 UAコース			
21	芝浦工業大学	工学部 建築学科(～2016年度)			
22	昭和女子大学	環境デザイン学部 環境デザイン学科 建築・インテリアデザインコース(2020年度～)	松岡賞		
23	女子美術大学	芸術学部 デザイン・工芸学科 環境デザイン専攻			
24	多摩美術大学	美術学部 環境デザイン学科 建築・インテリアデザインコース			吉良賞
25	千葉工業大学	創造工学部 建築学科(2016年度～)			
26	千葉大学	工学部 総合工学科 都市環境システムコース(2017年度～)			
27	千葉大学	工学部 デザイン工学科(2002年度時点)			
28	筑波大学	芸術専門学群 デザイン専攻 建築デザイン領域	植田賞		
29	東海大学	工学部 建築学科		宮賞	
30	東海大学	情報デザイン工学部 建築デザイン学科(～2009年度)			
31	東京大学	工学部 建築学科			
32	東京家政学院大学	現代生活学部 生活デザイン学科(2012年度～)			
33	東京藝術大学	美術学部 建築科	1等		
34	東京工業大学	工学部 建築学科(2003年度時点)			
35	東京電機大学	未来科学部 建築学科(2008年度～)	藤原賞	川辺賞	谷内田賞
36	東京都市大学	建築都市デザイン学部 建築学科(2020年度～)			
37	東京都立大学	都市環境学部 建築学科(2020年度～)			
38	東京理科大学	工学部 建築学科(2016年度～)	2等		
39	東京理科大学	理工学部 建築学科		1等	
40	東京理科大学	工学部第二部 建築学科(～2016年度)			植田賞
41	東洋大学	理工学部 建築学科(2010年度～)		2等	
42	東洋大学	ライフデザイン学部 人間環境デザイン学科			
43	日本大学	芸術学部 デザイン学科(2012年度～)			
44	日本大学	生産工学部 建築工学科 建築総合コース(2011年度～)			
45	日本大学	生産工学部 建築工学科 建築デザインコース(2013年度～)			
46	日本大学	生産工学部 建築工学科 居住空間デザインコース	3等		
47	日本大学	理工学部 建築学科			
48	日本大学	理工学部 海洋建築工学科			
49	日本工業大学	建築学部 建築学科 建築コース(2018年度～)		植田賞	
50	日本工業大学	建築学部 建築学科 生活環境デザインコース(2018年度～)			
51	日本女子大学	家政学部 住居学科 居住環境デザイン専攻・建築デザイン専攻(2010年度～)			
52	文化学園大学	造形学部 建築・インテリア学科			
53	法政大学	デザイン工学部 建築学科(2008年度～)			島田賞
54	前橋工科大学	工学部 建築学科		2等	1等
55	前橋工科大学	工学部 総合デザイン工学科			
56	武蔵大学	工学部 建築デザイン学科(2017年度～)	大西賞		
57	武蔵野美術大学	造形学部 建築学科	平瀬賞		3等
58	明海大学	不動産学部 不動産学科 デザインコース(2011年度～)			3等
59	明治大学	理工学部 建築学科			
60	ものつくり大学	技能工芸学部 建設学科 建築デザインコース			
61	横浜国立大学	都市科学部 建築学科(2017年度～)			
62	早稲田大学	理工学術院 創造理工学部 建築学科(2007年度～)			
	参加大学数		34	35	36
	参加学科数		44	44	45

植田 実						
石田敏明	大野博史	小西泰孝	高橋 堅	加茂紀和子	伊藤 暁	アストリッド クライン
木島千嘉	谷尻 誠	中川エリカ	長田直之	田井幹夫	萩原 剛	
濱野裕司	千葉 学	藤村龍至	能作文徳	寶神尚史	原田麻魚	駒田由香
吉松秀樹	中山英之	前田圭介	米田 明	吉野 弘	古澤大輔	妹島和世
						中村晃子
木下庸子		城戸崎和佐		佐々木龍郎	城戸崎和佐	城戸崎和佐・佐々木龍郎

第15回(2015年度)	第16回(2016年度)	第17回(2017年度)	第18回(2018年度)	第19回(2019年度)	第20回(2020年度)	第21回(2021年度)	No.
							1
							2
							3
							4
				3等			5
		1等			3等		6
							7
					萩原賞	3等	8
	谷尻賞						9
							10
							11
		3等					12
			植田賞			中村賞	13
							14
							15
						2等	16
					2等	妹島賞	17
							18
							19
							20
石田賞							21
				田井賞			22
							23
	千葉賞						24
							25
	中山賞			加茂賞			26
							27
			高橋賞				28
					古澤賞		29
							30
			能作賞		伊藤賞		31
							32
植田賞	1等			寶神賞	植田賞		33
							34
							35
	植田賞	前田賞	長田賞			駒田賞	36
							37
吉松賞			米田賞				38
							39
							40
							41
				植田賞			42
							43
							44
3等			2等				45
		小西賞					46
木島賞		中川賞		3等	原田賞		47
							48
						1等	49
	大野賞					アストリッド賞	50
						植田賞	51
							52
1等	3等						53
							54
							55
濱野賞							56
	2等	藤村賞	1等		1等		57
							58
2等		植田賞					59
				吉野賞			60
		2等		2等		3等	61
				1等			62

37	37	37	39	39	41	40	
48	48	48	51	52	53	54	

住宅課題賞2021
課題出題教員インタビュー

建築教育における情報交換および議論、研鑽の場となることが、住宅課題賞の目的の一つである。
出題教員へのインタビューでは、課題に込められた意図や背景、設計課題における住宅課題のあり方を探ることで、
これからの住宅課題のあるべき姿を浮き彫りにする。

課題出題教員インタビュー

国士舘大学 理工学部 理工学科 建築学系

南 泰裕 教授

課題名 公園のとなりの家

2年／設計スタジオIa・第2課題／2020年度課題

南 泰裕／Yasuhiro Minami

1967年兵庫県生まれ。1991年京都大学卒業、1993年東京大学大学院修士課程修了、1997年同大学大学院博士課程単位取得退学。1997年一級建築士事務所アトリエ・アンブレックス設立。2000年〜慶應義塾大学、東京外国語大学非常勤講師、2004年〜明治大学大学院非常勤講師、2005年〜東京大学、東京理科大学非常勤講師。2007年〜国士舘大学准教授、2012年〜同大学教授。2015年ミマール・シナン芸術大学客員教授。

1〜3年次の設計カリキュラムを教えてください。

　本学では春期（はるき）と秋期（あきき）の二期に分かれており、1年春期より設計の演習的な基礎課題に取り掛かります。最初の授業「デザインの表現A」は、基本的な線の引き方や模型のつくり方、図面の読み方をベースに大きく分けて3つの課題を出しています。第1課題で線を引く練習、第2課題で立体を構築、第3課題で空間の内部を考える。秋期の「デザインの表現B」も基本的に3つの課題を出します。第1課題は吉村順三の「森の別荘」の図面と模型の制作で、第2課題のミース・ファン・デル・ローエの鉄骨造の住宅「ファンズワース邸」も同様につくります。つまり第1課題で木造、第2課題で鉄骨造という異なる構造形式を名作から学ぶのです。第3課題は自由課題に近い形で、斜面地に建つ小さな建築を設計。これは住宅に限らず、平坦ではない場所に建築をつくる基礎的なトレーニングとなります。

　2年生の春・秋期でも、基本的に住宅を対象に学びます。科目としては春期が「設計スタジオIa」にあたり、専用住宅や店舗併用住宅などの戸建て住宅が対象です。メインとサブの2つの課題に分けており、第1課題をサブとして6×6mの非常に小さな敷地に小さな現代の小屋を設計する。小屋は建築の最小単位であり、建築家が最終的にたどり着くものだと言われています。ル・コルビュジエも「カップ・マルタンの休暇小屋」を死ぬ間際に設計したり、鴨長明が方丈庵という非常に小さな小屋を設計したりと、建築の原点であると同時に建築家が最終的にたどり着くものであると言えます。非常に自由度の高い課題とするため、敷地と用途は決めていません。細かいことにとらわれず自由な発想で小さな建築を考えることができるようにしています。それを経てからメインの第2課題である住宅に取り

掛かりますが、4人家族、シェアハウス、あるいは3世代で住む家等、さまざまな課題をこれまで出してきました。それらの課題を、2年生約80名に対して非常勤講師5名と専任教員1名で指導します。また第3課題としてトレース課題にも並行して取り組むようにしています。秋期の「設計スタジオIb」は春期の戸建て住宅を応用・発展させる形で、規模を大きくして複雑化した集合住宅を対象としています。2021年度は第1・2課題の敷地を隣接させて課題作成しました。住宅だけでなく、街づくりの視点を取り入れて2つの建築物がある種の連続性を持つような形にして課題を組み上げています。まず、小田急線世田谷代田駅のそばに地域の人にとってのコミュニティスペースをつくり、それを踏まえたうえで第2課題として共同住宅を設計する。その際に、コロナ禍におけるさまざまな社会状況を考慮したうえで、新しい集合住宅の在り方がどのようなものか提案します。図面は2年生までは手描きとし、パースは2年生でもCG制作を可としていますが、過渡期なので毎年教員らで検証しながら決めています。

　3年春期からはゼミナールの活動が始まり、準必修となる「設計スタジオII」で住宅以外の設計課題を出しています。受講者はおおよそ30〜40名程度となり、商業施設あるいは公共施設と、さまざまなビルディングタイプを横断的にフォローできるような設計の知識と技術を身に着けます。秋期の「設計スタジオIII」もサブとメインの課題があり、2021年度のサブ課題は「フォースプレイス」としました。コロナ禍においては「サードプレイス」である第3の場所に必ずしも行けるわけではなくなったため、より多様な場所があってもいいのではないかという問題提起です。敷地は都内ならどこでもよく、自分でプログラム・対象・建築物を想定したうえで第4の場所を考えるのです。メイン課題は、渋谷駅前にあるヒカリエの南側の敷地にパラリンピック

ミュージアムを建てるというもの。ニューノーマルやユニバーサルデザインも視野に入れながら体が不自由な方を対象としたアリーナ、あるいはミュージアムとは何かを考えます。パラリンピックミュージアムは実在しますが、注目されることが少ないので新しい建築を考える一つのきっかけとなって欲しいですね。課題としては、レストランやショップ、パラリンピック用のアリーナなどもある、非常に複雑な内容にしました。渋谷区のまちづくり課の方にも、再開発が大々的に行われているのを踏まえたうえで、現状の渋谷駅近辺の問題点や課題、今後のビジョンを具体的に語ってもらい、学生の作品への講評もいただきました。

出展課題にはどのような意図があるのでしょうか？

　敷地は、学校近くにある小田急線の梅ヶ丘駅のすぐそばにある羽根木公園という大きな公園のそばです。いわゆる典型的な閑静な住宅街で、すぐそばに図書館や駅チカのさまざまな商業施設があります。羽根木公園と住宅地には階数にすると2層分程度の高低差があり、崖地になっています。そのため、公園と住宅地の境界、あるいは高低差を考慮しながら住宅を設計しなくてはならない。一方で、住宅を設計しながら部分的に地域に開くことに対して、どのように解答するかを課題に盛り込みました。例えば、公園で遊ぶ子どもたちを受け入れる英会話教室や小さなアスレチックのスペース、あるいは公園と住宅地をつなぐ経路を取り込み地域に開かれた場所をつくるとか。そういった+αの要素を入れたうえで住宅を設計させることを意図しています。

本年度「住宅課題賞」出展作品、植田朝飛さんの「こども教室の〇〇さん家」

「設計スタジオⅠa」第2課題の作成には、どのようなことを意識していますか？

　毎年内容は異なりますが、課題の軸となるものがい

くつかあり、その中の1つとして敷地の周りとの関係を考えさせるようにしています。なかでも毎年敷地としている世田谷は人口数が多く、人口密度が非常に高い。敷地に余裕がないなか、それを逆手に取り、非常に限られた敷地の中で隣接関係をきちんと考えないといけない。隣地境界や道路境界、自然との境界を考えたうえで街のコンテクストを考えて建築をつくることが重要。それから、最初の課題なので漠然とした形で構わないので、建築の構造や工法を視野に入れつつ、スケール感覚を押さえて建築を考えて欲しい。

　2019年度は「地域共生のいえ」という課題で、空き家などを地域に開かれたコミュニティの場として提供する街づくり団体「世田谷トラストまちづくり」と産学共同にて制作しました。実際の敷地や住宅を対象にリノベーションや新築を考えるというもので、学生とともに住宅へ調査にも行きました。地域に開かれた場としてどういったものを展開したいのか、英会話教室や地域の人が集まれる団らんの場など、学生自らヒアリングをしたうえで、設計案を考えています。

　2021年度は、東急世田谷線沿いの敷地に、地域に開かれた+αの要素を入れて住宅を設計する課題にしました。短冊状に同じような敷地が並ぶところで、例えば13人一組のグループが短冊状の敷地からそれぞれ1つ選びます。面積は全部同じだけれど場所が微妙に違う。つまり隣の家を意識しながら設計しないといけない。そのため、近隣から敷地ギリギリに建てないでと言われるような事態が起こる。場合によっては話し合いをして、AくんとBくんの隣接地で共同の広場をつくるとか、Cさんがパン屋ならDさんはパンを食べられるカフェをつくるとか、付かず離れずの関係を街並みとしてつくっていく。したがって、住宅をつくると同時に、ある種の街づくりの課題も含んでいます。また、産学官連携の課題は、学生ができるだけ社会とのつながりを持てるように、私の着任以降15年続けています。着任時はLIXIL（当時はINAX）さんに参加いただき、当時銀座にあったLIXILのギャラリーで展覧会をしたり、社員の方々に講評してもらったりしました。本学近くには東急世田谷線が通っていますので、東急さんとも時々コラボしています。敷地を沿線とした場合に、田園都市線も含めて現状の開発がどのように進められているか、開発者のリアルな声を聞いたうえで設計に取り組めるようにしています。

課題出題教員インタビュー

駒沢女子大学 人間総合学群 住空間デザイン学類
茂木 弥生子 准教授

課題名 **ダガヤサンドウに住むとしたら**
3年／建築デザインⅠ・課題②／2021年度課題

茂木 弥生子／Yayoiko Motegi
1997年東京都立大学卒業、1999年東京都立大学大学院修士課程修了。日建ハウジングシステム設計部、住まいとインテリアの総合情報センター「リビングデザインセンターOZONE」を運営するリビング・デザインセンターを経て、2011年より駒沢女子大学講師、2017年より現職。

設計カリキュラムについて教えてください。

3年生でインテリアデザインコースと建築デザインコースのいずれかを選択するので、1～2年生のうちは、コース選択に向けて基礎から幅広く学べるようなカリキュラムを用意しています。まず1年生で「平面と立体表現の基礎」「製図の基礎」「図学と透視画の基礎」と3つの基礎科目を履修します。またCADも必修科目です。図面の描き方や模型のつくり方、Vectorworksの操作技能など、建築・インテリア問わず必要となる基礎を積み上げていきます。1年生の後期にある「建築・インテリアデザイン入門」では、自分の部屋のインテリアをデザインするほか、安藤忠雄氏の「住吉の長屋」を調査したうえで模型を制作するなど、空間デザインの入門となるような課題設定をしています。

本学には「住生活館・住生活体験室」という施設があり、実際の住宅を体験できるモデルルームを設けています。行き止まりのない回遊動線など、間取りも工夫されています。「建築・インテリアデザイン入門」のインテリアデザイン課題では、モデルルームの和室と同じ大きさの空間を条件にあげて、実測しながら寸法感覚を身に付けていきます。

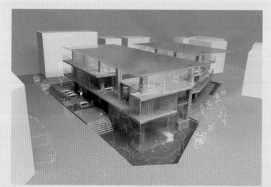

「ダガヤサンドウに住むとしたら」滝澤菜桜さんの提案「領域の階調」

2年生になると「設計製図Ⅰ・Ⅱ」という科目があり、前期は「+αの住宅」、後期は「6人の働く女性が住むシェアハウス」の設計に取り組みます。ここでは建築だけでなく、一部空間のインテリアまでデザインします。教員も建築デザインとインテリアデザインの両コースから担当がつき、設計製図Ⅰについては、これを履修しないと2年生後期以降の建築デザイン、インテリアデザインの実習系科目を履修できませんので、ほとんどの学生が受講しています。私たちの暮らしには当然建物が必要ですが、床・壁・天井等の内装材や、家具・食器などのプロダクトも欠かすことができないものです。それらをトータルにデザインする「リビングデザイナー」を目指すことを学類のコンセプトにしており、建築やインテリアの学びに加え、家具や陶芸、テキスタイルの工房も設け、素材やものづくりについて実体験ができるようなカリキュラムになっている点が大きな特徴です。

「+αの住宅」では、住宅全体の設計提案のほか+αの部分についてインテリアを細部までデザインし、縮尺1/30の模型で表現します。学生の+αの提案は飲食店舗が比較的多いですが、習い事の教室や宿泊機能、郵便局などもありました。敷地は大学に近い小田急線の新百合ヶ丘駅エリアから2～3つ候補を設け、学生が選べるようにしています。後期の「シェアハウス」の敷地は中目黒の桜並木沿いです。大学が郊外にありバス通学の学生が多いため、帰り道にどこかへ気軽に立ち寄る機会が少ない環境です。そこで、あえて大学から離れた敷地設定をして、課題をきっかけに、まちにあるいろいろなものを見て、体感してほしいと思っています。

3年生になると建築デザインコースでは「建築デザインⅠ・Ⅱ」、インテリアデザインコースでは「インテリアデザインⅠ・Ⅱ」で設計課題に取り組みます。卒業研究に向けて、私たちの暮らしを取り巻く環境を多面的な視点から考える姿勢を身に付けていきます。

今回の出展課題にはどのような意図がありますか?

今回出展した「ダガヤサンドウに住むとしたら」は、3年生前期の建築デザインⅠの集合住宅の課題です。ⅠとⅡそれぞれに前段階となるような小課題を設けており、Ⅰの小課題がカフェ、Ⅱの小課題がレストスペースとなっていて、3年生の最後に図書館の設計をするという流れです。2年生までは住宅の設計課題が続いているので、少しスイッチを切り替えてまずはカフェの設計をしますが、ロケーションや利用者の動線など、周辺環境との関係性により目を向けてもらうことを意図しています。「ダガヤサンドウ～」も同様に、周辺環境をしっかりと理解して、積極的に外部との関わりを考えていくことがねらいです。山木智絵さんの提案は、凹凸のある建築の形が、周囲に圧迫感を与えることなく絶妙な距離感を生み出していると評価されました。6年ほど前からこの敷地で出題していますが、もともと住宅街だったところにぽつりぽつりと面白いお店ができ始めていて、さらには東京五輪の開催が決まり、国立競技場も新しく建て替わり、このエリアがより注目され、これまで以上に多くの人が訪れるようになるかもしれない。そこへ集合住宅を設計する、言い換えれば新しいコミュニティをつくるにあたって、どのようにまちと関わっていくのか考えてもらうねらいがあります。2年生の課題で建築設計と同時にインテリアデザインまで考えることを経験しているので、3年生の課題でもそこまで考えることが当たり前だと学生は思って取り組んでいます。2年生のときよりも住戸の規模が大きくなっていますので、家族のあり方や暮らしを、場所性も含めて検討してもらいたいと考えています。

本課題は私と非常勤の先生の2名で指導しており、30名以上の全体発表や講評も全て担当しています。山木さんのほかには、例えば各住戸に大きな引き戸の開口部を設けて、その開け方によってパブリックとプライベートの領域をあいまいに調整するという提案(写真:滝澤菜桜さん)がありました。扉を開けてできた共有部と一続きの空間に近所の人たちを招き入れる余白をつくり、一緒にランチや趣味活動ができる場の可能性を生み出すなど、学生の柔軟な提案は教える側にとっても刺激があります。

建築デザインスタジオでは、どのようなことをしますか?

3年生の建築デザインスタジオでは特に産学連携課題へ力を入れていて、これをやりたい!と駒女へ入学してくる学生もいるくらい人気があります。はじまりは2013年度、「コマジョリノベ」と題した賃貸マンションのリノベーション提案を企業に対して行うものでした。「駒女生の暮らす部屋」をコンセプトに学生が提案し、2部屋が実際に施工されました。続いて「コマジョクリエ」では、新築の賃貸マンションを建てるオーナーの協力を得て、3タイプの住戸プランを提案しました。近年取り組んでいる「コマジョスタイル」では、不動産会社がオーナー向けに提示するリフォームのデザインパッケージを提案しています。インテリアデザインスタジオと合同で実施し、各々が提案書を作成し、プレゼンをします。提案が採用された学生は、実現に向けて企業と打合せを重ね、施工現場にも入ります。友人と切磋琢磨しながら提案をまとめ、実務に近い内容から企業の評価軸を知り、学生には多くの学びがあります。「リビングデザイナー」として、豊かで快適な暮らしをトータルにデザインすることを目指していますから、建築からインテリアまで、内部空間から外部空間までを切れ目なく考えることができるようになってもらいたい。まちや建物を捉える広い視点から、インテリアや生活行為、暮らし方を捉える身近な視点まで持ちながらデザインしていくことが大切だと思っています。

「コマジョクリエ」で施工した部屋。
(上)「暮らしに＋(プラス)を」 (下)「つなぐ、つづく、家族の時間」

課題出題教員インタビュー

東京都市大学 建築都市デザイン学部 建築学科

手塚 貴晴 教授

課題名 共生の里を作る

2年／設計（2）／2020年度課題

手塚 貴晴／Takaharu Teduka

1964年東京都生まれ。1987年武蔵工業大学（現、東京都市大学）卒業、1990年ペンシルバニア大学大学院修士課程修了、1990〜1994年リチャード・ロジャース・パートナーシップ・ロンドン勤務、1994年手塚建築企画を手塚由比と共同設立、1997年手塚建築研究所に改称。1996年〜武蔵工業大学専任講師、2009年〜東京都市大学教授。

今回の出展課題の意図を教えてください。

課題では、すごく無理難題を出すことにしています（笑）。世の中はみんな意地悪ですからね、その中でどうやって仕事をするか考えないといけない。スタジオの教員は、それぞれ言っていることが違うけれど、教員というのはそういう役割なのだからしょうがない。A先生がいいと言ったから、B先生もいいわけではない。そういう理不尽をきちんと扱える人間になるような授業の仕方をしています。課題文には、実際のクライアントが示すような要求や状況を記載しています。口頭で話すと、みんなわからなくなるから、課題文としてきちんと長い文章にします。2022年度は、シェフが考えるテロワールを考えるという内容で、まずシェフの職業を調べさせて最初の授業で実際に料理をつくらせました。究極の一品をつくり、それを説明させるところから始めます。とにかく現実の世界に近いことを考えます。だから、私の課題には何が何㎡とか書いていません。学生たちは「どうしたらいいのですか、何㎡ですか」と聞いてきますが、そういうことをクライアントは教えてくれません。知りたいことは自分で調べるのです。

そして今回の課題は「共生」とは何か。昨今、「エコロジー」という言葉がよく使われていますが、私はエコロジー満載の建物はあまり好きではありません。ハイブリッド車に乗っているからエコロジカルなわけではなく、それよりも自転車に乗るほうがエコロジカルなのです。すごく高気密で高断熱の住宅に住んでいるからエコロジカルなのではなく、窓を開けてレモンスカッシュを飲んでいる人のほうがよほど偉いわけです。要は、人間を環境から隔絶された存在と考えると、すごく無理しなくてはいけない。18〜28℃が人間の適性温度という考えがありますが、人間はみかんやりんごではないから、ある温度が適性ではなく、もっと変化の中で生きている。人間は一番暑い時に海水浴として50℃の砂浜に行きますよね。そういう変化の中で生きていくようにできている。人間は自然の一部になろうとしているのです。そのようなことを前提に、「君たちは現代社会に住んでいるので、それを求めるのは無理がある。だけど、その無理難題を解決するのは君たちだから、なんとかしなさい」という課題内容になっています。2020年はコロナが流行していたので、みんな、バラバラで自分だけのシェルターをつくろうとしていましたが、人間というのはいろいろなものの一部なのです。例えばコロナも実は人間の一部と変わりません。生物学者の福岡伸一さんという方によると、ウイルスは基本的には人間から出たものだそうです。人間から出たものではないと、遺伝子が絶対に適合しないそうです。ある意図を持って人間がつくったウイルスがあり、それを入れると遺伝子の改変などができるわけです。それで癌などが治ることがありますよね。自然は、人間から出てきた遺伝子の破片をいろいろな動物を介して一つずつ変化させて戻すのです。そうすると、人間が進化します。いわゆる自然淘汰だけではダメなので、その際の横やりとして、これらのウイルスが使われます。人間はそのように進化しています。だから、コロナもいろいろな菌も、全部共生体の一部だというのです。それをきちんと理解しなくてはいけません。今はマスクしていますが、本当にマスクをしているのが正しいかどうかは正直わからない。たくさんの菌の中にいたら、実はそれほど大した問題ではないのかもしれない。実は、殺菌した砂場もすごく危険なのです。殺菌した砂場で子どもたちが遊ぶと、人間の体から菌が出て大繁殖します。自然界だったら、少し菌が出ても、他の菌と共生して増えませんが、無菌状態だと大繁殖するのです。人間の中の菌は、他の人に移りやすい。だから殺菌した砂場で遊んだ子どもの傷が治らないという現

象が起こります。それは本来の菌ではない、自然界では繁殖するはずのないものが繁殖しているから。そういう意味で、殺菌はすごく危険だし、共生がすごく大切。閉じこもるのではなく、どうやって外の温度の変化を受け入れ、その中で人間のライフスタイルをどう変えるか。人間が人間本来の姿で暮らすことはどういうことなのかを2020年度の課題で伝えているのです。

毎年、設計2の課題をつくるうえで、どのようなことを意識していますか?

ライフを考えることをすごく大切にしています。建築というのは、何のためにつくるか、建築の向こうに何を見るかが大切です。例えば2018年度は、本を1つ選ばせて、そこにあるライフを読み解き、それを建築にしなさいという話をしました。2019年度はグリーンアパートメント、今回の2020年度は共生と、コロナの影響で少しテーマが似ていましたが、2022年度は本来の姿に戻っています。2022年度はテロワールという、いわゆる土の持つ力、食べ物、健康などのライフや文化を題材にしています。例年は、建築の「け」に入る前の話が多いのです。なぜ、この本を選んだのか、この料理を選んだのか、そこにはどういうライフスタイルがバックグラウンドにあるのかという話をします。2022年度は食べ物に加えて、ピアノの話も入っています。建築家は、仕事を頼まれたらクライアントのことも知らなくてはいけません。知らなくても、きちんと勉強して応えなくてはいけない。わからないから今から勉強するでもいい。ピアノの場合は、わからなくても、とりあえずコンサートなどを聞きに行くべき。真剣に取り組まないと建築は面白くないですよね。建築単体に魅力があるだけではなく、建築を通して生まれる出来事がすごく楽しいのです。それこそ建築だと、学生に知ってもらう試みです。

2022年度の講評会の様子

建築教育における住宅課題の位置づけを教えてください。

住宅課題はすべての基礎だと思います。それは、私の事務所にも言えることです。大きな仕事だと150mの高さで10万㎡といった超高層の建物も設計していますが、小さいものもやはり大事なのです。小さいものを考えると、人の生活がわかるようになりますよね。例えば子どもが4人いた場合、いろいろな年齢の子どもが各々どうやって使うかを考えます。勉強するだろうし、ピアニストの家の場合は、どうやって音楽を学ぶか。いろいろ考えます。そうすると、所員も成長します。学生たちにも同様に成長過程で身につけて欲しい。一方で、大きいものを設計すると、構造を入れるだけで精一杯になってしまいます。つまり、小さいからこそ人の心の機微をつかまえるセンサーというか、そういう感受性を身につけることができる。それが一番大事なところです。正直言うと、学生の時に描く建築の施工図はインチキです(笑)。これらは使えないけれど、嘘の仕事をするのが設計の授業なのです。大事なのは、嘘をつくにしても、いい嘘がつけるようにならなくてはいけない。嘘とは、ストーリーをつくるということ。そうすると、嘘だったものが徐々に本当になり、世の中が良くなっていく。世の中にあるもので良いものがあれば、それをコピーすればいいわけです。例えば、以前は誰も屋根に上ることを正しいと思っていなかったけれど、屋根に上ることを話すと、みんなその気になってそれを使い始め、それがライフになって屋根の家ができて「ふじようちえん」(手塚建築研究所・2007年)のように上るようになる。私のインチキな話に乗せられて、「ふじようちえん」が一級建築士の試験問題にまでなったわけです(笑)。イマジネーションからスタートして本物になっていくプロセスは、住宅設計で最も感じられるのかもしれません。

2022年度の課題にて、学生がつくった料理

課題出題教員
インタビュー

横浜国立大学 都市科学部 建築学科

南 俊允 助教

課題名 **自然のなかの居住単位**

2年／デザインスタジオⅡ・第二課題／ 2020年度課題

南 俊允／Toshimitsu Minami

1981年石川県生まれ。2006年東京理科大学大学院修士課程修了。2006〜2017年
伊東豊雄建築設計事務所、2017年南俊允建築設計事務所を設立。2017年慶應義塾
大学非常勤講師、2017〜2020年横浜国立大学大学院 Y-GSA設計助手、2019年東
京理科大学非常勤講師、2020年〜横浜国立大学大学院 Y-GSA助教。

今回の設計課題を教えてください。

1年後期の科目「身体と空間のデザイン」と2年後期の第一課題でアーキファニチャーという家具と建築の中位にあたるものをつくる課題を導入としています。まずは、身体の延長として建築を考えていく課題です。さらに、2年前期には「デザインスタジオⅠ」で、モルタルで名作建築をつくるグループ課題を行い、チームでリサーチすることや共同でつくることを経験します。その後、8つの名作住宅から各々振り分けられた住宅を自分なりに解釈して、その住宅をプレゼンテーションする「住居と環境」という課題を行います。「私の家（清家清）」や「スカイハウス（菊竹清訓）」から、「森山邸（西沢立衛）」「小さな家（妹島和世）」というように、時代を超えてさまざまな住宅をつくります。その際に、建築家の言説を分析するとともに、その住宅と関連しそうな住宅の比較分析も行います。住宅を学ぶことはもちろん、図面を描いてみるとか模型をつくってみるとか、実際に手を動かして思い切ってつくってもらう。それぞれ無作為に課題となる住宅を振り分けられるので、自分が知っていたものも知らないものも、とりあえず取り組んで2年前期のうちに建築という分野がどのようなもので、住宅だけでも非常に幅が広いものだということを学べるようにしています。なるべく学生の思想や志向を広げることを意図し、建築は図面・模型・言葉のうちどれかが大切ということではなく、すべてがリンクしてできあがることを学ぶ場にもなっています。次に、後期「デザインスタジオⅡ」は、第一課題で先述のアーキファニチャー課題を行った後、第二課題「自然のなかの居住単位」、第三課題「真鶴／元町 暮らしの宝」を行います。住宅課題賞は、こちらの2つから、より優秀な作品を出していますが、「自然のなかの居住単位」のほうが伸び伸びとした作品が多いので、こちらが出

展されることが多いですね。

3年前期に「デザインスタジオⅢ」で「あたらしい集合住宅」「まちの宝」という課題が出されます。前期としては、コロナ前までは「アートセンター」という課題と二本立てでしたが、現在はグループ課題である「あたらしい集合住宅」に絞りました。代わりに、構造や設備の専門家の指導のもと、さまざまなリサーチを行って複合的な研究ができるようにしています。このスタジオまでが建築学科の必修授業です。つまり、構造や設備を選択する人も一緒に受けるので、グループ設計となるだけでなく、多様な領域から検討することを学びます。そして後期の「建築デザインスタジオⅠ」にて、「私たちのキャンパスの図書館」「こどもセンター＠西戸部」という課題に取り組みます。自分たちが通うキャンパスを敷地とすることでより具体的に、実感を持って建築を考えています。こどもセンターの課題は、横浜市西区の西戸部町が敷地ですが、真鶴町、元町、横浜国大キャンパス、西戸部町と、敷地はすべて神奈川県です。本校のキャンパスは山の中にあり、西戸部は谷戸にあるなど、横浜市及びその近郊は、丘陵地、台地・段丘、低地、埋立地などさまざまな地形・環境があり、それらを課題の対象とすることで、他大学にない大きなよい影響を与えていると思います。4年になると、前期に「建築デザインスタジオⅡ」、後期に卒業設計。前期の課題である「10,000㎡」は、卒業設計前に大規模な敷地に取り組むことでギアを一度上げる練習としています。学生によっては、この課題をそのまま卒業設計まで向き合ってやる学生も多いですね。

出展課題にはどのような意図が込められていますか？

「自然のなかの居住単位」という課題は、北山恒（横浜国立大学 名誉教授）先生の在任以降変わらず、引き継がれてきたものです。敷地を街にすると外部から

の制約が入ってくるので、どちらかというと、もう少し学生がイメージを膨らませられるように制約が少ない自然の中を選んでいます。そのなかでも新潟を敷地としている1番の理由は、なるべく過酷な環境で住宅を想像するためです。そもそも住まいというのは人が生きていくためのシェルターとしてつくられているのです。原点に立ち戻ってそれぞれに考えてもらいたい。柳澤美佳さんは、この斜面地や地形の形状から鳥が巣をつくるように考えました。1番面白いのは、生活の中の全体を決めてその中で間取りを割っていくのではなく、子ども部屋や洗面所といった空間のそれぞれの理想を考えて、それらをくっつけているところ。それらは彼女なりに自然の中との調和を考えたうえでのルールに基づいており、例えば大屋根の断面を切ってアイレベルで見ると、柱のピッチや感覚が調和している。そういった周辺環境の調和と、望んでいる生活とのバランスに対して共感されました。

本年度「住宅課題賞」出展作品、柳澤美佳さんの「森の巣家」

設計課題はどのように決めているのですか？

　毎年、各学年の担当教員で前年を踏まえて、課題調整を行います。また、年1回、全教員で会議して課題を見直しています。課題自体は各担当教員が思い思いに提案しますが、各学年がどのような課題に取り組んでいるか広い目で見ながら、もう一度自分の担当課題を調整します。会議は非常勤の先生とY-GSAの建築家、計画学を教えている建築学科の教員たちも含めて一緒に行い、多い時は20名ほどが集まります。例えば、建築計画学からは大原一興先生・藤岡泰寛

先生、歴史からは大野敏先生・守田正志先生・菅野裕子先生が参加されて、設計製図の裏の授業で教えていますが、内容を連動させるようにしています。例えば図書館の設計課題がある時は、大原先生や藤岡先生の授業で図書館の計画論の授業をするなど。

　講評会の方法も学年や課題によって異なります。2年生のスタジオでは、藤原徹平先生、非常勤の先生、設計助手、TAとなるべく幅広いメンバーで審査するようにしています。製図室に72、73名分のパネルと模型を並べてそれぞれが選んだ優秀な作品に付箋を貼りつける投票方式で、1票に優劣はつけません。そこから、票数が多いものを最終講評に進めています。講評方法は試行錯誤しながら毎年変えており、2021年からは発表の場を少しでも設けるために、付箋を貼るのをなくし、全員が発表できるようにしました。講評会の実施方法は、学年や全体の様子を見ながら、教員全員で決めていくことが多いですね。

これからの住宅課題について
考えていることがありましたら、教えてください。

　もちろん、今まで考えてきたような人間と自然や街、都市との関係から、コロナについてどう考えるか、どう変わったかという話をよく聞きますが、個人的には強く考えるところではないと思っています。逆に、コロナがあったからこそ、人間とか自然や環境、その街の歴史や文化などの時代が変わっても変わらないものについて考えてもらいたい。私個人としてそれを強く思っているので、「自然のなかの居住単位」という課題が長年変わらないのが、すごくよいことだと考えています。時代によって変化するものがあってもいいとは思いますが、むしろ住まいの原点を問う課題だからこそ、各学生が自分を当事者として、建築とは何か、住居とは何かに向き合ってもらいたい。そしてもう一つは、4年生になって卒業設計に取り組むと、自分とは何か、自分の持っている思想・概念・観念などが表出してくると思いますが、細かいテクニカルな教育を受ける前の2年生の時点で住まうという根源について考えられるのが大切だと思います。2年前期にしかできないこととして、すごくシンプルなことを突き詰めて考えることができる。学生に考えてもらうというよりは、自分もこの場を借りて、このような普遍的な課題、問いに対して考えているところがあり、私も一緒に多くのことを学んでいます。これからも続けていきたいですね。

オンリー1 ワン

他の追随を許さない唯一無二の「講習システム」と「合格実績」

当学院が**全都道府県で開校していなかった時代**から**No.1を達成し続けています！**

平成も令和も日本一の合格実績 No.1

6割以上

他講習利用者＋独学者 / 当学院当年度受講生

平成20年度～令和3年度
**1級建築士
学科・設計製図試験**

**開講都道府県
ストレート
合格者占有率**

60.0%

開講都道府県ストレート合格者合計 **25,672名中**／当学院当年度受講生合計 **15,416名**

※当学院のNo.1に関する表示は、公正取引委員会「No.1表示に関する実態調査報告書」に沿って掲載しております。　※開講都道府県ストレート合格者数は、(公財)建築技術教育普及センター発表に基づきます。　※学科・製図ストレート合格者とは、1級建築士学科試験に合格し、同年度1級建築士設計製図試験にストレートで合格した方です。　※総合資格学院の合格実績には、模擬試験のみの受験生、教材購入者、無料の役務提供者、過去受講生は一切含まれておりません。(令和3年12月24日現在)

令和3年度　1級建築士　設計製図試験　卒業学校別実績

学校名	卒業合格者数	当学院受講者数	当学院占有率	学校名	卒業合格者数	当学院受講者数	当学院占有率	学校名	卒業合格者数	当学院受講者数	当学院占有率	学校名	卒業合格者数	当学院受講者数	当学院占有率
京都建築大学校	22	20	90.9%	昭和女子大学	10	7	70.0%	有明工業高等専門学校	11	7	63.6%	修成建設専門学校	17	10	58.8%
摂南大学	24	20	83.3%	千葉大学	68	46	67.6%	東海大学	30	19	63.3%	日本女子大学	24	14	58.3%
宮城大学	12	10	83.3%	鹿児島大学	21	14	66.7%	慶應義塾大学	19	12	63.2%	九州工業大学	12	7	58.3%
中部大学	12	10	83.3%	武蔵野美術大学	18	12	66.7%	明治大学	70	44	62.9%	日本工業大学	12	7	58.3%
北海道科学大学	12	10	83.3%	岐阜工業高等専門学校	12	8	66.7%	広島工業大学	16	10	62.5%	琉球大学	12	7	58.3%
呉工業高等専門学校	11	9	81.8%	奈良女子大学	12	8	66.7%	滋賀県立大学	16	10	62.5%	京都工芸繊維大学	57	33	57.9%
名古屋市立大学	11	9	81.8%	芝浦工業大学	96	63	65.6%	広島大学	37	23	62.2%	北九州市立大学	19	11	57.9%
豊橋技術科学大学	16	13	81.3%	千葉工業大学	29	19	65.5%	神奈川大学	26	16	61.5%	東京電機大学	40	23	57.5%
法政大学	51	41	80.4%	東北工業大学	20	13	65.0%	大阪電気通信大学	18	11	61.1%	近畿大学	87	50	57.5%
京都府立大学	10	8	80.0%	立命館大学	31	20	64.5%	大阪工業大学	51	31	60.8%	工学院大学	63	36	57.1%
関東学院大学	18	14	77.8%	筑波大学	14	9	64.3%	熊本大学	32	19	59.4%	中央工学校	16	9	56.3%
東京都市大学	32	24	75.0%	関西大学	33	21	63.6%	東洋大学	32	19	59.4%	福岡大学	25	14	56.0%
九州産業大学	12	9	75.0%	山口大学	11	7	63.6%	東京都市大学	51	30	58.8%				

※卒業学校別合格者数は、試験実施機関である(公財)建築技術教育普及及センターの発表によるものです。　※総合資格学院の合格者数には「2級建築士」等を受験資格として申し込まれた方も含まれている可能性があります。　※上記合格者数および当学院占有率はすべて令和3年12月30日に判明したものです。　※上記は当学院占有率55%以上の学校を記載しています。　※総合資格学院の合格実績には、模擬試験のみの受験生、教材購入者、無料の役務提供者、過去受講生は一切含まれておりません。

 総合資格学院

Twitter ⇒「@shikaku_sogo」 LINE ⇒「総合資格学院」 Facebook ⇒「総合資格 fb」で検索！

| スクールサイト | www.shikaku.co.jp |
| コーポレートサイト | www.sogoshikaku.co.jp |

東京都新宿区西新宿 1-26-2 新宿野村ビル22階
TEL.03-3340-2810

開講講座 1級・2級 建築士／1級・2級 建築・土木・管工事施工管理／構造設計1級建築士／設備設計1級建築士／宅建士／インテリアコーディネーター／建築設備士／賃貸不動産経営管理士

法定講習 一級・二級・木造建築士定期講習／管理建築士講習／第一種電気工事士定期講習／監理技術者講習／宅建登録講習／宅建登録実務講習

総合資格学院の本

試験対策書

建築士試験対策
建築関係法令集 法令編
定価：3,080円
判型：B5判

建築士試験対策
建築関係法令集 法令編S
定価：3,080円
判型：A5判

建築士試験対策
建築関係法令集 告示編
定価：2,750円
判型：B5判

1級建築士学科試験対策
学科 ポイント整理と確認問題
定価：3,850円
判型：A5判

1級建築士学科試験対策
学科 厳選問題集 500＋125
定価：3,850円
判型：A5判

1級建築士学科試験対策
学科 過去問セレクト7 NOW&NEXT
定価：3,850円
判型：A5判

2級建築士学科試験対策
学科 ポイント整理と確認問題
定価：3,630円
判型：A5判

2級建築士学科試験対策
学科 厳選問題集 500＋100
定価：3,630円
判型：A5判

2級建築士学科試験対策
学科 過去問セレクト7 NOW&NEXT
定価：3,630円
判型：A5判

2級建築士設計製図試験対策
設計製図テキスト
定価：4,180円
判型：A4判

2級建築士設計製図試験対策
設計製図課題集 保育所／木造
定価：3,300円
判型：A4判

宅建士試験対策
必勝合格 宅建士テキスト
定価：3,080円
判型：A5判

宅建士試験対策
必勝合格 宅建士過去問題集
定価：2,750円
判型：A5判

宅建士試験対策
必勝合格 宅建士オリジナル問題集
定価：2,200円
判型：四六判

1級建築施工管理技士
第一次検定問題解説
定価：3,080円
判型：A5判

2級建築施工管理技士
第一次検定・第二次検定問題解説
定価：1,870円
判型：A5判

2級建築施工管理技士
第一次検定テキスト
定価：2,420円
判型：A5判

1級管工事施工管理技士
第一次検定問題解説
定価：2,970円
判型：B5判

1級管工事施工管理技士
第二次検定問題解説
定価：3,080円
判型：B5判

建築模型で学ぶ！木造軸組構法の基本
定価：7,700円
判型：A4判変形

設計展作品集 & 建築関係書籍

建築新人戦オフィシャルブック
定価：1,980円
判型：A4判

建築学縁祭オフィシャルブック
定価：1,980円
判型：B5判

JUTAKU KADAI 住宅課題賞
定価：2,420円
判型：B5判

Diploma×KYOTO
定価：1,980円
判型：B5判

歴史的空間再編コンペティション
定価：1,980円
判型：B5判

DESIGN REVIEW
定価：2,200円
判型：B5判

NAGOYA Archi Fes
定価：1,980円
判型：B5判

卒、全国合同建築卒業設計展
定価：1,650円
判型：B5判

JIA 関東甲信越支部 大学院修士設計展
定価：1,980円
判型：A4判

赤れんが卒業設計展
定価：1,980円
判型：B5判

みんなこれからの建築をつくろう
定価：3,080円
判型：B5判

構造デザインマップ 東京
定価：2,090円
判型：B5判変形

構造デザインマップ 関西
定価：2,090円
判型：B5判変形

環境デザインマップ 日本
定価：2,090円
判型：B5判変形

STRUCTURAL DESIGN MAP TOKYO
定価：2,090円
判型：A5判変形

※すべて税込価格となります

総合資格学院 出版局
お問い合わせ
［URL］ https://www.shikaku-books.jp/
［TEL］ 03-3340-6714